邮轮旅游业概论

主　编　张颖超　亓　元
副主编　裴盈盈　余有勇　冯　超

哈尔滨工程大学出版社
Harbin Engineering University Press

内 容 简 介

纵观各发达国家,邮轮产业早已成为世界性的经济现象。全球邮轮的旅游份额已经达到世界旅游收入的3%左右,邮轮产业成为旅游行业中加速最快的"增长极"。本书从产业链视角出发,主要包括三大块内容:(1)开篇:简单介绍邮轮旅游概念。(2)邮轮产业运营基础篇:邮轮产业上游——邮轮的制造,主要是邮轮设计与建造;邮轮产业中游——邮轮运营管理,主要包括邮轮公司、邮轮旅游产品、邮轮航线和邮轮销售;邮轮产业下游——邮轮口岸管理,主要包括港口概况、岸上观光。(3)邮轮产业运营支持篇:主要包括邮轮政策和邮轮人力资源管理。

本书既可以作为高校邮轮旅游相关专业的教材,也可以作为邮轮相关研究人员和从业人员的参考用书。

图书在版编目(CIP)数据

邮轮旅游业概论 / 张颖超,亓元主编. —哈尔滨：
哈尔滨工程大学出版社,2020.8
ISBN 978 - 7 - 5661 - 2467 - 8

Ⅰ.①邮⋯　Ⅱ.①张⋯　②亓⋯　Ⅲ.①旅游船 - 旅游业 - 经营管理 - 高等学校 - 教材　Ⅳ.①F590.7

中国版本图书馆 CIP 数据核字(2020)第 215207 号

选题策划　史大伟
责任编辑　张　彦　李　暖
封面设计　李海波

出版发行　哈尔滨工程大学出版社
社　　址　哈尔滨市南岗区南通大街 145 号
邮政编码　150001
发行电话　0451 - 82519328
传　　真　0451 - 82519699
经　　销　新华书店
印　　刷　哈尔滨市石桥印务有限公司
开　　本　787 mm×1 092 mm　1/16
印　　张　12.5
字　　数　320 千字
版　　次　2020 年 8 月第 1 版
印　　次　2020 年 8 月第 1 次印刷
定　　价　45.00 元
http://www.hrbeupress.com
E-mail:heupress@ hrbeu.edu.cn

前　言

　　邮轮旅游源于 19 世纪 30 年代的欧洲,20 世纪五六十年代逐渐在北美流行并受到大众的喜爱,到了 20 世纪后期邮轮旅游才慢慢进入人们生活中。又经过 40 年左右的产业发展和技术进步,才实现向现代化转型的趋势,现代邮轮产业逐渐演变成以大型豪华游船为主体、国际化旅游为主导的新兴综合性产业,被称为"漂浮在黄金水道上的黄金产业"。由于邮轮旅游发展迅速,邮轮(旅游)母港也随之发展,世界各国先后在沿海地区发展邮轮经济。近 20 年来邮轮旅游成为世界性的经济现象,并且在全世界旅游业的收入中占据 3% 左右的市场份额,产生的经济收益不容小觑,中国邮轮的年均增幅高达 8% ~9% ,邮轮产业成为旅游行业中速度最快的"增长极"。

　　基于以上认识,邮轮旅游市场的发展前景十分广阔,但是我国邮轮产业仍处于起步阶段。目前市场上能够全面地阐述邮轮产业链方面的书籍还处于空白状态。本书结合国内外邮轮产业发展现状及案例分析,在编写上弥补了邮轮产业结构教材空缺的缺憾,有利于我国邮轮管理专业的进一步发展。

　　本书全面地介绍了邮轮产业的几大组成部分,详细阐述了邮轮产业在旅游业中的未来发展与意义,并针对港口管理和产业运营支持进行介绍。本书逻辑关系清晰、结构严谨,并且结合邮轮产业现状,介绍了许多国内外的案例,让内容不至于生涩难懂,贴近实际生活。全书由三亚学院张颖超和亓元负责框架、统稿、编撰和定稿,具体编写人员分工如下:张颖超负责第一、六、十章的编写;裴盈盈负责第三、五、九章的编写;余有勇负责第二、七、八章的编写;冯超负责第四章的编写。本书在编写的过程中,皇家加勒比邮轮公司招聘总监雷小梅和云顶香港邮轮面试官 Jeanne,以及中江国际的屠小刚和阮亚威提出了许多宝贵的建议,在此表示感谢。最后特别感谢海南旅游新业态研究中心的资助,保障了本书的顺利出版。

　　由于时间紧迫和水平有限,书中存在着一些不足与纰漏,敬请各位同行和广大读者批评指正,促使我们不断改进,更好地服务读者。

三亚学院　张颖超

2019 年 11 月 18 日于三亚

目　　录

第一章　邮轮概述

【教学目的】

了解邮轮的起源和发展历史;

掌握邮轮的特征及其分类;

熟悉邮轮船舶发展的历程;

了解 1802 年至今邮轮发展大事记;

掌握邮轮产业的构成及其特点;

熟悉邮轮产业的发展条件及未来发展趋势。

【教学重点】

邮轮的特征及其分类;邮轮产业的构成及其特点。

【教学难点】

邮轮的起源和发展历史;邮轮产业的发展条件及未来发展趋势。

【教学内容】

邮轮的起源;邮轮船舶的演变史;邮轮产业的构成要素;邮轮产业人的发展历程;邮轮产业的发展条件。

导入阅读:2019 年邮轮产业发展趋势如何

seatrade cruise global(全球邮轮展)于 2019 年 4 月 8 日—11 日在美国迈阿密举行,seatrade cruise events 是邮轮行业内集会议、展览、论坛和激励机制的交流平台。

邮轮市场

2018 年累计共有 2 850 万人次乘坐邮轮出行,比去年增加 6.7%,其中亚洲市场高速发展,2016 年以来亚洲地区的邮轮载客量较上年增长 38%,占全球邮轮市场份额的 9.2%。邮轮行业也创造了巨大的经济影响,全球范围内提供 110 万个就业岗位,营收总额为 1 340 亿美元。这表示随着全球航运市场的越发良好,邮轮产业的发展前景是十分可观的。各大邮轮公司还表示,具有冒险精神的千禧一代更向往邮轮旅行,但是从客户统计来看,退休人员和儿童依旧是支撑市场的主力军,退休人员和儿童选择游轮旅行的人数逐年上涨,这也使各大邮轮公司在规划行程时要充分考虑到客户梯次分布,为各年龄阶段的旅客提供针对性服务。

现在是邮轮产业发展的最好时间段,尽管邮轮行业的各家公司的多样性和差异化会影响发展,但是充满活力的新参与方的加入势必会给整个行业带来良性发展,为邮轮行业发展趋势带来新的想法。同时,老牌游轮公司的生产线也需要创新,而且在建立市场的时候,必须积极主动地解决安全和环境问题。

MSC Cruises 公布了迈阿密港口新邮轮码头

日前,MSC Cruises 公布了迈阿密港口新邮轮码头的计划,该码头将支持其在北美和加勒比地区的建造发展。根据迈阿密委员会批准的协议,MSC Cruises 将设计、建造、运营和维护一座大型航站楼,该建筑拥有两个邮轮码头(AA 和 AAA)以及两个泊位。新码头将能够同时容纳两艘大型邮轮同时停靠,并且邮轮能够进行两次转弯操作,每天可接待28 000名乘客。

"未来 8 年内计划 13 艘邮轮加入 MSC Cruises,我们的目标是在迈阿密港口上展示地中海邮轮舰队,力求为迈阿密港口带来我们最创新的邮轮船型,为北美以及全球宾客带来更丰富的选择。"MSC Cruises 执行主席 Pierfrancesco Vago 表示。

巴拿马邮轮港口或成为美洲新要道

对于是否有可能在美洲的广阔太平洋沿岸规划有更多的邮轮计划,解决邮轮从北部的阿拉斯加出发到南部的智利航行问题,seatrade cruise global 的 "美洲太平洋沿岸的崛起"专题讨论会讨论了这个话题。

巴拿马海事局副局长设想,巴拿马港口可以成为一个邮轮停靠点,从北美洲到中美洲或南到哥伦比亚、厄瓜多尔和秘鲁的邮轮可以在巴拿马进行补给、停靠、观光。

Windstar Cruises 的行程和收入计划主管 Jess Peterson 表示,他的公司已经规划在科隆(大西洋一侧)的季节性邮轮计划,以便在哥斯达黎加施行邮轮旅行线路。"我们对这种发展态势感到高兴,但我依旧将科隆作为母港,之后可以规划其他有意义的航行。"

据了解,巴拿马海事局在近日发布了新巴拿马邮轮码头的运营和维护招标公告。此前,巴拿马海事局已经在巴拿马的 amador causeway 建设巴拿马邮轮码头,该项目预投入1.66亿美元,该邮轮码头靠近巴拿马运河的太平洋入口处。同时可容纳两艘高达 380 米的大型船,只可以在指定墩位停泊。该邮轮码头预计在 2020 年完工。

新型设计

嘉年华游轮公司旗下的 Seabourn Cruise Line 总裁 Rick Meadows 与设计师 Adam Tihany 一起出席了该公司的新闻发布会,公布 seabourn venture 的第一个室内效果图。Sea Dream Yacht Club 总裁 Bob Lepisto 表示"本次展会是我们与港口人员和邮轮轮公司交流的好契机,目前本公司正在考虑为海洋梦创新目的地代表会面创造合适的机会,为将来更深入的合作奠定基础。"

丘纳德宣布与著名时尚品牌 Badgley Mischka(巴杰利·米施卡)合作新细节,在新闻发布会上,设计师 Mark Badgley 和 James Mischka 通过视频与 Cunard 媒体与会者进行了交谈,宣布他们将专门为 Cunard 设计胶囊系列。Badgley Mischka 将于 2020 年 5 月 24 日在英格兰南安普敦离开旗舰班轮,成为 Cunard 的 2020 年跨大西洋时装活动。胶囊系列包括正式服装和休闲度假服装,将在航行期间的船上购买。Badgley Mischka 等人还将在时装秀上推出他们的 2021 年度假系列服装。

Seabourn 在接受采访时表示,由 Adam D. Tihany 设计的两个专用豪华探险船预计分别于 2021 年 6 月和 2022 年 5 月交付。根据公开 seabourn venture 的公共空间详细信息,seabourn venture 的公共区域和另一艘尚未命名的姊妹船中将建造新设计的探险休息室、探索中心、着陆区和中庭。Expedition Lounge 休息室将成为船的中心,客人可以在那里享用饮品,同时分享当天的故事。Expedition Lounge 休息室将设有玻璃隔断,展示南极洲和玻璃的复古地图。

邮轮订单

皇家加勒比邮轮有限公司与 Chantiers de l'Atlantique 达成协议,将于 2024 年秋季交付第 5 艘 Edge 级船舶,该船预计的订购价为 8.3 亿美元。

"我们真的很自豪,很高兴能够在相互信任和创新精神的驱动下,与客户建立如此出色的关系,"Chantiers de l'Atlantique 总经理 Laurent Castaing 表示,"在 2000 年初的 4 艘千年级船只和 4 艘 Edge 级舰艇之后,这是 Celebrity Cruises 在我们造船厂订购的第 9 艘船,也是 Chantiers de l'Atlantique 建造的第 24 艘船,这是我们共同达成的卓越合作水平的真实见证。"

作为旅游业(tourism)和接待业(hospitality)完美结合的邮轮产业已经成为现代旅游业中发展极活跃的产业之一。20 世纪 60 年代开始,随着航空运输业的崛起,原本意义上作为客运或邮政运输的邮轮渐渐退出了历史舞台,取而代之的则是纯粹用于休闲、旅游和度假的豪华邮轮。从 1990 年到 2015 年的 25 年中,邮轮乘客数量以年均 7% 以上的速度迅速增长,2015 年达到 2 300 余万人次(CLIA,2016)。邮轮产业的经济效益十分显著,其强大的拉动能力和吸附能力已然成为拉动城市经济的新动力,并刺激周边地区经济的快速增长。邮轮旅游对邮轮港口城市及其相关产业的拉动效应极为明显。许多具有优良邮轮港口和优秀旅游资源的国际大都市都相继渗入了"邮轮经济"的元素,并很大程度上依赖这一行业。特别是一些处在邮轮航线上但不在发达节点上的城市对邮轮旅游的依赖性更强。邮轮旅游的经济附着性和带动性使得该产业被称为"漂浮在黄金水道上的黄金产业"。近年来,国际邮轮市场逐步向欧洲和亚太地区倾斜。随着中国各级政府对邮轮产业的支持,邮轮旅游业发展势头强劲。

第一节 认识邮轮

一、邮轮

邮轮原是指海洋上定线、定期航行的大型客运轮船,早期还负责运载两地间的邮件,因为"邮"字与邮政事业有关,因此被称为邮轮。随着航空技术和旅游业的发展,原本意义上作为客运或邮政运输的邮轮逐渐退出历史舞台。取而代之的则是定位完全不同的现代豪华邮轮。

现代邮轮的功能已经完全发生了改变,从开始的单纯把乘客运送到某个目的地的海上交通工具,发展到现在主要以海洋旅游为主,在邮轮上为乘客提供完善的生活设施和丰富的娱乐活动,并且同时为乘客提供岸上观光等旅游服务,它的作用是"在邮轮上玩",而不再是"乘坐邮轮去玩"。

20世纪60年代,"挪威"号、"伊丽莎白王后"号、"诺曼底"号、"卡洛尼亚"号的诞生,以及美国禁酒期间的公海畅饮,挪威邮轮公司的"向阳"号开始向消费者销售邮轮假期产品,掀开了现代邮轮产业蓬勃发展的序幕。现代邮轮上均配备丰富的生活、娱乐、休闲与度假的各类服务设施,被称为"漂浮的酒店""漂浮在海上的超五星级宾馆""无目的地的目的地"和"海上流动度假村"等。20世纪80年代末,乘坐邮轮旅行在全球盛行。邮轮不仅是一种运送旅客游山玩水、欣赏美景的交通工具,而且是一种供人们休闲度假的综合旅游服务平台。因此,邮轮产业和其他休闲旅游业的本质区别在于:邮轮旅游既是一种交通方式,又是旅游目的地。旅客出行的经历不仅包括邮轮旅游本身,很大程度上还体现在欣赏国内外停靠港的美景美色,享受船上精美住宿、餐饮服务,体验船上豪华休闲娱乐设施,参加丰富多彩的海岸远足观光等。

因此,我们把现代邮轮定义为:它是一个能够在海上移动并且为游客提供餐饮、住宿、出行、旅游、购物、休闲娱乐等综合服务的旅游目的地。

二、邮轮的起源

关于邮轮起源年代,版本各不相同,但是多数学者认为邮轮的历史始于19世纪上半叶的英国。当时,随着英国与新大陆之间往来的日趋密切,邮件传递需求迅速增加。在此背景下,英国铁行渣华公司于1837年创办了海上客运兼邮件运输,"邮轮"的称呼也由此而来。1839年5月,加拿大人Samuel Cunard在维多利亚女王的支持下取得了英国与北美间运送邮件的承包权。1840年,在朋友的协助下创办了世界上第一家邮轮公司——英国北美皇家邮件船务公司,并以"冠达邮轮"为名,翻开了世界航运史的新篇章。1846年,世界上第一家旅行社的创始人英国人托马斯·库克组织了350人的团队,包租了一艘邮船,航行至苏格兰旅游,这是世界上公认的首次商业邮轮旅游活动,标志着以邮轮作为旅游载体的开始。

但是由于经济条件的限制,这一期间海上运输仍为以实现交通运输为目的的旅行。邮轮的穿梭往来,不仅有力地促进了远洋客运的发展,同时也掀起了跨洋旅行的热潮,乘坐邮轮进行洲际旅行乃至环球旅行的游客与日俱增。由此,船运公司发现通过招揽旅客乘坐商船可以增加利润,因而开始设计建造专门用于客运的船舶。其中,较为著名的邮轮是"Aquitania"号、"Leviathan"号和"泰坦尼克"号。邮轮的功能开始逐渐由运输邮件向乘载旅客转换。

1901年冬季,历史上第一艘以搭载游客为目的的邮轮"维多利亚·路易斯公主"号以"避寒航行"的方式航行于地中海地区。1912年,远洋豪华客轮"泰坦尼克"号开始了她的处女航。邮轮的发展也正是在"泰坦尼克"号所处的年代开始走向高峰。1922年,冠达邮轮引进"Laconia"号客货两用船,率先完成环游地球的壮举。

资料链接:"泰坦尼克"号

英国皇家邮轮"泰坦尼克"号(1912年处女航沉没)是隶属英国白星航运公司的三艘奥林匹克级邮轮中的第二艘邮轮远洋客轮。

　　"泰坦尼克"号由位于北爱尔兰岛造船重镇——贝尔法斯特的哈兰德与沃尔夫造船厂(Harland and Wolff shipyard,1861 年)兴建,共耗资 7 500 万英镑,总注册吨位(GRT)46 328 t,船舶总长约为 27.1 m,船宽约为 28.2 m,从龙骨到四个大烟囱的顶端有 53 m,高度相当于11 层楼。

　　"泰坦尼克"号是当时世界上最大的一艘豪华客轮,"泰坦尼克"号曾被船舶制造者和媒体加上了"永不沉没"的光环。建造目的是与姐妹船——"奥林匹克"号和"不列颠尼克"号共同为英国白星航运公司的乘客们提供快速且舒适的跨越北大西洋的航行服务。

　　1912 年 4 月 10 日,"泰坦尼克"号从英国南安普敦的海洋码头出发,途经法国瑟堡 - 奥克特维尔以及爱尔兰的昆士敦,计划目的地是美国纽约,于是开始了这艘"梦幻客轮"的处女航。当天晚上 7 点,"泰坦尼克"号邮轮抵达法国西北部重要的军商港口——瑟堡 - 奥克特维尔。另一批乘客和货物搭乘两艘专用摆渡船登上了客轮。另外有 20 余名乘客经过短暂的旅程后下船,幸运地与死神擦肩而过。4 月 11 日中午,客轮抵达爱尔兰西南部的昆士敦——现名"科克"。一批对新世界充满憧憬和希望的爱尔兰移民登上了船。一位乘客在科克海港——灵厄斯基迪港口下船上岸,他拍下的照片后来成了"泰坦尼克"号的绝版照片。

　　4 月 14 日,船上时间为夜里 11 时 40 分,在北大西洋航行中,这艘客船撞击了一座冰山。4 月 15 日凌晨 2 时 20 分,船体裂成两半后沉入北大西洋冰冷的海水之中。由于缺少足够的救生艇,船体沉没导致 1 500 名乘客和船员失去了生命。在现代史上,"泰坦尼克"号的航海灾难是和平时期死伤人数惨重的海难之一,也是迄今为止最为人所知的一次海难。

　　1912 年 4 月 15 日——那个寒冷的夜晚,在加拿大东部纽芬兰附近冰冷的大西洋海域"永不沉没"的"泰坦尼克"号和冰山来了一场死亡之吻。相关数据表明,这艘失事的"泰坦尼克"号上,共搭载了 2 208 名乘客和船员,其中 1 503 人遇难,幸存者只有 705 人。

　　电影《泰坦尼克号》就是根据这一真实的事件拍摄的。2006 年 5 月,最后一名见证沉没事件的女性生还者逝世,终年 99 岁。目前尚有两名女性生还者健在,她们当时还不到一岁,因此不会对事件有所回忆。

　　曾在 1912 年交付"泰坦尼克"号的哈兰德与沃尔夫造船厂现在已被挪威企业收购,如今其从事与船舶相关的业务是船型设计与船舶维修。

三、邮轮的发展

　　邮轮的前身是远洋客船或远洋客轮。在还没有飞机出现的年代,跨洲旅行多数要依靠远洋客船,在远洋客船上几乎都是长途旅行,时间长达几周甚至数月。那个时候,客船主要是运送旅客的工具。然而,自 1958 年起,能够飞越大西洋的飞机投入商业运营,飞机正式成为民用运输工具。此后,追求时间和效率的旅客纷纷改乘飞机,远洋客船的生意日益惨淡。船务公司为了适应市场的变化,恢复和提高船务公司的盈利能力,必须重新考虑自己的生意,及时调整发展策略:客船转型成为现在为生活富裕及闲暇时间充裕的游客提供舒适的海上旅行服务的邮轮。

(一)越洋客运时期

　　19 世纪末到 20 世纪前期,在飞行航空器发明之前,人们横越大洋的旅行主要以船舶为主力,这一时期是海上定期运输客船的鼎盛时期。直到第二次世界大战之后的 20 世纪 50 年代,喷气式客机的发明并投入商业运营,引发一波航空运输的革命性发展,越洋客船逐渐失去其海上运输功能。

随着欧洲半岛东方轮船公司的建立,邮轮开始进入人们的视线。起初,公司名为半岛轮船公司,开辟了第一条从英国出发至伊比利亚半岛的航线。1837 年,公司签订了第一份合约,开辟了海上邮件运送业务。1840 年,邮件运送业务扩大至埃及港口亚历山大,其间必须通过直布罗陀海峡和马耳他。同年,该船务公司被皇家宪章公司收购,合并成为 P&O。

1844 年,P&O 第一次引入"载人邮轮"概念。并推广从南安普敦到直布罗陀、马耳他、雅典等的航线,这也是邮轮历史上的里程碑。之后,公司逐渐将航线扩大至亚历山大和君士坦丁堡。19 世纪后半叶是邮轮旅行的快速发展期,邮轮也变得更加豪华,设备更加完善。第一艘钢结构表面的邮轮是在 1880 年建造的"SS Ravenna",1889 年建造的"SS Valetta"是第一艘使用电子灯泡的邮轮。

(二)邮轮蓬勃发展时期

20 世纪初,欧美客轮业者顺应潮流趋势,改变船舶吨位、船舱空间及加装各式休闲娱乐设施,配合欧洲南部爱琴海周边、西亚和埃及等三大古文明遗迹景点,开拓地中海邮轮旅游航线。发展历程分为如下 4 个阶段:

1.1900—1910 年

1901 年冬,真正意义上的具有旅游功能的邮轮出现,"维多利亚·路易斯公主"号邮轮以避寒的方式在地中海地区航行,并且持续运营 14 年之久。这无疑开创了邮轮航运史上一个新的时代,这之后的一百年成为世界远洋邮轮发展的黄金岁月。

2.1920—1930 年

1912 年,冠达邮轮引进"Laconia"和"Franconia"两艘客货两用轮船加入邮轮市场。"Laconia"号于 1922 年率先从事环航世界的壮举,自此,海上邮轮航线逐步扩大至大西洋(Atlantic)两岸海域、中美洲加勒比海(Caribbean Sea),最后向北延伸至阿拉斯加(Alaska)、波罗的海,南至亚太地区及南太平洋等海域。

3.1940—1970 年

第二次世界大战(1939—1945)之后,各家邮轮公司逐步推出短程航线、价位较低的航线,并装设备种新颖先进的休闲娱乐设施,除了传统的银发族加入邮轮旅行外,还吸引更多较为年轻的中产阶级游客的参与。

4.1980—1990 年

20 世纪 80 年代电视剧《爱之船》和 20 世纪 90 年代灾难电影《泰坦尼克号》的风靡,引发人们对于邮轮冒险和探索未知世界的好奇心,为邮轮旅游拓展起到如虎添翼的宣传效果。20 世纪 90 年代,世界邮轮旅游市场持续成长,更加速了邮轮产业的持续发展。

资料链接:电视剧《爱之船》

《爱之船》是由美国广播公司在 1977 年到 1987 年播放的电视剧,上演一艘邮轮上的故事。每集有不同的客人,有浪漫和幽默的冒险。

1977 年,这部电视剧《爱之船》,掀起了一阵邮轮旅游的旋风,至今,《爱之船》这个字眼仍是许多人心中邮轮的代名词。影片中那艘造型优美、内装典雅的游轮主要就是于"太平洋公主"号邮轮上拍摄。

《爱之船》试播集在公主邮轮——原"海岛公主"号(可搭载730名宾客)上取景拍摄。此后,"太平洋公主"号和"海岛公主"号邮轮成为《爱之船》两大海上移动明星,而后的续集和特辑还在公主邮轮船队遍布全球各地的众多其他船只上进行了拍摄。1977年至1986年间,电视剧《爱之船》播出,最终成为美国历史上收视率较高、播放时间较长的电视剧之一。这部热播剧,不仅将现代化的邮轮旅行方式带给了全球广大观众,而且渐渐让公主邮轮及其船队成为海上假期的代名词。

(三)奢华邮轮时期

20世纪90年代中期是航空旅游的兴盛时期,为增强竞争力,邮轮公司逐步兴起了邮轮假期的概念。1996年,"嘉年华命运"号邮轮横空出世,以10万余吨的净重称霸当时的邮轮业。邮轮假期在20世纪80年代逐渐蓬勃,不少邮轮公司加入并投资建造设施更豪华、节目更丰富、排水量更大的邮轮,使邮轮变成了一座豪华的海上度假村。邮轮被称为"无目的地的目的地"和"海上流动度假村",毫无疑问地成为当今世界旅游休闲产业不可或缺的一部分。奢华邮轮除了设有餐厅、酒吧、咖啡厅、游艺室、电影院外,还设有舞厅、游泳池和健身馆等游憩设施。

(四)超级巨轮时期

目前世界上三大邮轮公司为嘉年华邮轮集团、皇家加勒比邮轮有限公司和诺唯真邮轮公司。各家邮轮船队新造加入营运的船舶数字增长惊人,更有甚者,各家邮轮船队竞相订造所谓"史上最大超级巨轮",几乎每年都会有一艘破最高吨位纪录的邮轮面世。

资料链接:"海洋和悦"号邮轮

"海洋和悦"号是皇家加勒比第三艘绿洲级邮轮,前两艘为"海洋绿洲"号和"海洋魅力"号,"海洋和悦"号建成后取代它们成了新的世界最大邮轮。"海洋和悦"号既有它的姐妹船的特色,也加入了更新量子系列邮轮的一些具有吸引力的设施,更加吸引人的是它还增加了皇家加勒比的第一个水滑梯以及号称终极深渊的娱乐设施。

"海洋和悦"号邮轮227 700 t,全长362 m,比法国埃菲尔铁塔还要长出约50 m;宽约66 m,是迄今为止最宽的游轮,可搭载6 360名乘客。邮轮上具有容纳1 400人的剧院、公园、高尔夫球场、23个游泳池。世界最大邮轮——"海洋和悦"号堪比"海上城市"。

2016年5月17日,全球最大邮轮"海洋和悦"号抵达英格兰南部的南安普敦港口。22日,这艘造价高达14亿美元的邮轮将从南安普敦展开首次正式航程,目的地为巴塞罗那。

四、邮轮船舶

(一)邮轮船舶分类

从现代邮轮船舶的演化来看,邮轮船舶经历了从帆船、商船、客船、远洋客船、跨洋客船到现代豪华邮轮的历史性转变。在不同的历史时期,船型的配置和乘客特征都有较大差别,如表1.1所示。

表 1.1 邮轮船舶的历史演变

发展时期	船舶类型	船舶配置	标准性事件	乘客特征
19 世纪之前	帆船	木质帆船、风帆动力	郑和下西洋、哥伦布发现新大陆	移民、探险、战争、商贸；乘客少
19 世纪初叶	商船	蒸汽动力	首艘蒸汽动力船航行大西洋	探险、寻找新的生存空间
19 世纪中后期	客船	钢制船体，蒸汽动力	大不列颠号、大东方号入市	探险、旅行、寻找新的生存地
20 世纪初	远洋客船	船体大型，设备豪华，蒸汽涡轮	毛里塔尼亚号、泰坦尼克号问世	移民、探亲
20 世纪中期	跨洋客船	更大、更快、更豪华美观	挪威号、伊丽莎白王后号、诺曼底号、卡洛尼亚号诞生	乘船旅行、美国禁酒期间公海畅饮
20 世纪 60 年代	旅游邮轮	现代化、豪华型、观光型	挪威邮轮公司的向阳号销售邮轮假期	休闲度假观光、猎奇等

邮轮船舶设计专业性较强，船型尺度相对固定。其中，小型、中型邮轮的船长一般在 210～240 m，船宽在 30 m 左右，吃水 7～8 m；大型邮轮船长 260～300 m，船宽超过 40 m，吃水 8～9 m。目前全球在航和即将下水的所有邮轮中，吃水深度为 7.5～8 m 的数量最多，较大的邮轮吃水深度为 9.5～10 m。第一艘超过 20 万 t 的邮轮为皇家加勒比公司旗下的"海洋绿洲"号（Oasis of the Seas），排水量为 22 万 t，船舶长度为 362 m，宽度为 47 m，船高为 16 层甲板，载客量为 5 400 人，配备船员 2 115 人。未来邮轮发展一个很重要的趋势便是大型化，20 万 t 以上的邮轮已经投放市场；如果资金到位，耗资 110 亿美元，有 37 层楼高的世界上最大的超级巨轮将于 2019 年建成。表 1.2 列举出了目前世界上最大邮轮的基本信息。

表 1.2 世界上最大的邮轮（2019 年排名前五名的邮轮）

序号	船名	所属邮轮公司	投放年份	吨位/万吨	长度/米	载客容量/人
1	海洋和悦号 Harmony of the Seas	皇家加勒比 RCCL	2016	22.7	362	6 000
2	海洋魅力号 Allure of the Seas	皇家加勒比 RCCL	2010	22.5	361	6 000
3	海洋绿洲号 Oasis of the Seas	皇家加勒比 RCCL	2009	22.5	361.8	6 000
4	海洋光谱号 Spectrum of the Seas	皇家加勒比 RCCL	2019	16.8	348	5 064
5	海洋量子号 Quantum of the Seas	皇家加勒比 RCCL	2014	16.7	348	4 180

从现代邮轮的类型来看,船舶大小可分为小型邮轮、大型邮轮和巨型邮轮,如表1.3所示;船舶定位可从时尚型、经济型到豪华型,从专门型到主题型(如表1.4所示),多种多样。大型邮轮公司往往拥有不同目标定位和大小尺寸的邮轮船队,目的是尽可能地覆盖整个消费市场。

表1.3 现代邮轮的尺寸大小

吨级/万吨	总长/m	型宽/m	型深/m	满载吃水/m	载客量/人	尺寸类别
1	148	25.0	13.0	6.1	581~710	小型
2	176	25.4	14.0	6.6	711~1 100	中型
3	215	32.6	18.1	7.5	1 101~1 600	中型
5	240	32.6	23.8	8.0	1 601~2 100	中型
8	270	36.0	24.9	8.1	2 101~2 600	大型
10	314	40.1	30.2	9.0	2 601~3 300	巨型
12	348	43.2	34.0	9.6	3 301~3 800	巨型
15	398	48.0	39.5	10.4	3 701~4 600	巨型

表1.4 现代邮轮的目标定位

类型	特色	航程	日均消费/美元	目标顾客
时尚型	一般为新船、小型或者中型	7天或以下	<300	初次体验者、青年人
经济型	小型、装饰少、娱乐设施少	7天或以下	<300	中低收入消费群体
尊贵型	中型、大型,多为新船	14天左右	200~400	回头客,年龄较大,富有人群
豪华型	中型、大型、设施齐全,多为新船	7天以上	300~600	高端顾客,高收入顾客
专门型	新船或旧船	7~14天	200~400	共同爱好群体
探索型	较少装饰	10天或以上	300~600	猎奇、追求特殊经历群体

(二)全球邮轮船舶大事记

表1.5 全球邮轮旅游大事记

年份	事件
1801	"Charlotte Dundas"投入使用,成为第一艘蒸汽驱动的实际应用的船舶
1818	载重424GRT的"Savannah"号承载8名乘客首次横渡大西洋,从纽约到利物浦,历时28天,完成黑球(Black Ball)航行
1835	首次做广告的邮轮旅游线路:设得兰群岛和奥克尼郡之间
1836	船务公司定期运营短途邮轮航行,航行区域在北苏格兰、奥克尼郡和设得兰群岛之间
1837	半岛蒸汽船舶航海公司成立,后来更名为半岛东方
1840	山姆·丘纳德建造了第一艘横渡大西洋的蒸汽船
1843	"大不列颠"号起航(3 270GRT),这是第一艘使用螺旋桨推动器和铁甲壳的大型蒸汽客船

表 1.5(续)

年份	事件
1844	P&O 邮轮公司的"SS Iberia"号("伊比利亚"号)从伦敦航行到维哥、马耳他、伊斯坦布尔和亚历山大
1858	顾客花钱登上"Ceylon"号,一艘 P&O 客轮。这次航行被认为是第一次邮轮旅游
1867	作家马克·吐温在他的小说里描述了 P&O 的邮轮从伦敦到黑海的航行——"纯洁的航行"
1881	"Ceylon"号被重新整修,成为一艘专门的客船
1910	白星航运公司的"奥林匹克"号(46 329 GRT)起航,第三年,即 1912 年 4 月 12 日,"泰坦尼克"号撞冰山沉没
1911	"维多利亚·路易斯公主"号成为第一艘专门为邮轮旅游而建造的船舶
1912	丘纳德公司的"Laconia"号和"Franconia"号起航,它们是为特定航线定制的邮轮
1920—1933	在美国禁酒令期间,来自美国口岸的"Booze Cruises"号允许乘客在到达古巴、百慕大、巴哈马等港口时喝酒和赌博
1922	丘纳德公司的"Laconia"号开启环球邮轮航线。该邮轮相对较小,20 000GRT,能承载 2 000 名乘客,分 3 个住宿等级
1929	P&O 公司的"Viceroy of India"号起航,这是当时最令人印象深刻的邮轮:第一次使用涡轮电力;第一次在甲板上有泳池,是一艘豪华邮轮。这艘邮轮的目的地有两个:英国和印度
1930	联合城堡公司(Union Castle)推出南非度假旅行,价格优势明显,三等舱 30 英镑,二等舱 60 英镑,一等舱 90 英镑
1934	豪华邮轮"RMS 玛丽王后"号起航。配有 1 174 名管理者和员工,载有 2 000 名乘客,游客与工作人员之比小于 2:1
1934	美国邮轮公司的"SS America"号起航,这是一艘燃油的邮轮,能加速到 25 节,1941 年,该船被用作运兵
1938	"SS Normandie"号(83 000GRT)承担了 21 天的巡航:纽约—里约热内卢—纽约
1939	二战爆发。"玛丽皇后"号、"伊丽莎白皇后"号等邮轮被用作运兵
1958	首架横渡大西洋的商业喷气式飞机投入使用,邮轮公司生意日益惨淡
1966	邮轮业复苏——主要集中在英国
1970	新的邮轮公司成立,大量游客选择邮轮旅行。邮轮公司与航空公司紧密合作,开发新的产品——空海联航旅游(fly-cruises)
1986	"风之星"号起航,这是一艘配备了计算机的邮轮,同时具备浪漫+现代化的航行
1990	联合和全球化:引起合并收购狂潮
1999	"鹰级"邮轮如"航海家"号和"大公主"号起航,复杂程度高,规模经济效益更好。邮轮是旅游目的地的观念开始出现
2000	北美市场在 1980—2000 年间持续增长(年均 8%)
2002	皇家加勒比国际邮轮公司"探索"号起航

表 1.5（续）

年份	事件
2002	世界 7 亿游客中有 1.03% 是邮轮游客，每年有 2.4% 的美国人、1.3% 的英国人会参加邮轮旅游
2003	丘纳德航线的"玛丽皇后 Ⅱ"号起航
2003	与 P&O 邮轮公司合并后，嘉年华邮轮集团成为最大的邮轮运营商
2006	皇家加勒比邮轮公司的"海洋自由"号起航
2009	皇家加勒比邮轮公司的"海洋绿洲"号起航
2010	皇家加勒比邮轮公司的"海洋魅力"号起航
2014	皇家加勒比邮轮公司的"海洋量子"号起航
2015	皇家加勒比邮轮公司的"海洋圣歌"号起航
2016	皇家加勒比邮轮公司的"海洋和悦"号、"海洋赞礼"号起航。云顶香港集团星梦邮轮旗下的第一艘邮轮"云顶梦"号起航
2017	云顶香港集团星梦邮轮旗下的第一艘邮轮"世界梦"号起航
2018	皇家加勒比邮轮公司的"海洋交响"号起航
2019	皇家加勒比邮轮公司的"海洋光谱"号起航

第二节　邮轮产业

一、邮轮产业

（一）邮轮产业的概念

邮轮产业是指以大型豪华海上游船为运载依托，以跨国旅行为核心，以众多的旅游产品吸引游客，以开展航线经营为手段，以海上观光旅游为具体内容，由交通运输、船舶制造、港口服务、旅游观光、餐饮、购物和银行保险等行业组合而成的复合型产业。具有经济要素的集聚性、旅游产品的网络性、服务对象的全球性和文化的多元性等特点。

（二）邮轮产业的特点

1. 经济要素的集聚性

邮轮产业形态于 20 世纪 60 年代后期形成于北美，其集聚性主要表现在两方面：一是为邮轮及邮轮游客服务的各类机构和相关产业（如商业、宾馆、餐饮、陆空交通、金融、中介代理）一般集聚在港口附近及周边地区，以便能够快捷方便地为邮轮及游客服务，较为发达的城市因此形成了繁华的商务中心区；二是优良的邮轮母港可以吸引更多的邮轮集聚，而多艘邮轮的集聚可极大地拉动当地的经济，其聚集效应相当明显，如迈阿密港、大沼泽地港和卡纳维拉尔港，三港的邮轮游客总人数超过了全球的 40%，使得该地区成长为全球邮轮产业中心。

2. 旅游产品的网络性

与邮轮网络相联系的主要有三项：邮轮游客输出地、邮轮游客旅游消费地和邮轮中转地。以上每一部分都有各自的网络,同时又能有机地相连,组成一个互动的系统。其联结主要通过各大邮轮公司、邮轮旅游代理、各级政府以及港口企业等。尽管我们认为邮轮本身就是旅游目的地,但是岸上观光也必不可少,它既可以提高旅游附加值,也可以调节游客的海上生活,同时还可给邮轮添加补给。因此,邮轮停靠的港口构成了邮轮产业中重要的网络节点。

3.服务对象的全球性

尽管当今的经济正朝着全球一体化的方向发展,但真正具有跨区域特点的产业并不多,而邮轮产业一开始就定格为跨区域性产业,其产生之初就是以连接七大洲的整个海洋作为经营舞台。邮轮航线的生命力在于其跨国和跨洋性,如环球邮轮可以到达世界上任何大型码头,小型码头也可以通过摆渡车运送客人上岸观光。对邮轮产业而言,国界的概念并无实质意义,因为邮轮在停靠码头之外的绝大部分时间都是在公海上航行的,各国法律对邮轮只有暂时性意义,没有长效性的约束。邮轮上的船员与游客往往来自不同的国家和地区,他们说不同的语言,使用不同的货币,很难说邮轮产业会为某国所专有。实际上,如果试图使邮轮产业为一国所独有,那么邮轮产业不会有任何生命力。

4.文化的多元性

总体来说,由于邮轮产业起源于贵族休闲文化,故其所有相关的服务都体现出豪华和奢华的特点。许多邮轮都采取了华丽的装饰。例如,有些邮轮接待大厅的装饰基本与"泰坦尼克"号如出一辙。金碧辉煌的奢华不仅能够体现出邮轮消费的价值,同时也能提升邮轮本身的档次,吸引更多的游客置身其中,去体验奢华自在的邮轮生活。各国文化在邮轮上竞相辉映,显示出邮轮产业文化的相对开放性。邮轮装饰中体现出的风格以及各种风格间的差异,也增加了邮轮之旅的神秘色彩。一些欧美籍邮轮除了展示皇室风范之外,还注重构造现代歌剧院的建筑格调。邮轮上经常安排的歌剧演出表明邮轮旅游的本身也是高雅艺术的殿堂。

二、邮轮产业的发展

国际邮轮旅游业的发展大致经历四个阶段,每一阶段的发展取决于航线、目标市场以及经营区域的具体状况。

(一)过渡萌芽期

20世纪60年代末至70年代初是邮轮产业的萌芽阶段。

20世纪60年代初期,每年往返于美欧大陆横跨大西洋客运班轮的客运量超过了100万人次,70年代初期这个数字一度下降到每年25万人次左右。原有的客运班轮公司迫于经营上的压力,不得不寻找新的经营方式。客观上,邮轮客运量的下降催生了海上客运向海上旅游服务的转型。20世纪70年代是邮轮经营的痛苦转型期,喷气式飞机的出现使邮轮作为一种交通工具成为历史,班轮公司的角色正尝试由交通服务向休闲旅游服务转变。但当时的客运船舶本身并不适合开展旅游休闲服务,其过渡过程还面临着诸多困难和障碍,如没有空调、三等舱生活不够舒适,以及甲板上下缺乏公共空间等。

(二)诞生引进期

20世纪70年代至80年代是真正意义上邮轮产业的诞生阶段,邮轮旅游产品所包含的内容也具备了今天的雏形。1966年秋天,经营总部设在美国迈阿密的挪威加勒比邮轮公司(NCL)的首艘完全以休闲旅游为服务功能的"向日"号(Sunward)邮轮正式投入运营,标志着现代邮轮产业的诞生。NCL 公司创始人克罗斯特(Kloster)的成功经营理念很快被邮轮业界接受,许多经营者陆续进驻邮轮市场。在这一阶段,人们对邮轮有了一定的了解。当时邮轮目标市场主要以本国游客为主,航线观光也是以本国观光地为基本港,人们对邮轮的认识还局限在其豪华的外观、完善的内部设施,以及高昂的旅游费用等方面。这一时期,挪威邮轮、皇家加勒比邮轮、嘉年华以及半岛东方(P&O)邮轮等公司相继组建各自的邮轮船队,开始涉足邮轮旅游。20 世纪 70 年代早期,邮轮巡游已不再仅仅是航运的概念,而是发展为休闲产业的一个有机组成部分。

(三) 成长开拓期

20 世纪 80 年代至 90 年代中期是邮轮产业的成长开拓期。20 世纪 60 年代晚期出现了一种新式邮轮旅行模式:空中飞行和海上航行合二为一的"飞机 + 邮轮"的旅行模式。这一模式进一步推动了邮轮旅游产业的发展。由于团体包机服务可以将机票价格降低到合理的水平,飞机和邮轮的结合极大地吸引了不喜欢海上长途旅行的年轻群体。这一阶段也是嘉年华邮轮集团快速发展壮大的时期。嘉年华公司主要以引进二手改装船的方式进入加勒比海市场的角逐,一方面采用强劲的"乐在阳光下"广告攻势,另一方面结合具有强大竞争力的价格策略,成功地开辟了青年消费市场。这一时期,世界上规模最大的三大邮轮公司分别是嘉年华邮轮、皇家加勒比邮轮和丽星邮轮,是邮轮旅游行业发展形成基础的重要时期。三大邮轮巨头均在欧美主流消费市场建立了各自的邮轮网络。与此同时,邮轮市场开始高度细分,提供的服务也不断丰富,市场得到拓展,人们对邮轮的需要逐渐增加。

(四) 繁荣成熟期

20 世纪 90 年代中晚期至今是邮轮公司的繁荣成熟期。1993 年,处于全球邮轮市场边缘的亚太区域也有了变化——丽星邮轮集团成立。最初,丽星邮轮仅在新加坡和马来西亚提供邮轮旅游服务,不久之后,其业务便扩展到整个亚太地区。2000 年之后,丽星邮轮收购NCL 和东方邮轮品牌,正式进入欧美市场。目前,丽星邮轮在全球邮轮市场占有 10% 左右的市场份额,成为世界第三大邮轮集团。世界主要的邮轮公司都是以欧美市场为基础发展壮大起来的。随着世界邮轮产业的发展以及人们对邮轮旅游认识的逐渐深入,邮轮旅游在北美和欧洲逐渐成熟,由昔日只有上流社会享受的特定旅游时尚产品演变为中产阶级的大众休闲旅游活动。20 世纪 80 年代到 90 年代,北美和欧洲的邮轮市场形成了系统而稳定的市场结构,整个邮轮市场进入成熟期,呈现出较为繁荣的局面。

(五) 未来发展趋势

随着世界经济形势的持续好转,尤其是亚太地区经济的崛起,全球邮轮旅游需求将全面进入持续增长状态,世界邮轮业将进入更为繁荣的时期。总的来看,未来的发展趋势主要有以下五个方面。

1. 北美市场仍然是世界邮轮产业的中心

自邮轮旅游产生以来,北美地区的市场份额一直保持在平均 80% 以上,可以说占据绝对的市场优势。随着北美市场的饱和以及欧洲、亚太邮轮市场的崛起,北美地区的市场份额有所下降。但北美市场仍然是世界邮轮产业的中心,这一现状将在很长一段时间内继续保持。经济的持续增长和社会的持续稳定,还将使得北美地区的邮轮产业继续保持世界领导者的地位,将吸引越来越多的消费者加入邮轮旅游中来。国际邮轮协会(Cruise Line International Association,CLIA)调查结果显示,美国仅有不到 20% 的人口曾经参与过邮轮旅游。可以说,邮轮产业在北美地区仍具有巨大的潜力。

2.市场垄断格局继续

毫无疑问,三大邮轮集团高度掌控全球邮轮旅游市场的程度将有增无减。邮轮市场具有高度竞争的特点。组建邮轮公司的前期投资巨大,运营成本相当高,贸然进入市场,极有可能面临进退维谷的境地。可以说,邮轮市场的进入门槛非常高,邮轮公司一旦进入,必然面临异常激烈的竞争环境。但随着消费者需求的增长,小型邮轮公司可以开辟新的细分市场,其利润空间将更为可观,因此还是拥有较为良好的成长前景。

3.亚太地区成为新锐市场

亚太地区将成为邮轮产业的新锐市场。随着人们对邮轮旅游新颖性和多样性需求的增长,以及欧美市场的日渐饱和和过度竞争,越来越多的邮轮公司开始将目光投向具有丰富人文自然景观的亚太地区。亚太地区的繁荣稳定以及人们可支配收入的不断增加,使得亚太地区渐渐成为邮轮市场的重要客源地。此外,新加坡、韩国、中国大陆沿海城市及港台地区对邮轮产业的支持和投入,将成为推动亚洲邮轮产业发展的重要力量。可以说,未来亚太地区对国际邮轮市场具有相当大的诱惑力,将吸引国际邮轮公司来开辟这一新锐市场。

4.邮轮旅客年轻化趋势明显

近年来,世界邮轮乘客的平均年龄为45~49岁,40~49岁的邮轮乘客占总乘客量的36%,是世界邮轮客源市场的重要组成部分。在今后相当长的一个时期,这个客源市场将持续增长,仍保持市场主力军的地位。由于豪华邮轮和新型邮轮的出现,邮轮公司推出丰富多彩的娱乐活动与方便快捷的服务措施,吸引了越来越多的年轻人加入邮轮旅游的行列中来。特别是主题化的巡游,比如蜜月游和探险游等需求旺盛。世界邮轮客源市场将表现出年轻化趋势。

5.邮轮大型化和邮轮产品多样化

邮轮船舶总数不断增加、船舶规格不断丰富、运载能力不断提高、邮轮航线不断开辟、接待设施不断改善、服务方式不断创新、消费价格不断下降、娱乐体验不断新奇,将促进邮轮消费的日益大众化和多样化。在旅游目的地方面,环加勒比海地区、阿拉斯加地区等将继续保持世界邮轮首选目的地的地位;欧洲,特别是环地中海地区将紧随其后成为重要的邮轮目的地。到访亚洲的邮轮将越来越多,亚太地区将诞生越来越多的邮轮母港和停靠港,这将成为世界邮轮经济的新增长点。

资料链接:歌诗达"Costa Firenze"号邮轮或将来华

近日,歌诗达邮轮宣布,继"威尼斯"号之后,旗下另一艘专为中国市场量身打造的新船"Costa Firenze"号将于2020年抵达中国。作为"威尼斯"号的姐妹船,"Costa Firenze"号秉持相同的理念,从概念构思到产品设计,均以中国消费者的喜好与需求为中心。目前,"Costa Firenze"号仍在建造筹备阶段,将于2020年10月首航,于2020年12月抵达中国。

三、邮轮产业链的构成

1.从供给角度看邮轮产业链的构成

国际邮轮产业链基本上由三个环节构成:一是邮轮的设计与建造,在这一环节中,邮轮设计的核心是把握并体现出西方的贵族文化,建造的重点是豪华、奢华、舒适与安全;二是邮轮本身的经营,邮轮公司本身是资本密集型企业,而且采用国际化运营,是经济全球化的体现；三是码头区域的配套建设，包括邮轮专用码头、港区配套设施以及其他相关基础设施的建设。

2. 从国际经验看邮轮产业链的构成

邮轮旅游的发展能够自然形成一条相互依托的产业链。首先，邮轮到港的城市将成为国际消费群体人流的集散地。一般来说，一艘邮轮载有相当于 6 架波音 747 飞机的游客，且主要目标是旅游消费。这对于提升一个城市的消费量作用巨大。其次，为邮轮服务的各项产业，如餐饮、酒店、港口、旅游景点乃至农业等，都将面临较大的市场机遇。据初步统计，仅丽星邮轮的东亚船队，每年就要消费 7 000 万枚鸡蛋和 8 000 t 蔬菜。再次，邮轮的制造和维修也将刺激造船工业的发展。

资料链接：邮轮旅游相关数据

(1) 一家邮轮公司每年一般要购买价值 6 亿多美元的食品和饮料。

(2) 面向大众市场的邮轮公司每天花在未加工食品上的费用是每名乘客 10 美元，最豪华的邮轮公司则为 40 美元。

(3) 在一艘大型邮轮上进行为期一周的旅游，大约要消耗掉 5 000 箱葡萄酒和香槟。

(4) 在许多船上的体育馆里，使用的是气阻锻炼器材。

(5) 一个设备齐全的船上体育馆和健身疗养中心，其花费大约是 50 万美元。

(6) 船上的 1/3 ~ 1/2 的人员都是邮轮员工。

(7) 大型邮轮一般携带价值 300 万美元的零部件。

(8) 一般的餐厅服务员年薪和小费收入是 25 000 ~ 30 000 美元。

(9) 在大多数邮轮上，船上收入的第一来源是饮料销售。

3. 邮轮产业价值链

邮轮上游、中游、下游之间蕴含着复杂的产业关联性，产业内在的价值活动决定了产业发展的内在动力，体现的是产业内部各经济体的价值增值过程。因此，邮轮产业价值链揭示的是邮轮产业内部价值生长与增值的过程，也就是邮轮产业价值链在上游、下游、中游活动的全过程。根据邮轮产业内部活动，可以将邮轮产业价值链的构成按顺序分为四个环节（见图 1.1）。

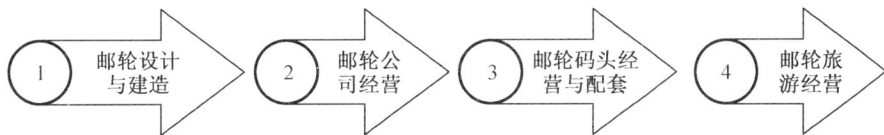

图 1.1　基于产业内部活动的邮轮产业价值链构成

一是邮轮设计与建造环节。该环节是邮轮产业链的上游环节。大型邮轮的设计、制造、内外饰装潢、维修护理以及设备、装备等需要大量的人力、物力、财力，因而处于这一环节的地区和国家往往能够基于价值收获较大的附加价，在整个邮轮产业中具有非常大的竞争力。

二是邮轮公司经营环节。邮轮公司运营大型的邮轮是邮轮产业链的中游环节，这一环节与乘客关系最紧密，具有很大的附加价值。邮轮公司通过向乘客提供邮轮旅游这种产品,并提供相应的服务来获取收益;同时与各大供应商建立关系,以提供邮轮上生活所需的各种食材、用品以及其他商品等;还要与旅行社或其他分销公司建立合作,将邮轮船票卖到各个消费者的手中。因而整个邮轮公司运营的过程也被看作资本集中与分散价值不断传递且递增的过程。

三是港口码头经营与配套环节。港口码头经营是邮轮产业链的下游环节,受中游邮轮公司的影响较大,邮轮停靠的数量和客源地距离直接影响其价值的大小。港口码头投资往往比较大,因为要建立完善的交通、周边景点、商业等配套设施,需要投入巨额的资金,且投资周期长。而受港口空间、时间以及气候的影响,港口的接待能力会受到限制,港口本身获利能力有限,但由于港口码头对周边产业及其配套的带动效应很大,所以依然能够产生巨大的附加价值。

四是邮轮旅游(目的地和客源地)经营环节。这一环节也是属于邮轮产业链的下游环节,是与传统旅游业直接联系的环节。其体现的是传统旅游业价值生成与增值的过程。景点的可观赏性、服务的质量、购物休闲的体验等都会直接影响这一环节价值的大小。本书基于邮轮产业链视角,分别从邮轮上游、中游、下游三方面来形成本书的构架。

四、邮轮产业发展的基本条件

1. 邮轮码头

从码头结构上讲,邮轮码头与通常的货运码头并无不同。事实上,有一些港口的邮轮码头也临时停靠货运码头,利用邮轮自带的栈桥作为旅客上下船通道。但对邮轮母港而言,则必须设有专用的泊位、上下船通道、候船厅和停车场。

2. 邮轮建造

造船技术是邮轮产业的基础,在某种意义上代表了每个发展阶段人类生产力的水平。就目前的技术水准而言,法国、德国、意大利、芬兰、美国和日本等基本上垄断了国际邮轮的设计与建造。由于技术和文化等方面的诸多因素,其他国家在短时间内很难进入邮轮建造和维修市场。

资料链接:国内首个"5G+船舶制造"项目落地招商局邮轮

2019年5月15日,南通移动联合招商局邮轮制造有限公司和爱立信(中国)通信有限公司,在南通海门招商重工基地成功开通5G NSA基站并实现船舶制造行业5G移动信号首覆盖和应用,开启了全国首例"5G+船舶制造"的新篇章。

招商局邮轮、南通移动、爱立信计划在2019年共同探索的基于船舶智慧设计及维护的5G+AR辅助生产应用,即借助在5G场景下,通过可视化增强现实信息的叠加,进行远程设备安装维护、快速巡检、设备交互等行业智能应用。

"5G+船舶制造"项目的首次落地,大幅提高了船舶制造业的工业智能化水平,为5G技术在智能制造领域的应用和发展奠定了坚实的基础。

3. 商业服务

邮轮到港的消费,很重要的内容是餐饮、宾馆、旅游、购物等配套服务。所以,作为邮轮母港,起码要有数家五星级酒店和相当数量的四星级酒店,以满足游客高质量的餐饮和住宿需求。邮轮母港对当地旅游服务业的要求也非常高,必须为旅客提供全天候、多渠道的售票及保险业务。

4. 旅游资源与交通

邮轮产业对港口的后方陆域交通条件要求严格。凡是邮轮产业发展较快的地方,都有比较便利的交通运输条件,并且附近都是著名的旅游景点。旅游资源是否丰富、景区分布是否合理、景点是否密集、海陆空港是否齐备、交通是否发达、与周边城市及周边国家联系是否紧密等都是制约一个港口能否成为邮轮母港的重要因素。

5. 物资供应

包括邮轮自身的补给与维修、油料添加、生活必需品采购、淡水添置等。

6. 金融保险

对邮轮经济的发展至关重要,如船舶和游客的保险等。服务功能完善的金融体系是邮轮港口的必要条件。

邮轮专业术语

旅游业 tourism	接待业 hospitality
邮轮经济 cruise economy	邮轮 cruise ship
客运轮船 shipping-liner	冠达邮轮 Cunard Line
泰坦尼克号 Titanic	嘉年华邮轮 Carnival Cruises
香港云顶邮轮 Star Cruises	海洋和谐号 Harmony of the Seas
海洋魅力号 Allure of the Seas	海洋绿洲号 Oasis of the Seas
海洋光谱号 Spectrum of the Seas	海洋量子号 Quantum of the Seas
邮轮母港 homeports	停靠港 ports of call
皇家加勒比邮轮 Royal Caribbean Cruises	

热点透析 1：自由行去香港可搭乘邮轮

以广州为母港的星梦邮轮发布消息,2019 年 4 月底开通了广州—香港一日航线。旅客可以搭乘星梦邮轮旗下的"世界梦"号邮轮,每周五从广州南沙出发,傍晚抵达香港;或者每周日从香港出发,傍晚抵达广州南沙。

旅客可以在较短的航程内体验"世界梦"号邮轮上的世界级的餐饮、娱乐、休闲设施和免税购物,并可在航行途中饱览包括港珠澳大桥在内的大湾区的独特风景。这不仅为市民和游客前往香港提供了一个新方式,更为首次体验邮轮旅游的旅客提供了一个绝佳的选择。

讨论：

请结合热点资讯讨论为什么"邮轮既是交通工具又是旅游目的地"？

热点透析 2：为什么选择邮轮旅游？

邮轮起源于 20 世纪初,当时是作为运送跨洲邮件的交通工具,因此称作"邮轮"。远洋航行很单调,水手们为了打发漫长的航行时间,在船上建起了简易的酒吧,随着经济的高速发展,最初朴素的邮轮越发奢华,它的辉煌因"泰坦尼克"号的出现而达到了顶峰。

邮轮的前身是远洋客轮,在飞机没有出现的年代,人们要想跨越大海,便只能选择远洋客轮。一旦上船便至少要待几周或数月,那时,客轮只是运输旅客的交通工具。1952年6月,飞越大西洋的飞机投入商业领域,从此正式成为民用交通工具,此后追求时间和效益的旅客纷纷转坐飞机,既然几小时便能完成的旅程,谁还愿意花上数月呢?这导致跨海客轮生意日渐惨淡。在这种市场环境中,各客轮公司开始谋求转型,为有钱有闲暇时间的游客提供舒适的旅游服务,这就是当今的邮轮旅游的雏形。

在客轮时代,海上旅行乏味而艰辛,不说坐三等舱的平民百姓,即使是坐一等舱的有钱人,也要忍受无聊且漫长的旅程和物资匮乏带来的种种不便,要知道,那时邮轮为了节省时间,不到迫不得已是不会停靠港口补给的,甚至浓雾天气时,海盗等潜藏的危险也时常降临。今天,这些都成了历史,邮轮不再只是运输工具,也不会深入大海中央,只沿着港口城市航行,这样也避免了风浪等危险。同时由于几乎所到港口都要停靠,保证了物资的充足,加上停靠港口都是旅游胜地,游客可上岸玩乐观光,增添了旅途的情趣,更重要的是今日的邮轮早已成为海上的奢华酒店或者海上浮动的城市,连昔日的"泰坦尼克"号都望尘莫及。高档的设施、丰富的娱乐项目、优质的服务,加上各邮轮公司精心开发的魅力航线,让邮轮游成为如今最具诱惑力的旅行方式之一。

为什么选择邮轮行呢?理由很简单,邮轮上的假期集合了乘坐邮轮漂于海上的兴奋以及身处度假村的舒适,超值的享受包括了膳食、娱乐及住宿,最关键的是免去了路上的交通费用,大大节省了整个旅程的花费。除了价格优势,邮轮旅行最大的特色在于其悠闲浪漫、自由性强。在船上,游客可以尽情吃喝,享受碧海蓝天带来的悠闲时光,上岸后还有不同的游览行程,只要游客愿意,每分每秒都可以过得多姿多彩。

邮轮还消除了游客不熟悉目的地地形的忧虑,这与普通的旅游截然不同。一艘舒适的船可以带你到任何地方,不用担心离下一站有多远,品尝美食、购物、清风微拂下小睡,都是打发两个目的地之间行程的好办法。游客只要玩,无须烦恼。邮轮的悠游会让人在不知不觉中便达到"不知今夕是何年"的状态,先天的优势,势必让邮轮假期更受人们青睐。

邮轮度假是目前最轻松、最自由、最休闲的度假方式,游客省去了舟车劳顿,不用天天换宾馆,提着沉重的行李到处跑,这种既可畅游大海,轻松地欣赏各地风光,又可尽情享受邮轮上提供的各项设施的旅程,被称为"养尊处优"的贵族之旅。

讨论:

1. 到底是"邮轮"还是"游轮"?
2. 简述"邮轮"到"游轮"的演变过程。
3. 邮轮旅游相比于传统的旅行方式有哪些特点?

思考与练习:

1. 第一个开展邮轮度假业务的是哪家邮轮公司?
2. 什么是邮轮,邮轮分为哪些类型?
3. 邮轮船舶的发展经历了哪几个阶段?
4. 请简述2010—2016年全球邮轮发展的大事记。
5. 邮轮产业的特点是什么?
6. 简述邮轮产业的发展历程。
7. 详细阐述邮轮产业的构成及发展条件。

第二章　邮轮设计与建造

【教学目的】

了解邮轮的设计原理;
了解世界邮轮的建造格局;
掌握邮轮的建造技术指标;
熟悉邮轮港口的布局规划。

【教学重点】

邮轮的建造技术和管理技术;邮轮港口的布局规划。

【教学难点】

邮轮的建造技术和管理技术;邮轮港口的布局规划。

【教学内容】

邮轮的设计原理;世界邮轮的建造格局;邮轮的建造技术指标;邮轮港口的布局规划。

导入阅读:

近年来,全球豪华邮轮新船市场持续活跃,手持订单数量逐年稳步增长,截至 2017 年底,全球豪华邮轮手持订单 80 艘,765 万总吨,创下最高纪录。面对邮轮旅游的持续火热,特别是对于新兴邮轮旅游市场的亚洲来说,邮轮供给仍然存在较大的增长空间,国内外邮轮公司订造邮轮的需求越来越迫切。到 2020 年,世界主要邮轮公司将新建豪华邮轮 79 艘,中小型邮轮公司将新建邮轮 38 艘,对于造船业来说,市场预计建造的 117 艘新邮轮需求将带来价值 520 亿美元的饕餮盛宴。

从邮轮旅游市场规模来看,中国目前是世界上最大的出境旅游市场,2018 年中国共接待邮轮 969 艘次,邮轮旅客出入境 490 万人次,成为全球第二大邮轮旅游市场。未来 10 年,中国有望成为世界最大邮轮旅游市场,国际邮轮经济将进入中国时代。近年来中国邮轮制造产业发展逐渐受到重视,国家发改委、国家工信部、国家旅游局等部委相继出台文件支持发展邮轮装备制造业,豪华邮轮建造已明确作为中国船舶工业转型升级的一个重要方向。根据中国邮轮旅游市场的高速发展,预计中国市场对豪华邮轮的需求将至少达到 100 艘。

从中国邮轮建造市场订单情况来看,根据有关统计,目前意向订单数量近 30 艘,例如:中国船舶工业集团有限公司与美国嘉年华集团、意大利芬坎蒂尼集团在中国首届国际进口博览会上,正式签订了 2＋4 艘 Vista 级大型邮轮建造合同,并举行了邮轮建造项目启动仪式,首艘邮轮将于 2023 年交付;Sun Stone Ship 与招商局工业集团有限公司近日签署了 4＋6

艘建造冰级探险邮船,新船将由招商局重工(江苏)建造,首艘船已于 2019 年 9 月交付;厦门重工与维京游轮签订了 1 + 1 艘 2 800 客邮轮型客滚建造合同,新船预计在 2020 年春季交付,63 000 总吨;中国船舶工业集团公司与中国旅游集团签署全面战略合作协议,并正式启动在广船国际进行国产中小型邮轮及豪华客滚船项目……

邮轮是以旅游为目的的高端客船。邮轮通过船上配备的各类生活娱乐设施,为乘客提供文化、体育、餐饮、购物、住宿、观光等旅游休闲服务。邮轮设计的重点是实现三大目标,即豪华型客船的安全设计、乘客休闲体验的功能设计和乘客健康安全的保障设计。已于 2017 年 1 月 1 日生效的 CCS《邮轮规范》精准把握这三个目标,设置了邮轮附加标志——Cruise,重点明确了邮轮设计的安全要求;设置了休闲体验设计指数附加标志——CEDI,休闲体验设计指数(CEDI)是在设计和建造阶段确定的邮轮休闲体验能力的一个指数,明确了包括乘客空间、舒适度和乘客休闲设施三个方面的要求,每一部分分别制订了不同等级的具体要求;设置了健康安保设计指数附加标志——SEDI,明确了保障乘客健康和安全的不同等级要求。

在空间设计方面,乘客空间的大小体现了乘客对船上资源的拥有程度,包括乘客人均吨位、乘客人均居住面积、乘客船员比三个参数,其布置固化了结构和消防设计,是前期设计阶段非常重要的参数。乘客空间的合理配置是邮轮的又一个技术要点。在船东确定好邮轮的吨位和乘客人数后,根据期望达到的休闲体验设计指数来确定乘客空间,合理布置客房和公共场所,进一步配置休闲设施,再根据舒适度的设计预期合理设计各系统。研究发现,乘客人均吨位、乘客船员比这两个参数不仅与邮轮的豪华程度有关,而且与吨位的关系也非常密切,而乘客人均居住面积和船舶吨位几乎没有什么关系,只与邮轮的豪华程度有关。

在舱室减振降噪方面,舒适度是决定每个乘坐邮轮游玩的乘客体验感的又一重要因素,设置了噪声、振动和室内气候三个方面。振动与噪声是邮轮舒适程度的一个基本方面,也是邮轮设计中的关键点。《邮轮规范》对满足不同 CEDI 等级指数、不同乘客处所允许的最大振动量级、最大噪声量级和空气声隔声指数都进行了规定。在设计阶段,对振动噪声进行预报,但最终以实船测量结果为准。

研究发现,对于邮轮上绝大多数客舱而言,其噪声很大程度上取决于舱室的空调(产品库求购供应)及空调系统。因此,空调及空调系统设计成了邮轮舱室噪声的主要因素。所以我们正在进行舱室噪声控制技术研究,研究成果将编制成邮轮舱室噪声控制指南。

在室内气候方面,室内气候,包括温度、湿度、空气流速、新风量等,又是影响邮轮舒适度的另一个重要方面。设计阶段需要重点关注,其对船上布置、空间和机组容量的配置起决定性作用。《邮轮规范》对满足不同 CEDI 指数的、不同乘客处所在不同室外环境下的室内温度和相对湿度进行了规定,同时限制了最大空气流速和最小新风量。这对空调系统的设计带来了巨大的麻烦:一是邮轮内部处所多、种类杂、功能复杂(有居住处所、休闲娱乐处所、餐饮购物处所、保健医疗处所以及大空间中庭等),各处所对空调要求的差别非常大,造成室内环境计算量巨大;二是为了使邮轮某一个空间在同一时间满足温度、湿度、风速、换气量、噪声的要求,设计难度相当大,因为这几个参数之间不完全同步,有些甚至是互相矛盾的;三是和陆上酒店相比,邮轮上的舱壁结构导热能力强,不利于保温,而且邮轮并不是固定在同一个地方的陆用建筑,而是航行在世界不同港口之间的,在设计时通常考虑全球航行时,外部气象条件的变化。四是邮轮空船质量和重心位置的控制要求高,加上布置空间和海上安全法规的诸多限制,使系统布置非常困难。

在乘客休闲设施方面,乘客休闲设施包括了邮轮上吃喝玩乐的方方面面。每一艘邮轮的设计都体现各自的文化、风格和特色,邮轮上配备的休闲设备应与此相配套。邮轮的质量很难控制,主要体现在酒店部分的质量很难掌控。合理配置休闲设施非常重要,这对空船质量和建造成本的控制非常关键。大家都知道,建造一个游泳池的质量和成本,与建造一个羽毛球场的质量和成本相比,两者有着明显的差异。《邮轮规范》中对满足不同 CEDI指数的邮轮的休闲设施进行了规定。这种规定了分成了两类,第一类是必选项,第二类是可选项,以方便邮轮设计能满足不同文化和风格的需要。

第一节　现代邮轮的构造

一、现代邮轮的基本功能

现代邮轮的构造是以其功能需求来进行具体设置的,因此,要了解其构造,首先要从功能划分说起。邮轮主要有旅游交通运输功能,游览、休闲、度假功能,前台功能以及后台功能四大功能划分。

1. 旅游交通运输功能

邮轮具有把游客从一个地点带到另一个地点的,或在目的地间往返,以完成娱乐观光和休闲度假的旅游过程的旅游交通运输功能。该功能由邮轮的驾驶部、轮机部、甲板部完成。

2. 游览、休闲、度假功能

邮轮为游客提供满足其旅游观光、休闲度假等需求的服务,包括旅游活动的组织、产品线路的设计、景点导游讲解,提供游客休闲娱乐的场所和康乐健身设施,包括阳光甲板、康乐中心、舞厅、理容中心、娱乐场所等。

3. 前台功能

邮轮必须为游客提供集散出入和作为邮轮信息中心的前厅,包括总台、行李服务、商务中心等;供游客住宿的客舱及服务;供游客餐饮娱乐的餐厅(含厨房)、多功能厅等。

4. 后台功能

为保证邮轮安全正常运行,保证游客休闲度假及旅行生活的舒适,邮轮后台部门还要提供动力、水电及冷暖气等。主要包括配电房、司炉房、冷暖机房、浆洗房、泵水房等。因此,邮轮既具有水上运输的功能,同时又集合了旅游酒店、旅行社等旅游企业为游客提供旅游组织、食、住、观光、游览、娱乐、购物等旅游服务的功能。

二、现代邮轮的衡量指标

1. 邮轮主尺寸(main dimension)

现代邮轮的规格大小可以用长度(length)、宽度(width)、水面高度(height)和吃水深度(draught)等主尺寸来初步进行衡量。①邮轮长度,表示邮轮从艏端至艉端的最大水平距离。②邮轮宽度,表示邮轮的型宽,通常是船舶最宽地方的尺寸。③水面高度,表示邮轮顶部至船体与水面相连处的垂直距离。④吃水深度,表示邮轮底部至船体与水面相连处的垂直距离。吃水深度用来衡量邮轮在水中的位置,同时间接反映邮轮在行驶过程中所受到的浮力。邮轮的吃水深度越大,表明船体载重能力越大。

2. 邮轮吨位(tonnage)

除了长度、宽度等主尺寸之外,邮轮吨位同样是邮轮大小的计量单位。船舶吨位种类复杂,总体来说包括重量吨位(weight tonnage)和容积吨位(volumetric tonnage)两种类型。①重量吨位。重量吨位分为排水量吨位(displacement tonnage)和载重吨位(dead weight tonnage,DWT)两种。排水量吨位表示邮轮在水中所排开的水的吨数,也是邮轮自身质量的吨数。在造船时,依据排水量吨位可以知道该船的质量。载重吨位表示船舶在营运中能够使用的载重能力,即船舶所能装载的最大限度。②容积吨位。容积吨位是表示船舶容积的单位,也称为注册吨位(registered tonnage),容积吨位本身不是涉及质量的术语,而是按照每吨位100 ft³(约2.83 m³)计算。常见的容积吨位衡量指标有总吨位(gross tonnage)、净吨位(net tonnage)和注册总吨位(gross register tonnage,GRT)三种类型。总吨位表示船舶内以及甲板上所有围蔽空间的容积总和。净吨位表示总吨位减去为船员居住区、燃料舱、机舱、驾驶台、物料房等所保留空间的容积总和。注册总吨位表示邮轮按照其登记证书所记载的容积,是邮轮最常用的衡量指标,也是业界划分邮轮大小的重要依据。

3. 邮轮容量

一般情况下,邮轮容量是从邮轮的载客数量(number of passengers)和客舱数量(number of cabin)的角度进行描述的。载客数量是指邮轮所能容纳的游客人数,但不包括船员和服务员在内。除了载客数量之外,业界还会根据邮轮所拥有的客舱数量或床位数量来衡量邮轮接待能力的大小,通常一间客舱容纳两个床位。但实际上,邮轮客舱数量的多少并不能说明邮轮的豪华舒适程度以及接待服务水平的高低。

4. 空间比率

邮轮的空间比率等于邮轮的注册总吨位与邮轮的载客数量之比。空间比率表示的是邮轮上人均拥有的自由伸展空间。空间比率越高,游客越能感受到邮轮的宽敞。因此,空间比率是衡量邮轮舒适与否的重要指标,也是真正体现邮轮价值的标尺。

目前,大多数邮轮的空间比率为25~40,最低值为8,最高值约为70,它并不是体现邮轮宽敞程度的唯一指标,也不一定与邮轮的大小互为正相关。一些空间比率较小的邮轮可以通过灯光、落地景观窗等设计来增加游客感知的宽敞舒适度。邮轮的日平均价格越高,空间比率值可能越大,高档邮轮的一个特点就是宽敞。

三、邮轮船龄

1. 旧船和新船

现役邮轮的服役时间跨度很大,一些邮轮下水时间较长,已经接近半个世纪。业界经常把1970年作为新船和旧船的分界线。1970年之前下水的邮轮为旧船,1970年以后下水的邮轮为新船。早期的邮轮由于造船技术较差,在建材以及结构设计上多有限制,无法和较新、较高的造船技术相比。旧船的仪器设备功能有限,而且操作上既花费金钱又耗费人力,效率却不见得好,运营成本因而较高。旧船使用较密实、较重的金属制造,因此较之同样大小的新船,旧船载重吨位较大,吃水深度深,进出港口不易,但相对地,旧船在航程中遇上大风浪时,其平稳度较新船要高。

2.船龄

船龄是邮轮自建造完毕时起计算的使用年限。船龄在某种程度上表明邮轮的现有状况,因此,在有关船舶和海上运输交易中是一个重要因素。根据中华人民共和国交通部发布的《海船船龄标准》条令,国内运营邮轮的船龄应小于30年。

在邮轮的发展历史上,有很多著名的邮轮运营时间将近半个世纪,冠达邮轮的"伊丽莎白女王2"号邮轮营运时间长达40年之久。但是,目前邮轮市场上各大邮轮公司向市场投入的邮轮大多船龄较小,船龄高于20年的邮轮不及邮轮总量的1/3,邮轮船队正呈现出年轻化的趋势。

四、船舱透视图与甲板分布图

1.船舱透视图

为了让游客更加直观地了解现代邮轮的构造与布局,邮轮公司会向游客提供邮轮的船舱透视图。船舱透视图通常是三维的,能够显示出家具的位置、主要特征、典型布局和成套设施等。如果是网站的话,也可以虚拟展示邮轮的360°全景图,让游客虚拟进行趣味盎然、鲜活体验的邮轮之旅。

2.甲板分布图

除了船舱透视图外,游客了解邮轮的最好方法是使用甲板分布图(deck plan),也称甲板示意图。对于每艘邮轮来说,这些甲板分布图是唯一的,也最能帮助游客明确邮轮上客舱或其他设施的具体位置。游客参加邮轮旅游时,可以通过甲板分布图选择自己喜欢的房间,宣传册中的色彩标记通常会使甲板分布情况以及各类客房情况一目了然。

资料链接1:

《邮轮规范》(2017)是基于中国船级社近年来对大型客船、中型豪华游船的科技研究成果,同时围绕邮轮的功能需求,识别出邮轮的技术要点和难点,并在充分考虑现阶段业界对邮轮的技术诉求后编制而成。

邮轮规范主要内容包括:

1.邮轮规范的适用性;

2.cruise、CEDI(O_x,C_x,F_x)、HEDI(x)附加标志的授予方式;

3.cruise 附加标志要求,包括船体结构、消防及其他要求;

4.CEDI(O_x,C_x,F_x)附加标志要求,包括功能要求、技术要求、检验要求;

5.HEDI(x)附加标志要求,包括功能要求、技术要求、检验要求。

(1)邮轮附加标志(cruise)要求研究。根据邮轮特点,在国际上首次研究并制定了邮轮附加标志(cruise)要求,主要内容包括:

①结构强度:邮轮超大空间、异型结构、连续多甲板的结构强度标准,包括连续多甲板的总纵强度、全船有限元分析;超大空间和异型结构的局部强度和局部有限元分析;超大空间、异型结构、各类开孔的疲劳强度分析等。

②剩余强度:大型客船船体结构剩余强度评估要求和方法。

③消防:高大、扁平大空间的探火、灭火、排烟、布置、撤离分析等相关要求。

④消防和救生替代设计。

⑤安全、稳性、救生设施、船上安保措施和舒适度等。

（2）休闲体验设计指数（CEDI）研究。在国际上首次研究并制定了邮轮休闲体验设计指数 CEDI（Ox、Cx、Fx）要求，包括基于乘客人均吨位、人均居住面积和乘客船员比的乘客空间指数（Ox）；基于振动、噪声和室内气候的舒适度指数（Cx），以及基于乘客休闲娱乐设施、设备和布置的乘客休闲设施指数（Fx）。

（3）健康保障设计指数（SEDI）研究。在国际上首次研究并制定了邮轮健康保障设计指数 SEDI（x）要求，包括食品、饮用水、娱乐水池、儿童活动、安保等相关的设施设备、布置及室内环境要求。

考虑到邮轮等效替代设计技术在不断发展完善中，乘客对邮轮的休闲功能要求也在不断变化中，邮轮规范将与国际邮轮技术的发展同步，不断纳入新的研究成果，完善和细化已有的技术要求。

资料链接 2：

1. 设计技术

（1）主题功能需求及总体方案

邮轮属于订制化产品，设计前期需提炼出使用主体（旅客、管理方）、特定目标人群的基本需求，从而确定目标邮轮的主题功能，见表2.1。

表 2.1　典型的功能需求及对总体方案的影响

序号	功能需求	船用系统或设计要求	影响总体方案的因素
1	居住要求	住舱系统	住舱的等级划分（海景房、套房、内舱房等）；各类舱室面积范围及主要配置；各等级舱室建议的比例分配
2	餐饮要求	餐饮系统	餐厅、厨房、冷库的数量，面积或配置需求与乘客人数或邮轮吨位的关系
3	饮水、用水	淡水供应系统	制淡装置的容量与乘客数量、邮轮吨位、淡水舱容积、其他用水系统（如游泳池、洗衣房等）的关系
4	舒适的温度	空调通风系统	空调器数量、功率
5	其他生活需求	照明系统、垃圾处理系统、洗衣干衣系统等	各系统当量与邮轮设计输入要素的关系，包括乘客数量、邮轮吨位、主要舱室面积等
6	娱乐休闲	娱乐项目与公共舱室	各类娱乐项目对于布置的需求包括位置、面积和层高等（如游泳池、剧院、商场、运动场馆等）；娱乐项目所占空间与住舱面积或邮轮吨位、乘客数量的比例关系
7	舒适度	振动噪声	隔声措施，包括量化效果与参考成本；布置方面的考虑
8	配套服务	客服系统	以上各类系统所需人员与系统规模的比例关系；乘客与船员比例关系

由于国内船东缺乏邮轮营运经验,较难提供细致的功能需求,可能会影响所订制邮轮今后营运的收益。在相同航线上,国外建造的邮轮配置高,造价却远低于国内拟自建的本土邮轮,因此国外建造的邮轮吸引力更大。目前国内邮轮市场的票价普遍较低,一般航线较难通过经济性测算。如果降低邮轮的设备配置标准来降低造价,又会影响到营运的亮点。

（2）造价控制

方案设计阶段,设计院需在技术规格书的基础上,完成全船造价表初稿。船东需完成的工作包括:航线及旅游行程规划、计划全年营运航次数、营运收入(票价等)、营运成本(船员费、码头费、燃料费等)、经济效益测算。根据船东经济性测算的结果,项目前期可能修改总体方案,以控制造价。

（3）质量控制

邮轮船体结构质量约占空船质量的比例50%,占满载排水量比例接近40%,结构质量直接影响到邮轮的实际装载量、稳性、耐波性。空船结构质量的控制是豪华邮轮结构设计必须重视的关键因素。

（4）振动噪声设计

振动和噪声指标是影响邮轮总体性能的关键性指标,同时需考虑性能和解决方案成本的综合平衡。在方案前期阶段需进行初步计算,有效分解噪声指标,以便控制相关厂商的设计标准。全船振动和噪声数值预报涉及的关键技术包括推进器脉动压力试验预报技术、结构减振设计技术、舱室降噪优化设计技术。国内已具备水池试验相关经验,结构振动及噪声数值预报技术也日趋成熟。形成定量预报,有利于评估相关措施的合理性,保证实现交船技术指标,并在建造过程中控制成本。

（5）空调通风集成设计

需国外厂商提供集成设计方案,在设计阶段充分考虑空调风管的布置走向。空调管线设计和布置失当将严重影响生产设计,并可能造成设计进度延误。

（6）三维设计

信息集成对于邮轮设计建造至关重要,由于邮轮系统的高度复杂性,需要较好融合基本设计、详细设计、生产设计。三维软件有利于全面提升邮轮的设计质量,包括三维模型自动导出至结构有限元分析、基本设计阶段设备或管线的初步布置及综合平衡、空船质量控制、设计院或船厂数据共享等。

2. 建造技术

（1）建造精度控制

甲板平整度满足舱室单元整体安装要求,掌握薄板焊接变形控制技术。主要要求如下:①主船体和上层建筑的板,尤其是外部可见处,应光滑平整,没有弯曲、皱褶、凹凸变形和铁锤或火工矫正痕迹。②平整度要求:加强筋之间的甲板或外板变形应控制在加强筋间距的0.5%以内(如:加强筋间距一般700 mm,即最大变形不超过3.5 mm)。③甲板建造公差:满足舱室单元整体安装要求。④薄板焊接:上层建筑最小板厚5~5.5 mm。

（2）设备安装

为在建造过程中落实减振降噪指标,需重点关注主要振动设备的安装工艺,可委托国外船级社进行现场安装及质量检验。

（3）内装工程

船厂需有较好的场地或仓库堆放条件,以满足舱室单元分批临时堆放的要求。公共空间舾装工艺是内装现场工程的难点,包括中庭、剧场、酒吧、露天水上乐园、餐厅、SPA、多功能厅、厨房等。

3. 管理技术

（1）供应链管理

豪华邮轮作为一个极其复杂的系统工程，需要产业链上各家企业的密切合作，仅依靠一个总装厂无法保证豪华邮轮建造项目的顺利实施。总装厂在豪华邮轮建造项目中不仅需要完成设计和船体建造任务，还要协调与配套厂、船级社、船东之间的关系。如船厂总包能力不足，将出现产品采购延迟或发生错误的情况。主要供应链包括装饰材料、客房单元舱室、厨房、冷库、垃圾处理、照明、剧场等。国内尚缺乏符合外方要求的足够数量的合格供方，过于依赖国外供方。

（2）成本控制

船厂需有完善的财务监控和预警体系，一旦发现进度延误、费用超标等问题，需及时调整人力、物力等计划，避免积重难返的情况。

第二节　邮轮设施与局部

一、现代邮轮的空间设置

现代邮轮的设计与建造通常需考虑到如何在合理利用空间的基础上更好地完善游客活动设施。不仅在外观和功能上为游客所接受，而且应符合其品牌价值和各项安全要求，在有限的船舶空间里，既能搭载更多的游客，又能使游客获得更高的舒适度和满意度。邮轮的空间结构可以分为三种类型：客舱空间、公共空间、非公用（船上员工）空间。

（一）客舱空间

邮轮客房通常极为小巧，是"微缩的饭店客房"。当今美国的一般饭店客房面积为 350 ~ 450 ft²（32.5 ~ 41.8 m²），而一些邮轮客舱只有 100 ft²（约 9.3 m²），只有部分超过 250 ft²（约 23.2 m²）。长江三峡邮轮一般客房的标准是 8 ~ 16 m²（不包括卫生间）。大多数客房面积为 10 ~ 12 m²。一般邮轮的舱房有内舱房、海景房、阳台房、阳台套房、豪华套房等。

1. 内舱房

在邮轮中部，只有门朝走廊，没有窗户，但经常运用镜子，柔和的淡色墙壁，明亮的灯光，甚至假窗帘来使空间显得更加开阔些，房间类似商务酒店的标准间，一般有隐藏式的上铺。很多游客偏爱内侧客房，因为相对外侧客房价格更低。内舱房也会根据邮轮的不同而不同，如皇家加勒比邮轮内舱房还分为普通内舱房和皇家大道内舱房。皇家大道内舱房有窗户可以看到邮轮中央的皇家大道。

2. 海（江）景房

在船舷两侧，有能看见海（江）的窗户，房间类似商务酒店的标准间，一般有隐藏式的上铺。由于可以向外，海景房会让人感觉视野更开阔。传统的邮轮有窗户，现代邮轮则有更大的窗户。有些客房甚至有一整面墙大的玻璃推拉门，并通向阳台。

3. 阳台房

在船舷两侧有阳台，房间在标准上类似星级酒店的标准间，一般放置一张大床，如果有孩子随行,也可以给孩子加床。有些大的邮轮还有朝向步行街的阳台房。随着科技的发展,现代邮轮还开发了模拟阳台房,房间的窗户展示海景,并配有一定的海浪声,以满足游客的需求。

4. 阳台套房

在船舷两侧,套房有阳台,房间设置在标准上类似星级酒店的套房,如果有孩子随行,一般都可以给孩子加床。

5. 豪华套房

一般在船头,其面积比标准间大很多,房间内的设施更齐全,有电器产品、家具,甚至还有厨房,房间位置也能更好地欣赏到海景。一般有多个房间,有些还有自己的温泉池。套房会根据豪华程度和功能再进行区分,如家庭豪华套房、水疗豪华套房、行政豪华套房等。不同的邮轮豪华套房的特点也不同。

(二)非公用空间

非公用空间一般位于客房甲板之下的甲板上。其中包括邮轮员工用房、员工餐厅、员工娱乐场所和驾驶室(邮轮控制室)、邮轮厨房和邮轮机舱等空间。

(三)公用空间共用区域

公用空间共用区域是乘客汇集的地方,主要包括以下部分。

1. 接待区

所有游轮都有类似大堂的地方,设有事务长室(前台或接待处、问询处)。事务长室旁边通常设有岸上观光处,乘客可在此咨询有关港口观光及活动方面的事宜,也可以进行预订。

2. 餐厅及其他就餐区域

餐厅是客人用早、午、晚餐的场所,较大的邮轮的典型特征就是拥有几个餐厅,甚至是每层都有餐厅。此外大型邮轮还有非正式的、自助类餐厅以及比萨饼店或特色主题餐厅。客人可以在室内就餐,天气好时还可以在室外(该区域被称作丽都甲板或露天餐厅)进行。

3. 演出大厅(多功能厅)

娱乐活动通常每晚都有,白天在演出大厅可能进行邮轮旅游指南讲座、港口讲座、游戏、放映电影或举办其他专项活动,晚上在演出大厅可举行各种表演(书法、武术、时装秀等娱乐节目)。大多数邮轮通常还设有另外的娱乐区、酒吧以及舞厅。

4. 健身俱乐部

大部分邮轮为客人提供锻炼的场地,配有增氧健身区、自行车、健身踏步器和投掷器械等。健身俱乐部通常与一个 SPA 水疗区相连,那里提供按摩、桑拿、芳香疗法、旋涡浴以及美容美发等服务。

5. 礼品商店

礼品商店出售各种杂物、纪念品、免税商品、T 恤衫等。纪念品通常以该邮轮为主题,一些邮轮以有许多购物之处为特色,甚至构成了一条微型商业街。

6. 医务室

海事法规定,乘客人数超过 100 人的任何船只都要配备内科医生,并常常由护士做助手,并配备相应的医疗设施。通常远洋邮轮还设有电影院、照片陈列室和赌场。

二、各功能空间尺度设计规范

空间的大小及各个功能空间之间的距离可以通过具体的尺度来展现,这是功能设计还有空间设计的重要考虑因素。不同空间的尺度可以带给人不同的心理感受还有视觉感受,通过游客的行为确定空间的尺度划分,根据游客的喜好和需求确定各功能空间的容积。邮轮上的空间是有限的,合理规划每个功能空间的位置能有效地提高每个空间的使用率;每个空间中合理的尺度设计符合人机工程学的要求,不仅让空间变得更加舒适,提升游客的体验感,也消除了一些特殊空间中的压抑感。邮轮在海上航行与陆地分隔甚远,人在邮轮中局限于船体内部非常有限的空间之内,这些客观的物质环境会引起人特殊的心理反应。所谓的空间感就是指人通过视觉,将自身的尺度与实际空间做比较而产生的各功能空间,连接各功能空间通道的体量容积感。邮轮整体空间有限,由于总布置条件、甲板层高、水平面积等因素导致了以下特点:

①缺乏水平的地平基线,视觉延展性很差。

②邮轮内部多为不规则的墙面和装饰板,并且会有很多斜面,空间稳定性较差。

③甲板和天花板的面积较大,并且受到实际有限空间所限制,就会让舱室显得特别的低矮,因此会有较强的封闭感和压抑感。

(一)旅居类尺度设计

邮轮旅居功能空间是以举手不碰到天花板为最佳的净高标准。地域性、民族性差异会导致游客身体素质不同,要使大部分的游客不碰到天花板是比较困难的,所以只能取一个平均值作为参考标准。日本曾对此做过一个具体的数据统计,计算单位为 mm,统计结果显示出平均伸手的高度为 2 040 mm,加上游客的鞋子厚度25 mm,以及预留的一些差值,最后得到 2 100 mm 这个数据,所以适宜于东方人居住的客舱室的高度应该为 2 100 ~ 2 300 mm,西方人身材相较于东方人身材会更高大一些,所以适宜于西方人的客舱高度为 2 300 ~ 2 500 mm。通过调查问卷的形式采集到的数据得到平均身高 1 660 mm,标准偏差为 88.7 mm,人们可以忍受的最低居住高度为 1 980 mm,西方人由于身材更高大的原因,从 1 980 mm 这个数值上要上浮 200 ~ 300 mm。并且需要注意的是女士的高跟鞋的高度并未计算在内,所以通过计算还应该在 1 980 mm 这个数据上再加上 90 mm,得到 2 080 mm 这一数据,这样就会有一个很高的容积率并且给游客视觉裕量。为了让居住的游客有安全感和稳定的心理感觉,天花板上所安装下垂的灯具、光带、电扇等下垂高度应该限制在 90 mm 之内。低矮空间是邮轮大部分舱室的特点,在合理保证空间能被使用并且设备完好的情况下,应该将空间尽量布局得紧密一些,在垂直空间中要保证剩余净高度满足相关规定和要求,让游客在其中走动穿行,不会感觉难受。一般在大面积的布局的旅居功能空间内,要保证在居室内 2 100 mm 的净高,在走廊内 1 980 mm 的规范最低要求。在海上航行时,时常会有风浪,并不能像在陆地上一样平稳,那么为了避免因为海浪造成的摇晃而引起的不适,每个客舱的床位应该采取纵向布置,并且为了避免摇晃产生的位移,床体应该紧贴客舱的墙壁。一些大面积的豪华套房,每个家具和床体都要设计相应的卡口,才能保证稳定性和舒适性。

邮轮的旅居空间一般来说会比较狭小,针对于此,所采用的颜色最好使用一些有退后感的冷色调,一些家具和设备应该采用统一并且具有收缩性的颜色,让本来狭小的空间在视觉上会有放大感。同时颜色也需要有一定的质量感,比如在客舱内,天花板的颜色设计应使用轻快明朗的颜色,让人产生一种向上漂浮的感觉,地板配色上一般使用质量感较重的下沉色,这样一来游客在客舱中就能感觉到本来低矮的垂直空间有所拉伸。

1. 外侧客房

①标准海景房一般设置在邮轮的 2 ~ 7 层甲板,这类房型总数量设计为 40 ~ 60 间,面积为 15 ~ 17 m²,可以居住 2 人。外侧客房都配备有观景窗,打开便可以欣赏到美丽的海景。

②高级海景房一般设置在邮轮的 6 ~ 7 层甲板,这类房型总数量设计为 40 ~ 60 间,面积为 15 ~ 17 m²,一般可以居住 2 人。6 ~ 7 层甲板属于中高层甲板,这个位置的海景房可以有更好的观景视野。

③有阳台的海景房一般设置在邮轮的 6 ~ 9 层甲板,这类房型总数量为 140 ~ 160 间,由于多了观景阳台,房间面积会显得宽敞,面积设计为 17 ~ 20 m²,一般可以居住 2 人。有阳台的房间可以更近距离地与大自然交流,同时房间内部的采光也会更加好。

④海景家庭房一般设置在邮轮的 7 ~ 9 层甲板,这类房间总数量为 10 ~ 20 间,面积为 25 ~ 35 m²,可以居住 3 ~ 4 人,由于面积较大,所以多数布局在船尾或者船头,并且多数采取不对称的排列形式。

2. 内侧客房

①标准内舱房一般设计在邮轮的 6 ~ 8 层甲板,内舱房是邮轮中数量最多的房型,一般设计为 100 ~ 120 间,设计面积为 15 ~ 17 m²,可以居住 3 ~ 4 人。拥有良好的隔音和避光效果,并且性价比高。

②家庭内舱房一般设置在邮轮的 6 ~ 9 层甲板,总数量设计为 120 ~ 140 间,面积在 15 ~ 17 m²,一般可以居住 3 ~ 4 人。家庭内舱客房隔音和避光效果都非常好,适合老年人和一家人居住,性价比很高。

③豪华内舱房一般设置在邮轮的 6 ~ 10 层甲板,总数量设计为 80 ~ 90 间,面积同样设计为 15 ~ 17 m²,一般可以居住 2 人。豪华内舱不仅具有良好的隔音和避光效果,客房内部的配置设施也相对提高。

④内侧观景房一般设置在邮轮的 6 ~ 8 层甲板,总数量设计为 140 ~ 160 间,由于增加了观景飘窗,所以面积会有所增加,面积为 16 ~ 18 m²,一般可以居住 2 人。游客通过房间的飘窗可以观看到邮轮内部街道的实景以及一些表演活动。

3. 套房

①标准套房一般设置在邮轮的 8 ~ 10 层甲板,总数量设计为 80 ~ 100 间,面积设计为 30 ~ 35 m²,可以居住 3 ~ 4 人,房间内部分区明确,使用便捷并且可以享受到邮轮上的个性化服务。

②家庭套房一般设置在邮轮的 8 ~ 9 层甲板,总数量设计为 10 ~ 16 间,面积设计为 70 ~ 80 m²,一般可以居住 5 ~ 7 人。大型的家庭套房适宜出游时有老人和不满十岁孩子的家庭。

③豪华套房一般设置在邮轮的 10 ~ 13 层甲板,总数量设计为 10 间,面积设计为 40 ~ 60 m²,一般可以居住 4 人。

④VIP 套房一般设置在邮轮的 12 ~ 13 层甲板,总数量设计为 1 ~ 3 间,面积设计为 100 ~ 120 m²,一般可以居住 4 ~ 5 人。VIP 套房一般只提供给特殊身份的游客,在安全配备还有服务水准上都有着不同的要求。

(二)餐饮类尺度设计

邮轮中餐饮功能空间占据了邮轮面积的 20% ~ 30%,各类型的餐厅容纳的人数、布局设计的位置还有设计风格都不相同。一般餐厅的高度应该不低于 2 100mm,避免游客在进餐的时候产生压抑感,对进餐产生不好的体验。考虑到游客在餐厅的自由走动,并且还要满足《国际海上人命安全公约》(简称 SOLAS)的规范和标准,所以餐饮空间的防火纵向长度不能超过 48 m,每 6 m² 的天花板上都要配备消防喷头。餐饮空间中的色彩搭配对游客心理有着很大的影响,并且每个人都会对不同的颜色产生不同的心理感受。餐饮功能空间是船舶的安全核心功能区域,经常会有大量的人流流动和聚集,而且进餐的环境也极其重要,所以要充分协调色彩设计与游客的关系。游客在进餐时冷色调的氛围会让人觉得疏远、不亲切,并且冷光投射在食物上会对游客的胃口产生不好的影响。而暖色调会使得餐厅的氛围温和、柔美,食物色泽也会更加鲜艳,游客的进餐量也会随之增大。所以针对餐饮空间一般需要暖色调的色彩配搭,那么整个空间的感受是膨胀、动感、柔和的,正是这样一种心理感受让餐饮空间呈现出一种向外延伸的视觉状态。这样的心理感受与餐饮空间所需要的承载量相辅相成。

1. 主餐厅

邮轮上一般会设计有一个巨大的主餐厅供游客进餐,在举办大型活动和船长祝词的时候一般多会选用主餐厅为进餐场所。所以按照大型邮轮的吨位计算,所承载的游客数应该为 2 000 ~ 3 000 人,最多承载不超过 4 000 人。那么主餐厅必须设计有能容纳船上 45% ~ 60% 的游客量,也就是 2 000 名游客同时进餐的面积,挑高 1 ~ 3 层,宽度最大可以达到邮轮船身的宽度,并且保证每位游客都能在餐厅中获得平均 2 ~ 4 m² 的空间,这样才能使得游客正常通行和进餐。

2. 主题餐厅

主题餐厅是邮轮上的特色,与邮轮的主题相结合,一般以自助餐厅、民族特色餐厅的形式展现。每个主题餐厅所提供的食物都是不一样的,针对的游客也是不一样的,所以主题餐厅规模会比主餐厅小。主题餐厅的容纳量设计应在 50 ~ 350 人,根据餐厅内容形式的不同,在这个人数区间中设计餐厅的大小,餐厅的净高应该不低于 2 100 mm,并且保证每位游客在餐厅中获得平均 2 ~ 3 m² 的空间,这样才能使得游客在一个较为宽敞的位置进餐和取餐。

3. 酒吧与酒廊

酒吧的形式有两种,面积较小的称为酒吧,面积较大的称为酒廊。酒吧与酒廊是年轻人的最爱,会常常在此举办很多聚会,所以酒吧和酒廊的受众人群多为年轻人。邮轮上的酒吧一般设计为 3 ~ 4 个,可以容纳游客人数为 40 ~ 150 人;酒廊设计为 1 ~ 2 个,可以容纳游客人数为 150 ~ 300 人。酒吧与酒廊的净高不低于 2 100 mm,并且确保每位游客在餐厅中获得不低于平均 2 ~ 4 m² 的空间,才可以让游客拥有良好的娱乐体验。

4. 咖啡厅

咖啡厅在当今社会中受到很多人的喜爱,所以在邮轮上,咖啡厅的个数会相对设计得多一些。咖啡厅和酒吧相比面积较小,一般容纳游客的人数范围为 100 ~ 300 人。由于咖啡厅的形式多种多样,有些会设计成半开放式和开放式,所以在咖啡厅内每位游客所拥有的人均面积应该为 2 ~ 4 m²。在室内的咖啡厅中,净高度也要保证不低于 2 100 mm。

5. 茶室

茶室主要针对年纪较大的东方人而设计,室内呈现出静谧的氛围。在邮轮之内会设计有 1 个茶室,茶室面积不会太大,一般能容纳 50～100 人。茶室净高度不低于 2 100 mm,由于使用的频率并不如其他功能空间次数那么多,所以茶室内的人均拥有面积也相对较小,一般设计为 1.5～2 m²。

(三)娱乐类尺度设计

邮轮的娱乐类的功能空间占据了邮轮空间面积的 35%～50%,游客在邮轮上所消耗的大部分时间都在娱乐空间中。所以不仅娱乐的类型繁多,各类娱乐空间的面积也都相对较大。相比游客的旅居舱室和餐饮功能空间,娱乐功能空间的面积和层高都要相对大和高一些,便于游客在其中穿行和形成良好的游玩体验。

1. 演出大厅

一般而言,每艘邮轮都会设计有一个大型的演出大厅,演出大厅每个时间段都有表演供游客欣赏,是邮轮上的一个特色娱乐项目。所以承载的游客数量就会相对多一些,整个演出大厅的承载人数为总游客量的 50%～60%,若是空间面积不够,就需要多设计几个小型剧场和演出厅来弥补。演出大厅的最大宽度可以达到邮轮船体的宽度,并且始终采取中轴对称的设计,在演出大厅中每个人应该拥有的平均面积在 1.5～2 m²,这样才能确保游客坐下观赏表演时有着宽松的活动空间,通道不会拥堵。

2. 电影院

邮轮电影院一般容纳游客 100～200 人。电影院屏幕大小是根据电影院的尺寸来决定的,所以电影院的面积决定了它的层高,屏幕大小按照 4:3 的最佳比例设计,并且在符合这些比例的前提下,需要按放射俯角度不大于 6°的限制来设计屏幕的中心高度,再来确定匹配电影院的长度、宽度、高度。游客在电影院中拥有的平均面积在 1.5～1.8 m² 最为合适。

3. 博彩区

博彩也是邮轮娱乐的一个特色项目,博彩区内有很多游玩设施,许多游客都会前往游玩。所以博彩区的面积需要能同时容纳邮轮上 40% 的游客,它的最大宽度可以达到邮轮的船体宽度。由于设备的安装要求,层高应该不低于 2 600 mm。

4. 网络中心

网络中心一般根据网点的分布而建设,一般来说,由于在海上航行网络信号相对较差,出门游玩的游客使用电脑网络更多是为了查阅资料和审核信息等,加上无线信号的应用使得邮轮上网络中心使用的频率较低。所以网络中心面积设定在 70～100 m²,层高不低于 2 100 mm,游客在网络中心中所拥有的平均面积在 1.2～1.6 m²。

5. 夜总会

各种邮轮主题派对活动会在夜总会召开,夜总会中舞池舞蹈和表演都吸引着各类游客,所以夜总会需要能同时容纳船上 30%～60% 的游客,挑高 1～2 层,并且游客人均拥有面积设计在 3～5 m²,这样才能确保在聚集大量游客时不会发生踩踏和拥堵的情况,需要保证空间中游客的顺畅活动。夜总会被设置在船头或者船尾,这样可以有更广阔的空间来运动,半开放式的设计形式也让游客能体会到室内和室外结合的新颖感。

6. 泳池与其他运动场

泳池是邮轮中必不可少的娱乐休闲项目。一般分为两种:①露天甲板层的泳池,也就是海天浴场。它占到了邮轮面积的 15% ~20%,游客在海天浴场中所拥有的平均面积应该在 2 ~3 m²。②室内泳池。室内泳池相比室外的海天浴场会相对小一些,占到邮轮空间的 3% ~6%。其他运动场(如篮球场、高尔夫球场、攀岩壁等)总共占到邮轮面积的 5% ~8%。

(四)商业类尺度设计

1. 会议室

邮轮都会配备会议中心。小到几十个人组成的董事会议,大到几百人的大型会议,需要各种会议室来满足不同需求,会议室内不同的功能也能满足不同内容的会议,如视频会议、产品讲解会、科技研发会等。所以根据不同要求对会议室进行设计组合和功能重组,在规定有限的空间尺寸中满足更多的需求。

2. 购物免税店

邮轮拥有着诸多的免税店,给游客提供精美的商品和纪念品。吨数越大的邮轮,购物商店也就越多,占到了邮轮空间的 15% ~25%。可以将这些购物商店组合成一条商业街,在街道上就可以看到游行表演,游客在购物街中能拥有很大的平均面积,使之购物体验良好。一般设计在 2.5 ~4 m²,层高在 1 ~3 层,能够同时容纳邮轮上 20% ~30% 的游客。

(五)医疗救生类尺度设计

1. 医疗间与手术室

医疗间与手术室并不会经常被使用,却极其重要。它占到邮轮空间的 1% ~2%,因为手术室的设备安装、设备尺寸,以及灯光照明的特殊要求,层高设计不低于 2 500 mm,并且设计能同时容纳 15 ~20 名病患。

2. 救生艇

邮轮上规定船体的舷侧必须配备足够的救生艇,每舷的救生艇应能容纳邮轮上不少于 38% 的游客,并且根据《国际海上人命安全公约》的规定,现代邮轮的救生艇必须能容纳船上游客人数的 1.25 倍,也就是说每位游客在救生艇内都拥有 1.25 个座位,所以根据现代邮轮的载客量计算平均值,按照邮轮上有 3 000 位游客,每位游客在救生艇中需要的面积为 0.8 m²,那么每舷的救生艇面积应该达到不低于 3 000 m²。为了邮轮船体的美观,救生艇可以采取竖直摆放的形式。

(六)通道类尺度设计

通道是邮轮中各功能空间的桥梁,它连接着各个功能板块,所以通道所承载的客流量是非常巨大的。那么为了合理解决上述问题,在造型处理上通过尺度的调节,尽量打开视野宽度和长度,要保证 1 980 mm 的高度规范最低要求,走廊的宽度根据功能空间的不同有所变化,例如在居住空间的通道走廊中以游客着衣肩宽为一个单位(计算平均值为 550 mm),身体的厚度为半个单位(计算平均值为 100 mm),并且假设走廊通道中并没有裸露出来的门把手、栏杆、扶手等凸出物件,根据这些拟定条件来设计居住空间的通道宽度,所以一般尺寸为 1 300 ~1 600 mm,以 1 300 mm 为起增点,然后以 ±300 mm 作为一个调整值来确保通道内能让游客正常通过。并且考虑到海上的风浪会造成船身的晃动给正在行走的游客带来危险,所以走廊通道的宽度并不能超过 1 600 mm。通道中的设备多设计为隐藏式,这样能积极有效地拓宽空间。在通道中高大的设备尽可能不要居中放置,以消除空间的再次分割,同时造成的高度比使所形成的压抑感也得到消除。另外,在结构上,尽量保证内侧通道和舱室处于甲板纵桁之下,通风管道布置在通道内并加以包裹装饰,支通风管道设计在横梁之间,让零部件和船身结构融为一体,最大限度屏蔽在视线之外,拓宽视野感受也增大使用空间。通道中的陈列也极其重要,能起到一些视觉迁移的作用,在通道侧壁上布置一些充满现代感的、简单的抽象画或者艺术品,一来转移了游客的注意力,二来增加了空间的趣味性;另外在更为狭长的通道尽头处,可以陈列一些盆景、雕塑、装置等,给予游客穿越狭窄通道的信心,调节了气氛。陈列展示在材料的选择上也有着考虑。比如一些通往餐饮空间的主道路很狭窄,那么进出餐厅的大门的材料选择玻璃门,能使餐厅和通道口在视觉感官上融为一体,加上玻璃良好的透光性,会显得本来狭小的通道口更为宽敞。另外,在一些狭窄的功能空间中,有意识地利用镜子作为装饰物,利用镜子的反射让空间得到延展,而且镜子的反射也增加了空间中的趣味性。

第三节　世界邮轮建造业地理格局

一、世界邮轮建造企业地理分布

近年来,国际邮轮旅游市场保持强劲势头,游客数量以年均8%的速度增长,由此带动了邮轮建造市场的活跃。今年年初以来,出于对国际邮轮市场前景的乐观预测,世界各大邮轮公司纷纷下单订造大型豪华邮轮。由于豪华邮轮的建造难度极高,目前世界上只有少数几家船企具备建造这种船型的能力,其中,欧洲船企承接了全球超过90%的豪华邮轮订单。主要由芬、意、法、德建造,主要承担方为欧洲的四大船厂——芬兰STX船厂、法国STX船厂、德国Meyer Werft船厂、意大利Fincantieri船厂。其中,芬兰STX船厂和法国STX船厂同属于欧洲STX集团,而欧洲STX集团又是韩国STX集团的分支机构。

世界豪华邮轮建造中心最初在美国。但从20世纪60年代开始,随着美国造船业的国际竞争力逐渐降低,欧洲船企凭借在造船方面的丰富经验和精湛技艺,加上在客船建造方面的技术积累,逐渐取代美国船企,在豪华邮轮建造市场,快速发展并逐渐形成了垄断地位。特别是从20世纪90年代开始,欧洲船企在豪华邮轮建造技术、工艺水平上取得了很大进步,进一步巩固了垄断地位。截至2014年7月底,全球船企手持豪华邮轮订单27艘、346.5万总吨。其中,欧洲船企手持豪华邮轮订单25艘、321.6万总吨,分别占全球订单总量的92.6%、92.8%。

亚洲方面,日本和韩国一直试图挑战欧洲在豪华邮轮建造方面的霸主地位。日本船企在20世纪90年代初曾进入邮轮建造市场。1990年,日本三菱重工承接了日本邮船公司的2艘豪华邮轮订单,但由于建造经验不足,其中一艘损失惨重,另一艘不得不转到芬兰马萨船厂建造。2011年,意大利歌诗达邮轮公司向三菱重工订造了2艘12.45万总吨、3 300客位豪华邮轮。在该项目实施阶段,由于设计工作进展缓慢,最终导致建造施工延期,不但增加了设计成本,也给配套设备的采购和施工进度造成了负面影响。2013年,三菱重工因邮轮业务亏损5.85亿美元。

韩国船企目前尚无豪华邮轮建造业绩。2008年,STX集团通过收购挪威阿克尔船厂得以进入豪华邮轮建造领域,曾一度控制了法国、芬兰及挪威等国的多家船厂。然而,由于经营不善,STX集团出现巨大的债务危机,不得不出售部分欧洲资产。2014年7月,STX集团将STX芬兰船厂出售给迈尔船厂和芬兰政府。

中国在邮轮建造领域也开始逐步发力。2018年,中国船舶工业集团有限公司与美国嘉年华集团、意大利芬坎蒂尼集团合作设计建造2+4艘13.5万总吨Vista级大型邮轮合同正式签订生效,这是中国首次真正意义上签订的大型邮轮建造合同。豪华邮轮在国内建造一举打破了过去豪华邮轮主要从国外引进的局面,国内船厂在建造过程中,也将从与外方的合作中学到不少经验,如建造管理、质量控制等,这对提升中国造船实力大有裨益。当然,豪华邮轮实现国产只是第一步,而发展邮轮经济的空间更为广阔。2019年9月,交通运输部等十部门联合下发了《关于促进我国邮轮经济发展的若干意见》,并提出2035年邮轮旅客年运输量达到1 400万人次等目标,而2017年这一数字仅为200余万。同时,邮轮经济产业链的完善,将带动一系列基础设施的发展,例如母港、航线等,业内对于邮轮经济的前景十分看好。

二、世界邮轮建造的走势

国际豪华邮轮市场具有明显的周期性,与世界经济走势高度相关。在行情较好的年份,豪华邮轮订单量在15艘以上,较差时在5艘以内,一般年份在10艘左右。20世纪90年代末,随着世界经济的稳步好转,国际豪华邮轮市场明显回暖。其中,在1998年和1999年,全球豪华邮轮订单量分别达到了21艘、144万总吨和22艘、147万总吨。然而,在2011年"9·11恐怖袭击事件"发生后,世界经济疲软,全球豪华邮轮市场也遭遇重创,订单量急剧下跌,其中2011年和2013年均仅有4艘。之后,随着世界经济逐渐复苏,豪华邮轮市场也开始回暖,订单量连续多年稳定在10艘以上。2008年国际金融危机爆发后,船舶市场陷入低迷,豪华邮轮的订单量也明显萎缩,其中在2009年仅有1艘成交。2010年以来,随着世界经济再次回暖,国际船舶市场触底反弹,豪华邮轮的订单量也有所回升。从市场需求来看,豪华邮轮订单的增量主要取决于国际海上游客数量的增幅。一般情况下,海上游客数量的增幅与世界经济走势密切相关。

从邮轮的船型发展来看,节能化将是未来必行的方向。2013年1月1日,由国际海事组织(IMO)的海洋环境保护委员会(MEPC)提出的用以计算船舶的碳排放情况的船舶能效设计指数标准(EEDI)正式生效。该标准的施行促使相关船舶(包括邮轮)建造必须符合IMO组织的相应规定,从而增加了建造方在节能减排方面的压力,也使得未来邮轮的建造必须更多地考虑环境因素。2013年4月刚建成的"挪威飞鸟"号邮轮就是按EEDI的标准制造的。

同时,为了使邮轮更多功能化和实现规模经济,大型化也是当前一大趋势。2011—2012年,世界邮轮船队结构(以总吨计)的主体是5万总吨(总吨位)以上的船型,占到80%左右;10 万总吨以上的船型超过 30% 。目前最大的营运船型是美国皇家加勒比邮轮公司的"海洋绿洲"号,该船型已达 22.7 万吨。未来,还将有多艘 10 万吨级邮轮出世。

第四节　全球主要的邮轮设计建造集团

一、意大利芬坎蒂尼集团

意大利芬坎蒂尼集团始创于 1780 年,是一家历史悠久的、全球化的造船集团公司,全球拥有 21 个船坞,分布于意大利、挪威、罗马尼亚、越南、美国和巴西等国(见表 2.2)。它是全球最大的邮轮制造商,能够建造从现代级到奢侈级的所有等级邮轮。在 2004—2015 年全球 1 万总吨以上的邮轮建造订单中,芬坎蒂尼公司占据了近 50% 的市场份额,位居世界第一。

其中,有能力建造邮轮的船厂有 6 个,分别是 Fincantieri Marghera、Fincantieri Monfalco、Fincantieri Sestri、VARD Tulcea、VARD Vung Tau、VARD Soeviknes。此外,芬坎蒂尼几经波折,已于 2018 年 2 月签署协议,以 5 970 万欧元的价格收购了 STX 法国 50% 的股份。若收购顺利,STX 法国将成为芬坎蒂尼第 7 个邮轮建造船厂。集团从事领域包括造船、海工和装备系统的服务,其中绝大多数业务目前集中在邮轮等奢侈性船舶的建造上。虽然与亚洲几大船厂比,其以 C 总吨(造船产量的表示方式,等于船舶总吨乘以反映其工作量的修正系数)计的订单体量较小,但在欧洲仍是首屈一指的造船集团,与欧洲其他船舶与海工制造商相比,市场份额遥遥领先(见图 2.1)。

表 2.2　芬坎蒂尼集团的船坞区域分布

区域	国家	船坞
欧洲	意大利	Trieste、Monfalcone、Marghera、SestriPonente、Genoa、RivaTrigoso-Muggiano、Ancona、CastellammarediStabia、Palermo
	挪威	Aukra、Brattvaag、Brevik、Langsten、Soviknes
	罗马尼亚	Braila、Tulcea
亚洲	越南	Vun 总吨 au
美洲	美国	GreenBay、Marinette、StrugeonBay
	巴西	Suape

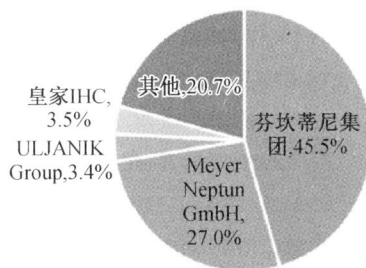

图 2.1　2018 年初欧洲手持订单的集团分布(按 CGT 计)

　　由于主营豪华邮轮,芬坎蒂尼的合作船东以各大邮轮公司为主。其中,美国嘉年华公司是其最大船东,截至 2018 年初,芬坎蒂尼集团手持的嘉年华公司的订单量达到 98.4 万 CGT,占其业务总量的 30%;第二大船东是诺唯真邮轮,占比 19%。其他船东还有地中海航运、维京邮轮、维珍邮轮、Ponant 邮轮、Topaz 公司、途易集团、银海邮轮等(见图 2.2)。

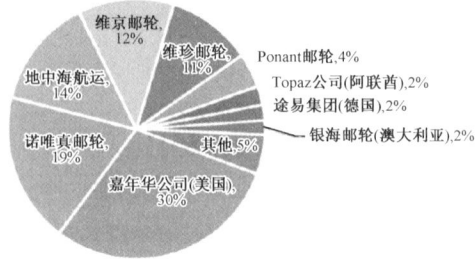

图 2.2　2018 年初芬坎蒂尼手持订单主要船东分布(按 CGT 计)

　　从手持订单的构成来看,芬坎蒂尼集团的订单业务非常集中,大部分承接的都是邮轮制造业务。2018 年初,芬坎蒂尼集团邮轮的手持订单量达到 309.8 万修正总吨(CGT),占其所有手持订单量的 93.2%。其他船型订单还有海工船、LPG 船和客船/客滚船,占比分别为 5.74%、0.21% 和 5.74%。而从订单的合同年份来看,芬坎蒂尼集团的手持订单合同签约时间主要集中在 2016 年和 2017 年,订单量分别为 146.7 万 CGT 和 129.3 万 CGT,占其总的手持订单量的 44% 和 39%。其次是 2014 年,手持订单量为 47.7 万 CGT,占比 14%。2015 年和 2013 年之前(含 2013 年)的手持订单份额都较少,只有 1% 和 2%,且 2013 年以前均是 LPG 船和海工类船。表明芬坎蒂尼从高端海工船和 LPG 船型向豪华邮轮业务的转型非常成功。目前的这些手持订单已经能够确保芬坎蒂尼集团未来六年的工作量(见图 2.3)。

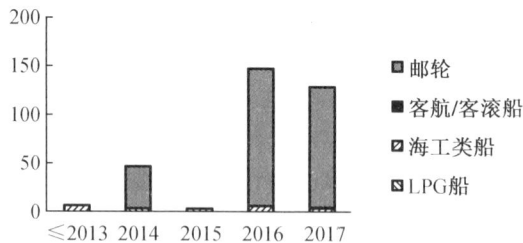

图 2.3　2018 年初芬坎蒂尼手持订单合同年分布(按万 CGT 计)

资料链接:中国船舶工业集团公司与意大利芬坎蒂尼公司正式合作

　　2016 年 7 月 4 日,中国船舶工业集团公司与意大利芬坎蒂尼公司在沪正式签署豪华邮轮"造船合资公司协议"。根据协议,双方将在中国香港合资设立豪华邮轮设计建造公司,中国船舶工业集团公司旗下的中船邮轮科技发展有限公司控股 60%,意大利芬坎蒂尼公司持股 40%;上海外高桥造船有限公司将负责合资公司豪华邮轮的建造和交付。

　　豪华邮轮被誉为"海上移动度假村"和"漂浮的旅游城镇"。作为世界高端海洋装备制造业中顶级的船型产品,豪华邮轮被誉为"造船皇冠上最耀眼的明珠",其制造难度远高于航空母舰和大型 LNG 船,是中国目前唯一尚未攻克的高技术船舶产品。

业界公认,邮轮制造是现代工业和城市建设综合化、集约化的系统工程,涉及造船、机电、建筑、装饰、文化、艺术等诸多方面,其价值量大、附加值高、技术难度及工程量庞大,执行国际海事领域有关船舶舒适性、安全性、可靠性、环保性方面最苛刻的规范与标准,对项目过程管理、供应链管理要求极高。具备能力制造豪华邮轮代表着一个国家船舶工业的先进水平,是检验其综合科技水平、综合工业和国力的显著标志。

近年来,中国邮轮旅游市场发展迅猛。据中交协邮轮游艇分会统计,国内乘坐邮轮出境旅游的人数已从 2005 年不足 5 000 人增长到 2015 年的 110 万人,年均增速逾 40%。预计 2020 年前将突破 200 万人;未来 20 年内,中国每年乘坐邮轮出境的游客人数有望逾千万,有望成为全球最大邮轮旅游市场。面对中国造船技术的飞速进步和邮轮旅游市场的迅猛需求,中意合资组建邮轮设计建造公司应运而生。

据介绍,此次签约组成的合资公司中的中方中船邮轮科技发展有限公司,由上海外高桥造船有限公司联合广船国际有限公司、中国船舶及海洋工程设计研究院、上海船舶研究设计院共同在沪设立,主要开展豪华邮轮设计及相关技术领域服务等业务。中意合资组建邮轮设计建造公司协议的签署,标志着中国制造豪华邮轮项目进入了实质性启动阶段,迈开了邮轮本土制造的关键一步。这是继中船集团联合中国投资公司与嘉年华集团签署邮轮运营合资协议之后,中国邮轮产业发展史上具有里程碑意义的事件,在中国船舶工业开展国际产能合作历程中具有标志性意义。

二、芬兰阿克尔造船厂

阿克尔造船厂于 1738 年成立,至今已有 280 多年的历史,欧洲各国对"阿克尔"也有着十分特殊的敬重之感。作为欧洲最大的并且位列世界造船企业前五名的阿克尔造船厂,在建造复杂耐用的客船方面,其所建造的每一艘船都为该领域设定了新的标准。阿克尔造船厂建造了世界上最大的豪华旅游客船,并且建造出最有价值的商船。它们在世界船队中处于领先地位,其所采用的融冰技术也是极少有船厂能与之相比的。在芬兰,造船工业有着悠久的历史,这大概可以追溯到几百年前。在过去的几十年,一度繁荣的工业出现了动摇,但慢慢地又重新站稳了脚跟。经过合并与改组,阿克尔造船厂成为这一领域的领导者。阿克尔造船厂曾历时两年打造了著名的"海洋独立"号,轰动整个邮轮界,取代了其姊妹船"海洋解放"号,成为世界"最大超级邮轮"。不久之后,2009 年的秋天,同样由其承建的"海洋绿洲"号取代了最大超级邮轮的桂冠。可惜的是,阿克尔造船厂之后被韩国 STX 集团收购,引起欧洲各国的不满,可见阿克尔造船厂在欧洲人心目中有着举足轻重的地位。

三、德国迈尔船厂

素有"德国巨匠"之称的迈尔船厂,是德国最大、最具现代化的造船厂,总部设在帕彭堡,成立于 1795 年,主要建造木船码头;1874 年开始建造铁船;到 1920 年在帕彭堡地区已经拥有 20 多个船坞;目前拥有世界上迄今为止最大的室内干船坞。

德国下萨克森州的西部,距离荷德边境不到 20 km 的地方,坐落着一个鲜为人知的小镇——帕彭堡,其面积仅 118.36 km^2,人口不到 4 万。然而就是这样一座小镇,孕育出了一个 200 多年屹立不倒、举世闻名的豪华邮轮专业制造商——迈尔船厂。

迈尔船厂是当今德国最大的造船厂,由迈尔(Meyer)家族创立于 1795 年,传到目前的

Bernard Meyer 先生已经是第六代了,他从 1982 年开始掌管整个企业,一直到现在。2019 年他的儿子 Jan Meyer 被任命为总经理,逐渐开始了接班工作。1997 年,迈尔船厂收购了位于德国东北部罗斯托克的海王星船厂,2014 年,又从 STX 集团手中接收了同样以建造豪华邮轮著称的芬兰图尔库船厂。

在漫漫历史长河中,迈尔以建造小木船起家,1874 年开始建造铁船,共交付了客渡轮、滚装渡轮、液化气船、集装箱船、牲畜运输船、内河邮轮、远洋邮轮、海洋科考船等 700 多艘各型船舶。随着亚洲造船工业的崛起并抢走了绝大部分普通民船订单,迈尔逐渐将业务重心放在了豪华邮轮上,从激烈残酷的市场竞争中生存下来,在这一业界顶尖领域大放光彩。

帕彭堡的迈尔船厂总部,可以说是世界上最具现代化的船厂,是德国工业 4.0 时代的典型代表。它拥有世界上迄今为止最大的室内干船坞。第一个室内船坞落成于 1987 年,长 370 m,宽 101.5 m,高 60 m,1991 年又加长到 470 m。2000 年,第二个巨型室内船坞建成,其长达到 504 m,宽 125 m,高 75 m。有着 3 300 多名正式员工的迈尔船厂(另外还有约 1 500 名的外包工,主要来自东欧)一年可以同时建造 3 艘邮轮,从 1985 年开始,已有 40 艘豪华邮轮从这里驶出,航行在地球的各大洋。目前迈尔船厂的手持订单已将其工作负荷排至 2020 年,在低迷的船市里可谓是"这边风景独好"。

造船厂是重工业行业,也是高危行业,安全管理十分关键,同时也是充分体现船厂管理意识和水平的一环。甚至可以这么说,安全工作的好坏与船厂生产效率的高低、质量水平的高低成正比。更何况由于豪华邮轮项目本身的特殊性,安全保卫工作就显得更加重要了。

四、法国大西洋船厂

Ateliers et Chantiers de la Loire 和 Chantiers de Penhoët 船厂于 1955 年合并成立法国大西洋造船厂。该厂初始为法国大西洋线总公司兴业建造班轮。1961 年,它建造了跨大西洋"Superliner SS France"号,是当时世界上最长的客运船。在为法国大西洋线总公司兴业建造完班轮和苏伊士运河封闭后,该厂开始建设大型邮轮,包括 Batillus,Bellamya,Pierre Guillaumat 和 Prairial。一个能建造超过 100 万吨邮轮的新干船坞(Basin C)列入计划,但这一计划随着苏伊士运河重新开放而告吹。法国大西洋船厂于 2003 年 7 月宣布建造豪华邮轮 Crystal Serenity of Crystal Cruises,该厂 2003 年为 Cunard Line 建造了"玛丽女王 2"号。

坐落于大西洋沿岸的 STX 法国拥有 150 多年历史,是一家具有全球竞争力的造船企业,以建造大型豪华邮轮和客轮闻名于世,目前拥有 2 600 余名员工和 500 余家分包商。2009 年,韩国造船巨头 STX 造船收购 STX 法国,旗下子公司 STX 欧洲持有 STX 法国 2/3 的股份。但自 2009 年起,STX 造船陷入资金困境,并于 2013 年开始进行债务重组,逐步出售旗下子公司,也包括 STX 法国。

五、中国船舶工业集团有限公司

中国船舶工业集团有限公司(简称"中船集团")组建于 1999 年 7 月 1 日,是在原中国船舶工业总公司所属部门企事业单位基础上组建的中央直属特大型国有企业,是国家授权投资机构,由中央直接管理,在世界 500 强中名列第 364 位。

1963 年 9 月,国务院决定将船舶工业从三机部分出来成立第六机械工业部。1982 年 5 月,经国务院批准,在六机部 135 个企事业单位和交通部 15 个企事业单位基础上组建成立中国船舶工业总公司。1999 年 7 月,经国务院批准,在原中国船舶工业总公司基础上组建中国船舶工业集团公司和中国船舶重工集团公司。2017 年底,公司正式改制为中国船舶工业集团有限公司。

截至 2017 年底,中船集团拥有 40 余家二级单位,分布在北京、上海、广东、江苏、江西、安徽、广西、香港等地,拥有中国船舶工业股份有限公司、中船海洋与防务装备股份有限公司、中船科技股份有限公司 3 家上市公司。中船集团在美国、俄罗斯、泰国等 8 个国家和地区设有驻外机构。

中船集团旗下聚集了一批实力雄厚的造修船企业和船舶配套企业,包括江南造船(集团)有限责任公司、沪东中华(造船)集团有限公司、上海外高桥造船有限公司、上海江南长兴造船有限公司、广船国际有限公司、中船黄埔文冲船舶有限公司等,还拥有中国船舶及海洋工程设计研究院、上海船舶研究设计院、广州船舶与海洋工程设计研究院 3 家船舶研究设计机构,以及中船第九设计研究院工程有限公司等知名工程咨询、设计、总包单位。

中船集团能够设计、建造符合世界上任何一家船级社规范、满足国际通用技术标准和安全公约要求、适航于任一海区的现代船舶,以及具有国际先进水平的大型海洋工程装备产品,产品种类从普通油船、散货船到具有当代国际先进水平的超大型油船(VLCC)、液化天然气(LNG)船、大型集装箱船、液化石油气(LPG)船、液化乙烯(LEG)运输船、自卸船、化学品船、客滚船及超深水半潜式钻井平台、自升式钻井平台、大型海上浮式生产储油船(FPSO)、多缆物探船、深水工程勘察船、大型半潜船等,形成了多品种、多档次的产品系列,产品已出口到 150 多个国家和地区。

纵然造船主力在欧洲,但中国船舶工业集团公司联合中国投资有限公司已经与全球最大的邮轮运营商嘉年华集团签订协议,将为中国开发建设豪华邮轮本土品牌,并打造世界一流水平邮轮船队。承担这项任务的将是中船集团下属上海外高桥造船有限公司。外高桥造船已定下目标,在 2020 年完成交付第一艘国产豪华邮轮。上海外高桥造船有限公司有"中国第一船厂"的称号,之前承建的多为散货船及各等级的油船,自主建造豪华邮轮尚属首次。造一艘自有的豪华邮轮尚可在外国同人的合作互助下完成,但关于邮轮的文化和管理运营并非一朝一夕就可脱产自己来的。中国自主建造邮轮的突破点或许可在"真正中国化"上做文章,才会走得更稳健更长久,在细分市场占据一席之地。

邮轮专业术语

邮轮主尺寸(main dimension)　　　　邮轮吨位(tonnage)
重量吨位(weight tonnage)　　　　容积吨位(volumetric tonnage)
载重吨位(deadweight tonnage)　　　排水量吨位(displacement tonnage)
注册吨位(registered tonnage)　　　总吨位(gross tonnage)
净吨位(net tonnage)　　　　客舱数量(number of cabin)
载客数量(number of passengers)　　邮轮船龄(vessel age)
甲板分布图(deck plan)

热点透析:中船集团签订 Vista 级邮轮订单,首艘国产大型邮轮设计建造正式启动

2018 年 11 月 6 日,在国务院国资委举办的中央企业国际合作论坛上,中国船舶工业集团有限公司与美国嘉年华集团、意大利芬坎蒂尼公司合作设计建造 2 + 4 艘 13.5 万总吨

Vista 级大型邮轮合同正式签署生效。随后,中船集团举办了大型邮轮项目启动仪式。

为大力推动国内邮轮产业发展,2019 年 9 月 27 日,交通运输部等十部委出台了《促进我国邮轮经济发展的若干意见》,上海、广东、海南等各地方政府也先后出台了支持邮轮产业发展的政策措施。随着中国游客对邮轮旅游理解、认知和需求的不断提升,中国邮轮旅游市场将快速增长,为未来邮轮产业的发展带来重要契机,市场人士普遍预期中国将成为全球最大的邮轮市场。

据悉,这是我国首次签订的真正意义上的大型邮轮建造合同。该合同的签署标志着中船集团大型邮轮工程进入正式实施阶段,中国首艘具有世界先进水平的大型邮轮开始进入实质性的设计建造,这将推动我国船舶工业登上新高地、实现高质量发展。

此次签署生效的 2 + 4 艘 13.5 万总吨 Vista 级大型邮轮项目将由中船集团旗下中船邮轮科技发展有限公司和上海外高桥造船有限公司联合设计建造,按照中船集团与嘉年华合资组建的中船嘉年华邮轮有限公司要求,以及中国市场特点与游客偏好量身打造。该型邮轮总长 323.6 m,型宽 37.2 m,最多可容纳乘客 5 246 人,拥有客房 2 125 间,同时入级中国船级社和英国劳氏船级社,挂巴拿马旗。首艘邮轮计划于 2023 年 9 月 30 日交付,第二艘邮轮计划于 2024 年交付。

讨论:

请结合热点资料讨论中国未来邮轮建造市场格局会发生什么变化。

思考与练习:

1. 邮轮设计的三大目标是什么?
2. 现代邮轮基本功能有哪些?
3. 现代邮轮的衡量指标有哪些?
4. 通过学习,你认为未来全球主要的邮轮设计、建造格局将会发生怎样的变化。

第三章 邮轮公司

【教学目的】

了解世界邮轮公司的发展规模；
熟悉现代邮轮公司的四种发展战略；
理解世界邮轮公司的集聚特征；
掌握现代邮轮公司的经营业务结构；
掌握邮轮旅游的代理方式；
了解世界著名邮轮公司的发展历程及船队规模。

【教学重点】

现代邮轮公司的经营业务结构；邮轮旅游的代理方式。

【教学难点】

世界邮轮公司的集聚特征；现代邮轮公司的经营业务结构。

【教学内容】

邮轮公司的发展战略；邮轮公司的经营业务结构；邮轮旅游代理；世界著名邮轮公司介绍。

导入阅读：坐邮轮，你选对了吗？

和邮轮常客说到坐船，他们往往会说"啊，我最近坐过 NCL，去夏威夷，很好玩"，"游阿拉斯加我觉得还是坐 Princess 好，那条航线还是他们的船最多"。这些常客口中的"NCL"和"Princess"并不是特指某艘邮轮，而是指邮轮公司。

纵观全球，登记在册的邮轮公司大大小小，说得上名字的也不在少数——公主邮轮、P&O 邮轮、荷美、歌诗达、嘉年华、天海……

然而虽然选择众多，大部分邮轮常客其实往往都是某个邮轮公司的忠实客户，他们在体验过某个公司的服务之后觉得满意，便不再愿意去尝试新的邮轮，或者也只愿意去尝试那家公司的新船。

2003 年，Crystal（水晶邮轮）的新船"宁静"号刚下水，便创造了邮轮史上前所未有的先例：因为船厂耽误了交船日期，水晶邮轮认为船员训练时间不足也许会影响顾客的体验，于是宣布乘坐"宁静"号处女航的全体乘客直接免费，就当是船公司请大家来"暖船"了。那次航行全船 1 100 个客位全满，而买票的绝大多数都是回头客。看来，做个忠实客户也不是什么坏事，至少有时会有意想不到的收获。

第一节　邮轮公司的发展战略

邮轮的兴起是远洋客轮随着时代变迁而逐渐转型的结果,现代邮轮不断强化娱乐消遣功能,吸引人们更乐意选择邮轮作为度假的重要方式,促进了现代邮轮业的不断发展。邮轮公司在邮轮业的发展过程中扮演着关键的角色,发挥了重要的作用,构建了世界邮轮经济系统。

一、邮轮公司形成

邮轮公司是依托邮轮及海上旅游资源,为旅游者提供愉悦的邮轮旅行经历,从事相关经营活动的营利性的、相对独立的经济实体。

1840年7月4日,苏格兰商人萨缪尔·冠达向市场投放了"大不列颠"号轮船,穿梭在大西洋两岸的英国和美国之间,成为世界上第一次向游客提供常规服务的轮船,使游客的海洋航行变得舒适和愉快起来,从此,邮轮业作为一个新兴的行业诞生了,而邮轮公司真正转向以休闲旅游度假为其主要经营业务则开始于20世纪60年代。经过近半个多世纪的发展,现代邮轮公司的形成主要有三种模式:一是由汽船客运公司转型而来,如冠达邮轮公司、歌诗达邮轮公司和挪威邮轮公司;二是由货物航运公司扩张业务而来,如铁行邮轮公司;三是直接注册成立的邮轮公司,如丽星邮轮公司。事实上,每家船公司都有自己的服务模式和理念,所以同一家公司的船,即便有新旧大小之分,但船上的服务总是大同小异,而不同公司的船,即便吨位外貌相仿,它们的服务模式也不一样。这也就解释了为什么有些人会只钟情于某一家船公司。

一家船公司的服务模式和规格,是挑选邮轮时最重要的参考数据。所以有邮轮旅行计划的朋友们,即便不需要对各家船公司如数家珍,也应该做到心中有数,这样才能挑选到适合自己的船,才能让旅途更加尽兴。

二、现代邮轮公司的发展战略

(一)公司战略内涵

公司战略,是公司根据其外部环境及公司内部资源状况,为求得公司生存和长期稳定的发展,为不断获得新的竞争优势,对公司发展目标、达成目标的途径和手段的总体谋划。其核心是在综合考虑公司目标市场环境及自身资源条件的情况下,制订出切实可行的方案和计划。

根据公司战略的定义,可以看出:

影响公司战略的一个因素是公司的愿景规划。公司愿景规划主要包括使命、核心价值观以及愿景,它们也是一个公司存在的最核心部分。在战略规划过程中,使命和愿景始终指引着战略制定的方向要求,而核心价值观引导着战略的思考模式及执行策略。

影响公司战略的另一个因素是外部环境。外部环境包括宏观环境和产业环境。宏观环境是指区域的经济状况及每个经济周期的经济状况;而产业环境则指波特的钻石模型中所提到的供应商、客户、竞争者、替代者及潜在竞争者的情况。

(二)公司战略内容

根据公司战略的定义,可以看出公司的发展战略基本是由战略分析、战略制定、战略实施、战略控制四个部分所组成的。其中,战略分析是对公司内外部环境的总体分析,是公司战略制定的基础;战略制定是公司战略计划的形成与选择过程;战略实施是对公司战略计划的具体实践过程;战略控制是从公司战略的相对性出发,对战略推进与转移的控制是一个动态过程。

1.战略分析

战略分析是整个战略管理的基础,是对公司当前经营状况的一个整体把握,具体包括三个方面的因素:宏观环境分析,包括政治与法律环境分析、社会经济环境分析、社会文化环境分析等;微观环境分析,包括行业环境分析、市场环境分析、地域与自然环境分析等;内部环境分析,包括主要领导的世界观与价值观、公司管理素质、公司资源、能力与发展潜力等。

2.战略制定

战略制定又具体可以划分为三个方面的内容:战略目标、战略重点以及战略规划。

(1)战略目标。战略目标是公司战略管理的起点,也是终点,没有目标就不可能拟定战略。在目标体系中既有主体目标,又有产品目标、市场目标、竞争目标,也有功能目标、盈利目标、发展目标等内容。

(2)战略重点。战略重点是在实现公司战略目标过程中所需要重点实现的内容。

(3)战略规划。战略规划是将公司的各种目标付诸实施,它是一个正式的过程和仪式。一些大型企业都会有意识地对大约50年内的事情做出规划。

3.战略实施

战略实施是将战略规划转化为具体行动的过程,是贯彻执行既定战略规划所必需的各项活动的总称,也是公司战略管理过程的一个重要组成部分。内容包括:①建立能够实行战略规划的组织;②编制战略支持预算与规划;③将奖惩结构直接与实现目标的结构挂钩;④创造有利于全面实现战略目标的组织文化;⑤制定有利于战略规划实施的政策与方法;⑥实行必要的内部领导,推动战略规划的实施,随时改进与调整战略实施方法等。

4.战略控制

战略控制主要是在公司战略实施的过程中,检查公司为达到战略目标所进行的各项活动的进展情况,评价公司战略实施后的公司绩效,从而与既定的战略目标和绩效标准相比较,分析现实与理想的差距并找出产生偏差的原因,对战略规划进行适当的局部调整,从而使战略实施更好地与公司当前的内外部环境、公司目标相一致,从而使公司总体战略目标得以实现。

(三)邮轮公司发展战略模式

邮轮公司战略是公司战略中的一个具体内容,主要是针对邮轮公司的战略发展所进行的一系列管理决策与行为。邮轮公司发展战略类型的划分与选择,受诸多因素的影响,既有公司性质与特征的不同,也有研究或选择者的视角差异,以及研究出发点和目的的不同。本书从微观角度根据邮轮公司的经营目标,具体划分邮轮公司战略发展模式。

1.单一发展战略

单一发展战略的邮轮公司,其经营范围仅限于提供海上邮轮服务。

这种邮轮公司发展战略的优点在于:①将公司资源集中于唯一经营方向上,可以发挥优势,强化竞争力;②有利于为邮轮公司及各部门制订出简明、精确的目标;③有利于实现邮轮公司的高度专业化发展;④简化管理,减少工作量。缺点在于:公司发展只依赖于提供海上邮轮服务,一旦消费者消费需求发生改变,以及新的竞争者的加入,会给邮轮公司带来重大打击,难以维持与发展。

2. 纵向一体化发展战略

纵向一体化发展战略是在提供海上邮轮服务的基础上,扩大到邮轮港口,包括在港口城市及临近港口旅游城市对各种出行活动的一体化经营。邮轮公司的纵向一体化可以是整体的,也可以是局部的,主要视邮轮公司发展能力与需要而定。

这种邮轮公司发展战略的优点在于:①较单一发展战略,能够稳定部分邮轮游客;②扩大了经营范围,既提高了邮轮公司收入,又扩大了利润来源;③拥有占领最终客户市场的能力。缺点在于:①需要较多的资本投入;②可能增加邮轮公司的经营风险,因其经营范围扩大到整个行业;③要求生产活动每个环节都达到生产能力的平衡,难度较大。

3. 多元化发展战略

多元化发展战略是指邮轮公司通过开发新的经营项目,与占领新市场相配合而扩大经营范围的战略,比较适合规模庞大、资金雄厚、市场开拓能力强的邮轮公司。

这种邮轮公司发展战略的优点在于:①分散经营风险;②可挖掘内部资源潜力,利用协同效益,提高公司收益;③增加客户数量,提高公司收入。缺点在于:①较高的资本投入;②专业化经营与管理水平不强。

4. 集团化发展战略

集团化发展战略是有关企业在平等互利的基础上结合而形成的多功能经济实体,通常以一个或几个实力雄厚的大型骨干企业为核心,以名优产品为龙头,联合生产、技术、金融、原材料供给、产品营销、经营管理等方面的企业而组成,其联合紧密程度互有差异,形式多种多样。

对于邮轮公司来讲,集团化发展战略有利于通过相互协作、相互渗透和相互扶持,扬长避短,促进技术发展,提高管理水平,挖掘资源潜力,获得规模经济,实现经营稳定,提高邮轮公司的综合经济效益。但由于邮轮公司集团化发展战略中存在着不同类型、不同行业的经营公司,相对而言,如何实现各集团公司发展目标统一,如何协调各公司生产效率、加强管理,是邮轮集团发展战略首先要考虑的问题。

三、世界邮轮公司的集聚特征

为了适应日益复杂的竞争环境,邮轮公司在其成长发展壮大的过程中与外界环境不断竞争和妥协,形成了自己独有的产业集聚特征。从企业集群成长战略演变的动力来看,呈现出三种集聚模式:

一是港口依赖型自组织模式。美国濒临大西洋和太平洋两个海洋,拥有东西两个海岸线,港口众多,尤其是拥有迈阿密等四季通航的港口,所以世界邮轮公司的总部多集聚在美国,形成了以海岸线为主轴的港口依赖型自组织模式。

二是目的地指向型自组织模式。加勒比海地区、夏威夷地区、地中海地区优越的海洋海岛自然环境强化了邮轮公司的空间聚集效应,影响了世界邮轮公司的集聚指向。

三是市场辐射型自组织模式。欧洲和北美是邮轮公司传统的客源市场,尤其是英国、美国、意大利等国家,所以世界邮轮公司的总部多集聚在这些国家和地区。1980年以来,中国、日本以及东南亚地区经济迅速崛起,所以日本成立了水晶邮轮公司、中国香港成立了澳玛邮轮公司、马来西亚成立了丽星邮轮公司,形成了市场辐射指向的空间集聚效应。

四、世界邮轮公司的发展规模

21世纪以来全球邮轮旅游产业进入史无前例的增长时期,2017年全球邮轮旅客量为2 670万人次,同比增长8.10%,远远高于2018年初预测的2 580万人次,为此国际邮轮协会将2018年邮轮旅游人数预测提高到2 800万人次。

截至2017年底,全球前五大邮轮运营公司分别为嘉年华邮轮集团、皇家加勒比邮轮集团、诺唯真邮轮公司、地中海邮轮公司和云顶香港邮轮公司,它们分别占全球市场份额的44.1%,23.9%,8.8%,7.0%和4.1%。其中前三家邮轮公司占领市场份额为76.8%(见图3.1)。

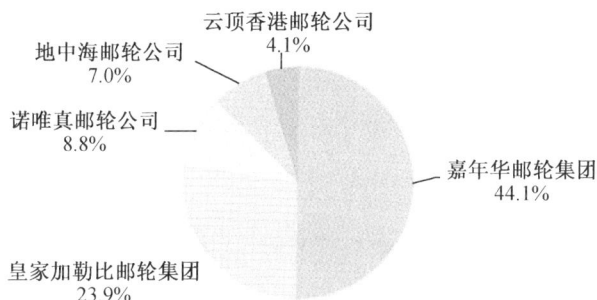

图3.1　2017全球五大邮轮运营公司市场份额占比

第二节　现代邮轮公司的经营业务结构

邮轮公司的经营管理活动是紧紧围绕着核心业务进行商业运作的。通过对处于领导者地位的7家邮轮公司,即嘉年华邮轮公司、皇家加勒比邮轮公司、公主邮轮公司、荷美邮轮公司、挪威邮轮公司、菁英邮轮公司、歌诗达邮轮公司的分析发现:航线是邮轮公司的核心业务,体验是邮轮公司的核心产品,服务是邮轮公司的核心价值。

一、航线(lines)是邮轮公司的核心业务

邮轮公司的业务领域涉及三个方面:一是满足市场需求的航线业务;二是为航线业务开拓市场的旅游代理业务;三是为航线业务提供保障服务的岸上业务。

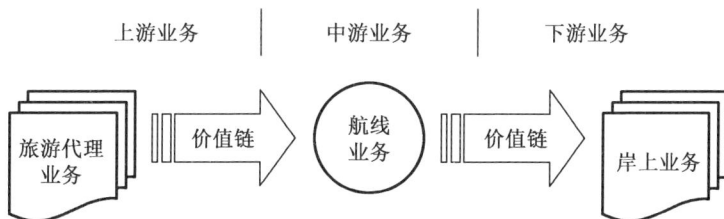

图3.2　世界邮轮公司业务领域的价值链关系

　　从流程管理的角度来看,旅游代理业务是上游业务;航线业务是核心业务,也是中游业务;岸上业务是下游业务。图3.2反映了这三个业务领域的关系。

　　如果是同时经营这三个业务的大邮轮公司,那么这三者之间在企业内部就形成了一种业务链;如果是三个业务分离的小邮轮公司,那么这三者之间在产业内部就形成了一种供应链关系。不管是业务链关系,还是供应链关系,都是一种价值链,在邮轮母港地区将导致邮轮公司的集聚,在邮轮业以及相关产业之间形成关联效应。

　　航线业务是邮轮公司的核心业务,主要是向游客提供航线日程、目的地、客舱(邮轮业内更喜欢称之为客房)、餐饮、娱乐活动、停泊港口的离岸活动(邮轮业内习惯称之为岸基旅游)等产品和服务。航线业务是邮轮公司的利润源泉,因而是邮轮公司经营管理的关键对象。为了更有效地经营管理好航线业务,邮轮公司将航线业务分为航行业务和饭店业务两大类,通过严格的等级制度将航线业务的经营管理落实到每一艘邮轮上。大多数邮轮公司在邮轮上配置了比较多的船员来高效率、高质量地完成航线业务。一般邮轮上游客船员的比例关系在3∶1,在一些豪华邮轮上这一比率高达1.5∶1,而对于一些超豪华的小型邮轮,这一比例甚至可以达到1∶3,即三名船员服务一名游客。具体的组织关系如图3.3所示。

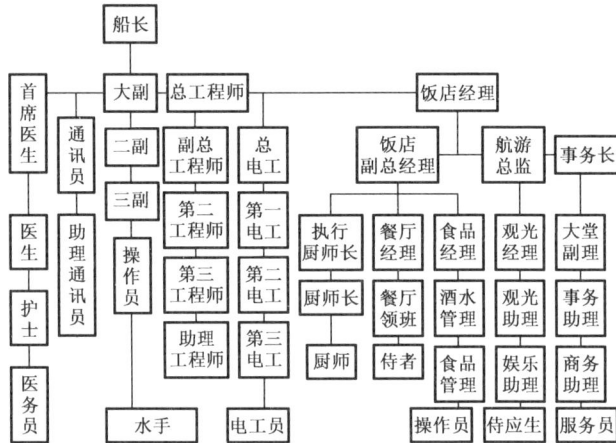

图3.3　大型邮轮公司组织关系图

　　岸上业务是邮轮公司业务领域的重要组成部分,主要任务是市场促销推广、销售邮轮航线(以客房为代表)、财务管理、人力资源管理、采购管理、信息管理等为航线业务提供支持和保障。当然,邮轮公司的大小对岸上业务的要求是有区别的,小的邮轮公司岸上业务相对比较简单,职责比较综合,从事岸上业务的人员就比较少,可能不足百人。大的邮轮公司岸上业务的功能比较复杂,职责分工比较细致,从事岸上业务的人员规模就比较庞大,可能会有成千上万名员工,形成了比较规范的企业管理制度和运行机制。一般来说,大的邮轮公司负责岸上业务的组织机构有7个层级(见图3.4)。

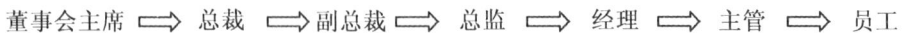

董事会主席 ⇒ 总裁 ⇒ 副总裁 ⇒ 总监 ⇒ 经理 ⇒ 主管 ⇒ 员工

图3.4　大型邮轮公司岸上业务组织机构层级

　　嘉年华邮轮集团、皇家加勒比邮轮有限公司、公主邮轮公司等国际性大型邮轮公司岸上业务纷繁复杂,所以设置了比较多的副总裁来处理相对专业化的业务,为副总裁配备了两个以上的总监处理日常具体事务。

二、体验(experience)是邮轮公司的核心产品

邮轮公司的产品主要是由邮轮船舶(ships)、邮轮航线(lines)、邮轮娱乐活动(entertainment)、邮轮服务(service)和邮轮目的地(destination)等关键要素组成的,这些要素形成了一个游客感知和消费的系统,可以说是满足游客体验的产品体系。图3.5反映了邮轮公司产品的要素系统。

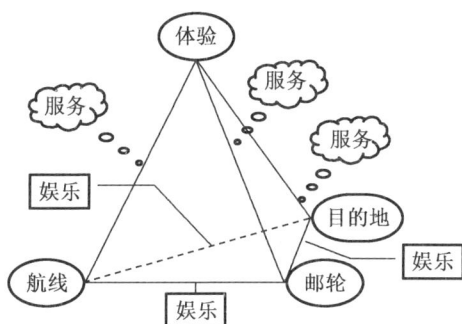

图3.5 邮轮公司产品的 S－L－E－S－D 系统

从上图中可以看出,邮轮(ships)、航线(lines)、目的地(destination)是邮轮公司提供的有形产品,娱乐活动(entertainment)和服务项目(service)是邮轮公司提供的无形产品。这两类产品有机组合,形成了一个整体的邮轮产品概念。从满足游客消费需求的角度讲,这个概念就是"体验(experience)"。体验是游客经历邮轮的全程服务后的一种心理感受:轻松和舒适的休闲感(leisure),刺激和精彩的节庆感(vacation),快乐和安全的满足感(satisfaction),以及见闻和享受的成就感(success),所以体验实际上就是邮轮公司的核心产品。

三、服务(service)是邮轮公司的核心价值

依据功能来划分,邮轮主要包括三类空间:客房空间、非公用空间和公共空间。相对而言,客房空间是游客购买的私人空间,非公用空间是邮轮上员工使用的空间,公共空间是游客汇集的地方。客房空间和公共空间是为游客提供面对面服务的场所,非公用空间是为游客提供服务的保障场所。

客房空间是游客的私人活动空间,就像陆地上饭店的客房一样,需要提供温馨如家的感觉。邮轮上最常见、最重要的公共空间是接待区、餐厅、酒吧、多功能演艺厅、游泳池、健身俱乐部、礼品商店、医疗保健室、陈列室、电影院、娱乐厅和儿童看护玩耍区。游客在这两个空间所接受的服务项目和服务质量,直接决定着游客邮轮体验的感受与满意度。

邮轮公司不仅对提供的餐饮本身质量非常看重,而且更加重视在提供餐饮过程中的服务质量。因为美食是邮轮体验性产品的重要组成部分,直接影响着游客的体验质量,对邮轮公司的市场形象产生深刻的影响,所以邮轮公司都非常重视服务质量,把服务视作核心价值作为经营管理的首位来持续改进。

第三节　邮轮旅游代理

由于邮轮公司的产品是一种体验性产品,在客源市场与邮轮公司之间存在着一种比较敏感的双向选择过程,邮轮的订票与售票工作是一个复杂性系统工程,所以旅游代理业务成为邮轮公司不得不慎重对待的重要业务。

一、邮轮旅游代理方式

2002 年以来,邮轮公司 95% 的客舱是通过委托旅行社销售的。根据经营规模的大小,邮轮公司会针对不同的旅游代理业务采取不同的经营方式。

第一种是优先交易的方式,即旅行社通过与邮轮公司谈判获得"优先权",成为邮轮公司的优先销售商,这种方式一般适合大的邮轮公司和大的旅行社(或者是联营企业、联号旅行社)之间的旅游代理业务。

第二种是委托代理的方式,即邮轮公司通过契约关系委托旅行社从事邮轮订票业务,这种方式一般适应于邮轮公司与专业代理邮轮票务的旅行社。

第三种是分销渠道的方式,即邮轮公司接受没有授权旅游代理商的票务预订,比如近年来发展比较迅速的在线公司,通过网络提供的邮轮订票服务。

不管是哪一种方式,对邮轮公司而言,主要是有利于提供邮轮的客源市场规模和经济效益;对于旅游代理商而言,可以从邮轮代理业务过程中获得票价 10% 甚至更高的佣金,尤其是 1996 年以来航空公司大幅度限制旅行社从机票销售中赚取佣金,旅行社更乐意成为邮轮票务的代理销售商。实际上,旅行社代理的邮轮票价与邮轮公司是一致的,旅行社主要是基于客源市场的需要给出推荐意见。

二、邮轮旅游代理商

(一)邮轮旅游代理商的界定

邮轮旅游产品需要借助于邮轮旅游代理商才能到达目标顾客面前,所以邮轮旅游代理商对邮轮旅游产品的分销起着非常重要的中介作用。作为邮轮公司和顾客双方的桥梁,能够向邮轮公司和顾客提供市场与产品服务等双方感兴趣的信息,促进邮轮公司与顾客之间的沟通和了解。

当今的全球化趋势、竞争的加剧和现代信息技术的发展,再加上邮轮旅游产品具有的不可储存性,使得邮轮旅游产品的分销越来越重要。邮轮旅游产品是一种特殊的旅游产品,是一种旅游经历,消费者在购买邮轮旅游产品时,需要有专门的旅游代理商分析介绍经验。因此,邮轮公司必须选择合适的合作伙伴联合营销和分销邮轮旅游产品,此时,邮轮旅游代理商便发挥了重要的作用。

(二)邮轮旅游代理商的分类

常见的邮轮旅游代理商包括旅行社(travel agency)、旅游批发商(tour operator)以及行业协会(association)等。

1. 旅行社

目前,全球邮轮旅游中大约有 90% 以上的客舱是通过旅行社售出的。机票代理曾经是旅行社的重要利润来源,其后,旅行社将其经营重点转移到代理邮轮旅游和观光旅游上。这是因为邮轮旅游产品吸引力大,顾客满意度高,有助于形成游客的赞誉和回头客生意。另外,受自身的销售能力及成本所限,大多数邮轮公司只能借助于旅行社的分销渠道来销售自身产品,再加上邮轮产品的高收益,对旅行社丰富自己的产品形态及获取高额利润形成强大的吸引力。

按规模大小,邮轮旅游代理的种类分为独立旅行社和连锁旅行社。独立旅行社一般为私人所有,不从属于任何大机构,独立旅行社在寻求得到邮轮公司更高佣金和优惠待遇的空间非常有限,属于薄利多销型,在全部经营邮轮产品的旅行社中所占比例不高。在邮轮旅游发达地区,邮轮旅游的营销方式一般以连锁旅行社居多,连锁旅行社品牌集中,因而被公众所熟知,其规模和声誉更容易带来可观的经济效益。正因为这一优势,使得它们能够从邮轮公司得到更多的优惠条件,同时在同等条件下的服务也更为周全。

大多数的旅行社提供的是全程服务,包括交通方式、观光、住宿、邮轮旅游及其他旅游产品,而有的旅行社只做观光旅游,有的只做商务旅游,有的只做邮轮旅游,这些服务一般是综合性的打包服务。这些服务的打包代理为邮轮公司节约了大量的人力财力,但同时这些服务对游客的满意度产生非常重要的影响,所以大部分的邮轮公司都很重视与邮轮旅游代理商的关系,期待旅行社在获取自身利益的同时,为客人提供满意的服务。

旅行社通过邮轮公司提供的专业途径了解邮轮旅游产品的内容,包括最新的宣传材料、录像资料和光盘等,有的时候还会派代表访问邮轮公司,或在重点城市举办研讨会,或前往邮轮参观等。同时,邮轮公司也会为旅行社提供游玩的方便,允许旅行社工作人员以很低的价格亲自乘船旅游,使其获得关于邮轮旅游产品的亲身感受和第一手资料,以便更好地向顾客进行邮轮旅游产品的销售。

2. 旅游批发商

旅游批发商主要从事组织和批发包价旅游业务,即与酒店、交通运输部门、旅游景点及包价旅游所涉及的其他部门签订协议,预先购买这些服务项目,然后根据旅游者的不同需求和消费水平,设计出各具特色的包价旅游产品并在旅游市场上销售。

旅游批发商同样是邮轮公司重要的代理商,旅游批发商通过与邮轮公司直接接洽,安排和组织包括各种时间、线路和价格的包价邮轮旅游产品。旅游批发商需要具备一定的管理能力和宣传能力,必须能够预见邮轮旅游安排中的一系列细节及其可能的变化,并且根据市场需求制订相应的营销计划和策略等。

3. 行业协会

行业协会是邮轮业为了共同的利益而联合成立的组织。扩大市场影响力及产品销售常常是成立行业协会的初衷。行业协会使邮轮行业的营销覆盖区域越来越广泛,很多协会成员使用行业协会预订系统进行营销活动,从而获得更为广泛的客源。邮轮行业比较有影响力的行业协会是总部位于美国的国际邮轮协会。

4. 国际邮轮协会(CLIA)

国际邮轮协会,是世界上最大的邮轮行业联合会,覆盖北美洲、南美洲、欧洲、亚洲和大洋洲。CLIA 首先代表了邮轮行业和旅游代理的利益,其次才是监管者和立法政策制定者。CLIA 同时还代理旅游培训研究以及营销沟通,向上千家旅游代理以及旅游代理成员推广邮轮度假的价值和愿望。全球范围内,CLIA 由 63 家邮轮公司以及代表 50 000 名个体旅游代理的 135 000 家代理商组成。另外,CLIA 的执行合作伙伴项目(executive partner program)由

120 家最具创新力的物品和服务供应商组成。

国际邮轮协会的主要角色具体表现为以下几个方面：①向旅游代理和消费者推销邮轮产品。②向旅游代理提供最高级别的专业销售培训以及营销支持，向旅游公众推广 CLIA 旅游代理的价值。③通过旅游代理培训、公共关系以及推广活动，提升邮轮体验的认知度。④向关键的国内外监管组织、政策制定者以及其他行业合作伙伴宣传行业的法律、法规以及技术立场，培养行业在安全和安保前提下的持续性增长。⑤积极监督、参与国内外海洋法律和监管的发展。

国际邮轮协会经常为所属的邮轮旅游代理商提供多种多样的培训课程和训练活动，通过一系列的考试，学员可以获得两个等级的认证：注册航游顾问（ACC）和高级航游顾问（MCC）。世界邮轮协会所开展的这种培训活动，有利于使代理商们获得第一手有关邮轮公司产品的资料和经验，有助于他们更好地向客源市场销售邮轮产品。

三、网上直销成为邮轮销售的新趋势

近些年来，随着旅游电子商务的飞速发展，邮轮旅游产品的在线预订趋势上升明显。2018 年国际邮轮在华运营数量几乎持平，但与此前不同的是，国际邮轮公司开始注重直销渠道的建设。歌诗达邮轮、MSC 地中海邮轮甚至开设网上预订渠道的份额。各家邮轮公司公布最新调整，都不约而同地增加了邮轮直销渠道。

例如 9 月 26 日，歌诗达邮轮与微信达成合作，宣布推出两款小程序，值得一提的是，新推出的两款小程序可以用于微信线上支付，直接预订并支付船上餐厅、SPA 等邮轮产品服务，将直接作为歌诗达邮轮的直销渠道。10 月 18 日，MSC 地中海邮轮宣布旗下"辉煌"号将于 2018 年 5 月 18 日开启为期 5 个月、以上海为母港的中国首航季，在新船推出的同时，还将"船中船"产品——地中海游艇会带入中国市场。尽管"辉煌"号的销售模式仍以旅行社包船为主，但高端产品游艇会的所有舱位均为地中海邮轮直销，只接受散客预定。业内人士分析，无论是歌诗达在邮轮业界推出的首个微信小程序，还是 MSC 地中海邮轮即将推出的"船中船"产品，显然是邮轮公司对直销渠道的一个布局。

第四节　世界知名邮轮公司介绍

一、嘉年华集团（Carnival Cruise Lines）

美国上市公司嘉年华邮轮集团于 1972 年成立，总部设在迈阿密，航线广布巴哈马、加勒比海、墨西哥度假区、巴拿马运河、阿拉斯加、夏威夷、百慕大及加拿大等世界最美的海域，其精挑细选的游览景点、一流的美食及住宿服务、完善的休闲设施，以及多姿多彩的活动节目，船上永远洋溢着欢笑喜悦的气氛，在游轮界以"FUN SHIPS"著称。嘉年华邮轮集团现有 25 艘 8 万~12 万吨大型豪华邮轮，这也是现今为止最为庞大的豪华邮轮船队。

（一）嘉年华发展历史

嘉年华公司成立于 1972 年（起初并不叫嘉年华，"嘉年华"始于 1993 年），总部设立在美国佛罗里达州的迈阿密市。嘉年华公司的前身是美国国际旅游公司的一家分公司，注册资金为 650 万美元，Ted Arison 是当时嘉年华邮轮公司的总经理。之后由于嘉年华邮轮公

司经营惨淡,1974 年,Ted Arison 用象征性的 1 美元购买了濒临破产的嘉年华邮轮公司,当时公司的债务已达 500 万美元。TSS Mardi Gras 是嘉年华公司的第一艘船,之后在一次远洋航行中搁浅了。1987 年,嘉年华将公司资产的 20% 通过首次公募的方式上市,并募集到 4 亿美元资金,这些资金为其之后的大规模收购提供了资本支持。

通过收购合并等手段,嘉年华邮轮公司进入邮轮产业的各个细分市场。1989 年,兼并运营尊贵型邮轮的荷美邮轮公司(其中此次并购中还包括从事专门型邮轮产品的风之颂邮轮公司);1992 年,兼并从事于豪华型邮轮产品的熙邦邮轮公司;1997 年,兼并处于欧洲领先地位的、提供时尚型邮轮产品的意大利歌诗达邮轮公司;1998 年,并购从事豪华型邮轮的冠达邮轮;2003 年 4 月,嘉年华邮轮宣布与世界第三大邮轮公司——P&O 公主邮轮公司合并,通过独立法人之间的合同协议,嘉年华邮轮与 P&O 公主邮轮结合成一个经济实体,命名为嘉年华集团有限公司,其中公主邮轮更名为嘉年华有限公司。嘉年华邮轮与公主邮轮的合并,使得嘉年华集团有限公司成为世界上第一个,也是目前为止唯一一个同时在纽约和伦敦证券交易所上市,以及被美国标准普尔和英国新华富时指数收录的公司,同时也成为全世界最大的邮轮公司,拥有最为庞大的邮轮船队。

(二)嘉年华集团运营及航线概况

嘉年华邮轮公司目前雇用了大约 3 500 人在岸上工作,大部分员工在公司总部迈阿密工作。嘉年华邮轮公司在它的邮轮上提供了全球 28 000 个工作岗位。嘉年华邮轮品牌年轻化,是美国年轻人比较喜欢的邮轮,船上的活动比较丰富、刺激,娱乐性比较强,属于经济型的邮轮。

北美作为世界最大的邮轮消费地区,全世界约有 55% 的邮轮客人来自这个地区。2013 年美国出发的邮轮大多围绕加勒比海(包含巴哈马群岛),其次是地中海、阿拉斯加、北欧等地区。嘉年华邮轮主打当地邮轮市场 3~8 天行程。1972 年开始在北美运营,作为全球运力第一的邮轮集团,集团至 2018 年 11 月底运营着 9 个邮轮品牌、104 艘邮轮。过去 5 年中,集团迎来了 12 艘新船并淘汰了 9 艘低效率的旧船,未来集团也将持续进行船舶更新,预计 2025 年还将有 21 艘新船交付。值得一提的是,集团于 2018 年与中国船舶工业集团有限公司共同合资成立了中船嘉年华邮轮有限公司,集团持有少数股权,该公司将组建并运营服务于中国市场的邮轮船队,目前已向嘉年华集团购买了"Costa Atlantica"号(大西洋号)及"Costa Mediterraean"("地中海"号)两艘邮轮,并签订了 2 +4 艘在华建造的 Vista级(13.5 万总吨)大型邮轮订购协议。

资料链接:嘉年华"阳光"号

嘉年华"阳光"号小资料:
首航日期:2013 年
邮轮吨位:101 353 t
乘客人数:3 002 人
服务人员:1 040 人
工作人员:国际
邮轮注册:巴拿马
"嘉年华邮轮无所不有"——这不只是一句承诺!
嘉年华"阳光"号由 1.55 亿美元重金打造,全新装修,2013 年新船首航!

　　如果有人向您抱怨这世界再没有新游玩项目了,那就让他们登上耗资1.55亿美元重新装修,2013年全新首航的嘉年华"阳光"号吧。这艘我们最新的"畅乐之舰"包罗您所能想到的所有最新、最酷的游艺。

　　她的魅力从何而来?

　　嘉年华"阳光"号将成为第一艘带来全面"畅乐之舰2.0"体验的舰只。"畅乐之舰2.0"是嘉年华的一项旨在全面提升舰上餐饮、娱乐体验的项目。那么,这对于您意味着什么呢?

　　当您开始一段嘉年华"阳光"号旅程,这意味着您将享用到由美食节目中的盖·费里制作的汉堡,或是在布鲁依瓜那酒吧享用地道纯正的当地饮品,在这里您甚至可以享用到正宗的墨西哥料理;这还意味着您将在著名演员乔治·洛佩兹带来的最新喜剧中开怀大笑;这当然还意味着在EA公司的空间畅玩最新的互动体育电玩游戏,在孩之宝儿童空间游乐,或是在我们提供的安静舒适的环境中享受清闲。这些顶级娱乐设施将填满整整三层甲板的空间,甚至还有一个瀑布在里面。所有这些令人难忘的体验集中在这一艘船上,真是很难找到第二艘了!

二、皇家加勒比邮轮(Royal Caribbean Cruises Ltd)

　　皇家加勒比邮轮是皇家加勒比邮轮有限公司(全球第二大邮轮运营商)旗下的度假产品,1968年成立,是一个备受赞誉的全球性邮轮品牌,开创了诸多行业先河。旗下的邮轮船队拥有多种其他公司无可比拟的功能和设施,包括百老汇式娱乐表演、娱乐项目。皇家加勒比国际邮轮连续十一年在 *Travel Weekly* 读者投票中蝉联"最佳邮轮公司"大奖。

(一)皇家加勒比邮轮有限公司发展历史

　　皇家加勒比邮轮公司创办于1968年,由两家私人公司和一家挪威航运企业合资成立,旗下的第一艘"邮轮挪威"之歌号(Song of Norway)于1970年开始营运,在邮轮旅游市场发展中具有里程碑的意义。

　　皇家加勒比邮轮有限公司是世界上第二大邮轮集团,1985年母公司在利比里亚注册成立。20世纪80年代,加勒比邮轮旅游之风开始在美国盛行,公司在1988—1992年抓住这一机遇,通过新建4艘邮轮并改装1艘现有船舶,实施其业务扩张的战略。1993年公司开始公开募集资金,在1995—1998年6艘新船投入营运,同时也淘汰了一批旧船。公司于1997年收购了5艘邮轮。

　　2000年5月,皇家加勒比邮轮有限公司向英国旅行服务运营机构 First Choice 投资3亿美元,开始进军英国和欧洲邮轮旅游市场。Island Cruises 这一新公司是采用入股注资方式,按1:1比例合资组建的,向英国和欧洲游客提供邮轮度假产品与服务。皇家加勒比邮轮有限公司认为,与 First Choice 建立的这种合作关系,不仅使得公司能够学习和了解英国旅行市场的运作,同时也将一艘不再适合美国市场的旧邮轮通过合资转化成一项新业务。

　　皇家加勒比邮轮有限公司不断创造着邮轮旅游业的纪录。1999年,巡游系列的第一艘邮轮海洋巡游号(Voyager of the Seas)下水运营,成为当时最大的邮轮。2006年下水的自由系列以15.4万吨再一次刷新纪录,一举超过丘纳德旗下的新邮轮"玛丽女王2"号。2009年下水的造价14亿美元的"海洋绿洲"号,以22.5万吨的质量,让其他邮轮公司只能望洋兴叹。

(二)皇家加勒比邮轮有限公司运营及航线概况

　　皇家加勒比邮轮有限公司在1988—1992年创造了旗下邮轮数量翻三倍的奇迹。2003

年,皇家加勒比邮轮有限公司所有的船只都配备了攀岩设施,自由系列的冲浪设施成为业界的骄傲。历史上专注于美国市场,在 2004 年之后,皇家加勒比邮轮有限公司开始将注意力转移到欧洲、澳大利亚、中国及其他地域。2006 年,公司购买了西班牙的 Pullmantur 邮轮。2007 年,公司创办了专注于法国市场的法国邮轮,拥有 5 个品牌。2009 年开始经营德国的图易邮轮 TUIAG,皇家加勒比占有 50% 的股份。2018 年,公司停止了持股 36% 的天海邮轮公司的运营,并收购了银海邮轮 66.7% 的股权,此次收购弥补了集团奢华邮轮品牌的空白。截至 2018 年 12 月底,公司拥有 4 个全球品牌及 2 个合作品牌,随着银海邮轮的加入以及"Symphony of the Seas"号("海洋交响"号)、"Azamara Pursuit"号、"Celebrity Edge"号的交付,公司船队规模扩张至 60 艘,并持有 16 艘新船的订单。

公司每年提供 200 多条精彩纷呈的度假航线,畅游全球近 300 个旅游目的地,遍及加勒比海、阿拉斯加、加拿大、欧洲、中东、亚洲、澳大利亚及新西兰等 70 多个国家和地区。

资料链接:"海洋交响"号

"海洋交响"号小资料:

英文名称:Symphony of the Seas

邮轮吨位:230 000 t

首航日期:2018 年 4 月

载客人数:6 780 位乘客(满载)

客房数量:2 775 间

游客甲板:16 层

客用电梯:24 台

邮轮时速:22kn(40 km/h)

邮轮长度:362 m

邮轮宽度:65.7 m

2017 年 3 月 8 日,全球豪华游轮领导品牌皇家加勒比国际邮轮(简称"皇家加勒比")旗下绿洲系列第四艘游轮,皇家加勒比舰队中的第 26 名成员——"海洋交响"号正式宣布于 2018 年 4 月首航,将在地中海度过她的首个夏秋季航季,并于 2018 年 11 月初抵达迈阿密,与她的姐妹船"海洋魅力"号相会于被誉为"迈阿密之冠"的全新皇家加勒比邮轮码头。

"海洋交响"号共有 16 层客用甲板,总质量是 230 000 t,打破了之前最高邮轮吨位纪录保持者"海洋和悦"号("海洋和悦"号 227 000 t),成为目前世界上最大的邮轮;"海洋交响"号上有客房数 2 775 间,载客量为 5 494 位乘客(双人载客量),配有国际船员 2 175 位,服务配比达到1∶2.5。

七大主题社区:

皇家加勒比旗下绿洲系列邮轮一直备受业界和消费者的喜爱,独具创新性的七大主题社区仿佛让乘客置身于海上城邦。包括中央公园、百老汇欢乐城、皇家大道、游泳池和运动区、活力海上水疗和健身中心、娱乐世界和青少年活动区在内的七大不同社区,满足消费者对于游轮的一切想象。

三、诺唯真邮轮公司(Norwegian Cruise Line)

诺唯真邮轮简称 NCL,曾隶属于丽星邮轮集团,总部设于佛罗里达州的迈阿密。该集团拥有业内较新的邮轮,年轻的船队,适合初次体验邮轮的年轻客户,倡导"自由自在航行"的理念。

(一)诺唯真邮轮公司发展历史

挪威邮轮公司成立于 1966 年,公司创始人是挪威奥斯陆的 Klosters Rederi A/S 先生。Klosters Rederi A/S 先生从第一艘游轮(M/S Sunward)开始起步,到 1971 年的时候公司增加到 4 艘邮轮。1998 年挪威邮轮公司开辟了针对亚洲的东方航线。2000 年 3 月挪威邮轮公司被马来西亚的 Star Cruises 收购。2005 年投入运行的"挪威精神"号主要提供 10 ~ 11 天从 Big Apple 出发到南加勒比的航程。2016 年 2 月底,更名为"诺唯真游轮"。新名字想要诠释"承诺、专属和真诚"的邮轮品牌理念。

(二)诺唯真邮轮公司运营概况及航线分布

2018 年,集团股东云顶香港及私募基金阿波罗全球管理公司出售了持有的全部股份,结束了对集团的长期股权投资。随着"畅悦"号的交付,至 2018 年 12 月底,集团运营着 3 个邮轮品牌 26 艘邮轮,并预计 2027 年前新增 11 艘邮轮。

诺唯真邮轮航线遍及阿拉斯加、加拿大、加勒比海、地中海与北欧、夏威夷、墨西哥沿线、巴哈马及佛罗里达、南美洲、巴拿马运河、百慕大、太平洋临海等充满特色的目的地。其中不得不提夏威夷航线,诺唯真邮轮是美国唯一一家可以提供全年夏威夷度假的邮轮品牌。以檀香山为基地,专门经营夏威夷航线,可以轻松游览夏威夷四大岛(瓦胡岛、夏威夷大岛、毛伊岛、考爱岛)。

资料链接:诺唯真"喜悦"号

诺唯真"喜悦"号小资料:

英文名称: Norwegian Joy

邮轮星级:5 星级

首航日期:2017 年 6 月

总吨位数:168 800 t

搭乘人数:3 900 人

建造国家:德国

作为旗下全球首艘为中国游客量身打造的游轮,诺唯真"喜悦"号兼具创新与奢华,并于 2017 年夏天抵达中国。由诺唯真团队设计的诺唯真"喜悦"号,以上海和天津(北京)为母港,为中国游客提供海上头等舱般的专属尊贵体验,以舒适的航行体验满足中国游客独特的度假需求。诺唯真"喜悦"号由德国帕彭堡的迈尔造船厂负责建造,以德国精密造船工艺的最高水准,根据中国游客的传统文化理念与度假喜好进行量身定制,并将诺唯真令人欣喜的创新设施融入其中。

能够容纳 3 900 名游客的诺唯真"喜悦"号将以 VIP 般的住宿环境为基准,承诺所有游客在这里都能享受到"海上头等舱"般的尊贵体验。诺唯真邮轮在世界旅游奖评选中获得"世界顶级大型邮轮"的称号,并因其创新雅致的一流住宿条件闻名业界。Haven 豪华客房区是诺唯真"喜悦"号的一大特色,配备独创的船中船式奢华套房,只有通过私人房卡才能进入该区域。Haven 豪华客房区为有需求的游客提供私人休闲场所,并配备私人管家及细致周到的礼宾服务。游客在此能够优先享用娱乐设施、特色菜品、私密餐厅、封闭式庭院,以及 74 间宽敞且内饰高雅的豪华套间。

四、云顶香港有限公司

云顶香港有限公司是全球休闲、娱乐和旅游及酒店服务业的领导企业,其核心业务涵盖陆地和海上旅游事业,包括亚太邮轮领导船队丽星邮轮、首个亚洲本土豪华邮轮品牌星梦邮轮及全球荣获最多奖项的豪华邮轮品牌水晶邮轮、德国船厂 Lloyd Werft Group、著名电音派对俱乐部品牌 Zouk 以及联营综合度假项目马尼拉云顶世界。

云顶香港有限公司的前身是丽星邮轮有限公司,成立于 1993 年,曾是世界三大邮轮公司之一,更是亚太区的领导船队。凭借提供全新及豪华的大型邮轮及精彩航线,丽星邮轮在亚太区邮轮业的发展上,一直担任领导角色。

2009 年 11 月 10 日,丽星邮轮的母公司正式更名为云顶香港有限公司,在过去几年中,云顶香港陆续成立了星梦邮轮,将其与丽星邮轮、水晶邮轮一起合并在云顶邮轮集团旗下,并在德国收购了两间造船厂,以协助集团旗下其他品牌进一步扩张。

资源链接:星梦邮轮

云顶香港凭借超过 24 年的丰富亚洲市场经验,孕育出旗下全新品牌——星梦邮轮。

星梦邮轮致力成为区独立思考、追求高尚、优质享受的亚洲旅客的需求。品牌完美融合中西元素,为旅客带来独特的海上旅游享受。

星梦邮轮专为中国及亚洲市场而设,旗下第一艘邮轮"云顶梦"号于 2016 年 11 月首航,而其姊妹邮轮"世界梦"号亦已于 2017 年 11 月加入船队,为旅客提供高水平的服务及宽敞舒适的海上居住环境。

星梦邮轮船队的客房空间宽敞且选择众多,超过七成房间设有专属露台,其中更有超过 100 间可连通客房,切合家庭及团体旅客的需要。星梦邮轮以豪华的船中船为概念,匠心打造配备欧式管家服务的"皇宫"贵宾专属区域,让旅客享受绝无仅有的奢华舒适。入住"皇宫"贵宾专属区域的旅客更可备享各项专属尊尚礼遇。

星梦邮轮不仅为旅客网罗全球饕餮盛宴及提供亚洲热情好客的挚诚服务,还精心安排各种丰富的休闲娱乐活动及新奇的海上旅游享受,重新定义启迪梦想的至臻海上之旅。

屡获赞誉的"云顶梦"号于邮轮业界权威指南《2018 伯利兹邮轮年鉴》星级十优评选中获评"世界十大最佳大型邮轮"第六位,并获 2017 年《旅讯》亚洲版"读者之选"大奖之"最佳新船"和"最佳邮轮 – 娱乐"两项殊荣。

邮轮专业术语

水晶邮轮 crystal	不列颠号 the Britannic
邮轮船舶 cruise ships	邮轮航线 cruise lines
邮轮娱乐活动 cruise entertainment	邮轮服务 cruise service
邮轮目的地 cruise destination	旅行社 travel agency
旅游批发商 tour operator	行业协会 association
国际邮轮协会 cruise lines international association	

热点透析 1:多家邮轮公司宣布新船投入中国市场

2018 年 4 月 25 日,MSC 地中海邮轮宣布,全新一代未来旗舰 MSC"地中海荣耀"号将在 2020 年春季进驻中国母港。

6 月 12 日,皇家加勒比邮轮有限公司宣布,超量子系列第一艘邮轮——"海洋光谱"号将在 2019 年部署上海、天津、香港和深圳母港。

6 月 22 日,歌诗达邮轮专为中国市场量身打造的新船"威尼斯"号举行浮水仪式,"威尼斯"号邮轮将于 2019 年布局上海母港。

10 月 25 日,云顶邮轮集团宣布旗下星梦邮轮首艘 20 万吨"环球级"邮轮将于 2021 年初次下水,并以上海作为首个母港。

思考:

请结合以上热点资料,讨论邮轮公司的多艘邮轮船队进入中国邮轮市场的根本原因是什么。

热点透析 2:中国大妈吃垮了"喜悦"号?

2017 年 6 月,有着 50 多年历史的世界三大邮轮公司之一诺唯真进入中国,其旗下"喜悦"号被誉为海上头等舱,是该公司首艘专为中国市场打造的创新型豪华邮轮。但颇让人费解的是,还未满两年,2019 年第三季度,诺唯真便宣布"喜悦"号将于次年 4 月离开中国,执航阿拉斯加航线。国庆假期后不久,一篇网络爆款文直指"中国大妈吃垮了'喜悦'号"。这个锅,中国大妈该不该背?

讨论:

请结合所学内容考虑,真的是中国大妈吃垮了豪华邮轮吗?

思考与练习:

1. 公司战略内容包括什么?
2. 邮轮公司发展战略模式有哪些?
3. 世界邮轮公司发展呈现出什么样的集聚特点?
4. 邮轮公司的业务领域一般涉及哪几个方面?
5. 如何理解体验是邮轮公司的核心产品?
6. 邮轮旅游代理商有哪几类?
7. 请列出世界著名的八大邮轮公司,并对其发展历史及船队规模进行介绍。

第四章　邮轮旅游产品

【教学目标】

掌握邮轮旅游产品的概念;
了解邮轮旅游产品的特点和构成要素;
熟悉邮轮旅游全过程;
熟悉邮轮旅游的计划及预订细节;
熟悉邮轮游客的登船程序;
熟悉邮轮旅游过程中的海上活动与体验;
掌握邮轮旅游基本常识。

【教学重点】

了解邮轮旅游产品的特点和构成要素;熟悉邮轮旅游全过程;熟悉邮轮旅游过程中的海上活动与体验。

【教学难点】

熟悉邮轮旅游过程中的海上活动与体验。

【教学内容】

邮轮旅游产品概念讲解;邮轮旅游全过程分析;邮轮旅游的计划及预订细节解析;邮轮游客登船程序解析;邮轮旅游中的海上活动与体验;邮轮旅游基础常识介绍。

导入阅读:歌诗达邮轮主题活动——"海上意冠,荣耀联盟"

歌诗达邮轮与尤文图斯在上海发布它们的合作创意活动——"海上意冠,荣耀联盟"。欧洲传统足球豪门尤文图斯俱乐部与歌诗达邮轮在中国和东南亚地区正式展开合作。意大利歌诗达邮轮公司是欧洲地区最大的邮轮公司,品牌定位为"海上意大利"。尤文图斯官方表示,双方合作有助于进一步向世界推广意大利制造(made in Italy)。

尤文图斯主题将出现在首批航线为中国至日本的 4 艘邮轮上,宾客可以通过多平台体验以下主题,让旅客们沉浸在斑马主题的世界里:尤文图斯博物馆,在这里你可以探索斑马军团 120 年的历史;儿童乐园,小孩子们可以和工作人员一起玩耍;尤青训练营,青少年可以在经过专业的尤文图斯教练指导下进行训练和比赛。本次合作是俱乐部在亚洲战略发展的一部分,使其在亚洲拥有众多支持者和地区合作伙伴。

俱乐部官员乔治·里奇表示:"这次合作展示了俱乐部对亚洲市场有浓厚的兴趣。歌诗达和尤文图斯分享的哲学和价值观有助于向世界各地展现意大利的卓越品质。"

"将两家在各自领域内领先的意大利品牌凝聚在一起,为的是给我们的客户展现更多来自意大利的文化与风情。今天,只是我们合作的开始,更多美好的旅程正在不远的前方向我们招手。尤文图斯在中国的粉丝群体正在持续增长。"歌诗达邮轮亚太地区总裁马里奥·扎内蒂对此评价道。斑马军团的传奇球星大卫·特雷泽盖说道:"这次合作为我们创造了一个全新的平台。同时,也为我们更好地与球迷互动开拓了更加纵深的角度,也为各个年龄段的人群提供了更加丰富有趣的活动。"

此外邮轮宾客还可以到尤文图斯主场安联球场参观体验,包括球场、媒体区和更衣室等,并有机会和球星近距离接触。让在这艘歌诗达邮轮上的乘客享受一趟"斑马军团主题"之旅。

第一节　邮轮旅游产品的概念及特点

一、邮轮旅游产品的概念

邮轮旅游这种旅行方式始于 18 世纪末,兴盛于 20 世纪 60 年代,邮轮度假风潮是由欧洲开创的,是一种舒适且轻松的旅行方式,也是欧美旅行者喜爱的度假方式之一。

邮轮旅游产品是指满足旅游者在旅游活动过程中精神文化、生活需求的物质实体和非物质形态的服务等各种要素的组合,它由邮轮公司提供,以邮轮为载体,并且以邮轮本身和邮轮航线为典型和传统的市场表现形式。

二、构成邮轮旅游产品的要素

(一)基本要素

邮轮旅游产品构成的基本要素主要是指水景吸引物,包括海洋、湖泊、河流、运河及其沿岸的港口、峡谷、山峰、瀑布、温泉、气候条件等自然风景资源,文物古迹、城乡风光、民族风情、建设成就等人文旅游资源,以及具有邮轮特色和水上特色的,适合并能满足旅游者需要的邮轮休闲活动项目等。它是开展邮轮旅游活动的先决条件和吸引旅游者选择邮轮的决定性因素,也是构成邮轮旅游产品的基本要素。

(二)必备要素

邮轮及邮轮设施是完成邮轮旅游活动所必须具备的物质条件。邮轮是旅游者为了娱乐和休闲度假的目的而往返旅游目的地并实现旅游的载体,邮轮设施包括供邮轮航行的设施设备、餐饮设备、住宿设施、通信设施、观光设施、游乐设施等,是邮轮经营者直接服务于旅游者并满足其观光娱乐和休闲度假的凭借物,是邮轮企业取得效益的基本条件,也是构成邮轮旅游产品的必备要素。

(三)核心要素

邮轮旅游产品的核心要素是邮轮服务,旅游者购买并消费邮轮旅游产品,除了消耗少量的有形物质产品(餐饮产品)外,主要是对邮轮提供的各种服务的消费,包括为满足其游览、观光、休闲、度假等核心利益的服务,也包括满足游客在游览过程中维持正常生活的基本服务。因此,邮轮服务是构成邮轮旅游产品的核心要素。

三、邮轮旅游产品的特点

(一)服务内容多样性、综合性和复杂性

邮轮服务是邮轮管理者和员工借助一定的旅游资源或环境、邮轮及邮轮服务设施,通过一定的手段向游客提供的各种直接或间接的方便利益的总和。从游客需求角度看,邮轮服务包括核心服务和基本服务;从与游客的密切程度上看,邮轮服务涵盖了衣、食、住、行、游、购、娱等设施与人员服务的应急服务;从服务上来看,又分为硬件服务和软件服务,可见其服务的复杂性。

另一方面,邮轮又是通过为游客提供一种愉悦的经历来完成的,游客愉悦的经历又是由多个邮轮服务细节组成的。

(二)服务借助设施的特殊性

与其他旅游产品不同的是,邮轮服务所借助的设施是航行的邮轮。游客想去海洋、江河、湖泊等水域观光、休闲、娱乐和度假,必须借助邮轮这一载体才能得以实现,这就是邮轮旅游产品特殊性之所在。

(三)邮轮功能的多样性与产品的整体性

邮轮既有水上运输的功能(交通属性),又具有旅游酒店、旅行社等旅游企业为游客提供旅游组织、食宿娱乐和购物娱乐等综合服务的功能,邮轮能够提供满足旅游者旅游活动中几乎全部需要的产品和服务,因而邮轮旅游产品具有整体性。

第二节 邮轮旅游全过程

一般我们认为,从游客决定开展某次旅游开始,便已经进入该次旅游的全过程当中。对于邮轮旅游而言,游客以邮轮航次为单位,购买并消费邮轮旅游产品的全过程一般包括五大主要程序:邮轮旅游的计划与预订、登船起航、海上活动与体验、岸上观光、抵港离船。

在本节中,将详细介绍邮轮旅游产品中邮轮旅游的计划与预订、登船起航和抵港离船这三部分内容。海上活动部分,将在本章第三节"邮轮休闲服务产品"中展开详细介绍。岸上观光部分请参阅本教材第八章相关内容。

一、邮轮旅游的计划与预订

(一)确定邮轮旅游计划

邮轮公司会根据船队的航行及运营情况,各航区的自然及政策条件以及邮轮公司最新经营战略等因素,设计航线并调度船只。在航次排班表确定之后,邮轮公司通常会提早一年或者更长的时间向游客及代理商发布航次安排。

各家邮轮公司针对不同细分市场的游客需求,做出针对性的航线安排,例如为了吸引预算有限且希望游览更多目的地的外国游客,歌诗达邮轮公司出售单程及分段式船票。歌诗达邮轮公司旗下"命运女神"号及"迷人"号定期开航,沿地中海西岸航行,途经萨沃纳、马赛、尼斯、巴塞罗那、瓦伦西亚等重要旅游城市,游客不必购买全程船票,可根据航期选择性安排自己的行程,方便游客感受地中海风情。

游客根据自己的出游安排,自由选择邮轮品牌、航线和船只。在计划自己的邮轮旅游

时,游客通常会考虑到以下因素:旅行时间、预算、邮轮品牌及船只特色、航线、母港便利性等。

(二)邮轮旅游产品的预订

对于邮轮旅游产品的预订,在游客计划并确定自己的行程后,可通过邮轮公司官网、邮轮公司驻地办公室、在线旅行社和邮轮代理商进行咨询和预订。对于国内消费者,第三方预订占绝大比例,例如携程、飞猪、凯撒旅游等。

除此之外,还有一些在国外常见的邮轮产品预订方式。对于一些有经验的邮轮旅行者,常通过 Priceline、Expedia、Orbitz 等网站进行航次及价格的初步筛选,然后到返利网站或比价网站查询优惠之后最终完成预订。在邮轮爱好者中不乏各大邮轮品牌的常旅客会员,他们乐于参与邮轮品牌的忠诚度计划,为升至更高会员身份并获得更多会员礼遇,往往会通过邮轮公司官方渠道预订邮轮旅游产品。

二、登船起航

游客登船离港与返港登陆,是港口地面服务部门(航站楼工作人员)与船上工作人员协调提供服务的过程。该过程作为邮轮企业过程控制的关键,能够充分体现邮轮品牌的服务档次和邮轮旅游产品的整体质量。

对于邮轮旅游的消费者,在起航前需要前往邮轮起始港口,以开始此次邮轮旅行。有少部分乘客已经从邮轮公司购买或享有全程无缝接送服务,但绝大部分乘客需在起航前自行抵达邮轮起始港。在本教材关于航线以及销售部分的内容中,将介绍邮轮与航空、铁路等交通产品的组合方式,以及外地旅客前往邮轮起始城市的观光项目。本章节中仅介绍游客抵达起始港后开展的登船程序。

一般情况下,游客在港口登船主要有以下程序:

(一)大厅安检

旅客在抵达邮轮起始港后,需通过安检进入邮轮码头大厅。作为第一道安检,乘客需将全部行李(随身行李与托运行李)通过安检后,方可进入航站楼。

(二)行李托运

为了给游客提供更好的邮轮旅游体验,诸多现代化的母港都可以为旅客提供先行行李托运,也就是在旅客前往票务柜台领取房卡之前,可通过护照等有效证件为行李办理托运。码头工作人员会通过护照号码确认旅客的房间号,并将行李贴上标签运送登船,最终由船上工作人员将行李直接送抵旅客房间。

(三)办票及候船

根据不同邮轮公司的要求,游客一般在起航前 2~4 h 进行这一程序。邮轮乘客持有效证件,在邮轮港航站楼内前往服务柜台办理票务及信用卡绑定手续。这个程序包括仓位及房间确认、信用卡或其他支付方式关联、领取登船卡或智能手环、登船人员确认和缴纳附加费用等手续。游客在服务柜台完成以上手续后,可前往邮轮码头大厅内指定区域候船。

(四)二次安检、检验检疫

在登船前需要对随身行李进行二次安检,游客需根据相关规定将违禁物品丢弃或回收。涉及出入境的旅客,如有发热、腹泻等症状,或携带生物制品、动植物样本等特殊物品的,须向检验检疫工作人员提出申报。

(五)海关及出境边防检查

该程序主要针对出境国际邮轮。出境海关检查,游客需提前准备好相关证件,根据提示进入海关检查通道进行行李检查。如携带须报关的物品,乘客应按要求填表进行申报。出境边防检查中边检官员将核验游客的护照、签证等相关证件,并办理出境手续。

(六)登船

出关后游客将通过航站楼内的登船通道,前往邮轮泊位。一般情况下,游客步行通过廊桥进入船舱。这一过程邮轮公司工作人员将核验游客的登船卡或智能手环,以确认登船人员的身份。进入船舱后,将有示意图或工作人员指引游客前往客舱,开启海上部分的观光与体验。

三、海上活动与体验

随着全球邮轮业的发展,以及游客消费能力和旅行体验需求的提高,邮轮旅游逐渐成为当下主流旅游方式之一。

21世纪超大型邮轮的问世,让越来越多有经验的邮轮旅客将邮轮本身视为旅游目的地,游客在登上邮轮之后,便可享受邮轮设施与服务带来的乐趣。邮轮旅游的海上活动与体验主要包括客舱体验、美食美酒体验、康体活动、演艺、娱乐休闲、购物与主题体验等。

四、岸上观光

岸上观光是邮轮旅游全过程的重要组成部分。本书将岸上观光相关内容列为独立章节进行讲解,在此不做更多介绍,请参见本书第八章相关内容。

五、抵港离船

结束海上行程后邮轮停靠港口泊位,游客需按规定完成离船手续,之后方可离船前往邮轮码头抵港大厅。如果是出境国际邮轮,游客登岸后还需按规定办理边检入境和海关检查等手续,才能离开邮轮码头。

具体步骤如下:

(一)领取护照和核对账单

一般在离船前一天由客房部工作人员或管家向宾客发放领取护照通知;同时离船前一天,船方会将消费账单投递至房间,如核对有误则需前往服务台咨询处理。但如宾客已进行信用卡预授权,离船日可办理快速结账。

(二)办理行李托运

离船前可将贴好行李条的行李交给船方工作人员,办理行李托运手续,行李条可通过客房服务人员或服务台领取。

(三)结账离船

离船前宾客需亲自前往接待处,办理退房及结账手续,并解绑信用卡。当地政府颁发船舶清关通知后船方将陆续安排游客按秩序离船。

(四)领取托运行李

游客登岸后前往码头到达大厅,首先需办理边检入境手续,完成边检入境手续之后前往行李领取处,领取托运行李。

（五）海关检查和离开港口

携带全部行李进入海关检查区域进行海关申报,并接受海关工作人员对行李物品的检查,完成海关检查手续后方可离开码头大厅。已购买或享有邮轮公司接送服务的旅客,需在指定区域等候接送,其余旅客自行安排离开港口。

六、邮轮旅游全过程案例赏析

在此以皇家加勒比邮轮全球舰队最新旗舰"海洋交响"号西加勒比航线为例,向读者展示邮轮旅游全过程。

（一）"海洋交响"号简介

2017 年 3 月 8 日,全球豪华邮轮领导品牌皇家加勒比国际邮轮旗下的绿洲系列第四艘邮轮、皇家加勒比舰队中的第 26 名成员,"海洋交响"号正式宣布于 2018 年 4 月首航。在地中海度过她的首个夏秋季航季后,于 2018 年 11 月初抵达迈阿密,与她的姐妹船"海洋魅丽"号相会于被誉为迈阿密之冠的全新皇家加勒比邮轮码头。

"海洋交响"号拥有 16 层客用甲板,230 000 t 的大质量比此前保持邮轮吨位纪录的"海洋和悦"号还要重 3 000 t;客房数 2 775 间,其中阳台房比"海洋和悦"号多 28 间;可搭乘 5 494 位乘客（双人舱计划载客量）,满载 6 780 位乘客,配有 2 175 位国际船员。

在"海洋交响"号上,宾客可以轻松获得宛如置身于国际大都市的美食体验,不论是品尝顶级美味的牛排烧烤餐厅,还是由杰米奥利弗担任主厨的奥利弗意大利餐厅,又或是极具东方韵味的泉·日式餐厅,还有浓郁墨西哥风味的萨波现代墨西哥餐厅。

除了美食体验之外,"海洋交响"号建有 10 层甲板高的终极深渊旋转滑梯,测试尖叫;甲板冲浪、攀岩,挑战极限;真冰溜冰场,体验畅爽疾驰;维塔丽缇水疗中心,全身心放松;完美风暴,体验三层甲板高的户外尖叫;戏水乐园,让孩子们享受欢乐童年。邮轮还设有极致奢华的皇家套房,有充满新鲜气息的中央公园景观房,还有海景无敌的阳台房,以及性价比极高的虚拟阳台内舱房。

"海洋交响"号已经在 2018 年夏秋季首航中,探访了地中海的迷人胜地,停靠港口包括西班牙的巴塞罗那和马洛卡岛、法国的普罗旺斯以及意大利的佛罗伦萨、罗马和那不勒斯。

此时"海洋交响"号正航行在西加勒比海沿岸,以迈阿密为母港探访充满拉美风情的中南美洲海岸目的地,接下来将解读"海洋交响"号西加勒比海航程的邮轮旅游全过程。

（二）"海洋交响"号西加勒比航线邮轮旅游全过程

1. 第一天,迈阿密,邮轮离港 16:30

早餐后由酒店出发前往码头办理登船手续,登船后在邮轮上享用午餐,午后稍做休息,开始享受邮轮上丰富的娱乐设施。约 16:30 开航,开始轻松浪漫的西加勒比海海上浪漫之旅!

2. 第二天,海上巡游

邮轮全天航行在加勒比海上,宾客可以享受邮轮上的各种娱乐服务设施。相信您已经迫不及待地想要全面认识这条全球性大邮轮。

"海洋交响"号首先震撼您的一定是中央公园,"海洋交响"号革新性地将覆盖着绿色植被的自然公园搬到了您的面前,公园里有露天餐厅,幽静的阅读角落,标本花园和隐秘的羊肠小道,在这里您可以找到远离喧嚣的快乐。

3. 第三天,罗阿坦岛,邮轮到港 08:00—邮轮离港 18:00

邮轮停靠在皇家加勒比邮轮有限公司的专属岛屿罗阿坦,宾客可以选择留在邮轮上继续享受各种娱乐,或是自费上岸观光游览。罗阿坦作为皇家加勒比邮轮有限公司的专属岛屿,只有乘坐皇家加勒比邮轮抵达的宾客才可以登上该岛,享受这里的原生态的海岸美景、生机勃勃的自然风光和丰富多样的水上活动。

4. 第四天,科斯塔玛雅(墨西哥),邮轮到港 08:00—邮轮离港 18:00

邮轮停靠在墨西哥的科斯塔玛雅,宾客可以选择留在邮轮上继续享受各种娱乐,或是邮轮公司提供的自选上岸观光游览。科斯塔玛雅曾是古玛雅帝国的贸易港,坐落于墨西哥加勒比海并以雨林、沙滩、礁湖、玛雅遗迹而著称于世。宾客可以游览传奇的玛雅古镇或到商店选购特色的手工艺品,之后畅游墨西哥蔚蓝海岸,观赏鹦鹉、蝴蝶、扁鲨,说不定还能看到苍鹰的踪迹。除了惬意的阳光和玛雅文化的神迹,这里还有最富风情的墨西哥舞蹈和烤肉,科斯塔玛雅的一切都会给宾客带来耳目一新的感受。

5. 第五天,科苏梅尔(墨西哥),邮轮到港 07:00—邮轮离港 18:00

科苏梅尔岛位于墨西哥尤卡坦半岛东北加勒比海上,是玛雅人的圣地。宾客可以搭乘轮渡 45 min 左右前往墨西哥本土城镇普拉亚德卡曼,可以前往世界古老的文明之一、玛雅文化遗迹完整保存的地方——图伦堡垒古城。在这里,您将有机会亲自领略图伦地区独特的玛雅风光,从约 12 米高的悬崖顶部俯瞰卡斯蒂略金字塔,感受数千年前人类文明的神秘和伟大。

另外,您还可在举世闻名的尤卡坦半岛国家公园里的海底世界,搭乘亚特兰蒂斯潜水艇进行一次难得的深海冒险,探索造物主赐予科苏梅尔岛的绝世美景。尤卡坦州的冒险者公园更是为热爱探索的您提供了无与伦比的惊险和刺激体验,穿梭于茂密丛林中,惊叹于岛上的神奇地貌,定会为您的旅程添上浓墨重彩的一笔。

6. 第六天,海上巡游

今天邮轮将继续海上巡游。宾客可以来到顶层甲板,这里有全尺寸的篮球场,两台模拟器的冲浪公园,两面攀岩壁,迷你高尔夫球道,儿童专属的独立泳池以及各式水上运动泳池,密布的太阳椅让您随时可以享受热情的加勒比海阳光。

7. 第七天,拿骚(巴哈马),邮轮到港 09:00—邮轮离港 18:00

拿骚位于新普罗维登斯岛,是巴哈马的首都,也是该国的第一大城市和商业、文化中心。位于拿骚以东的亚特兰蒂斯度假中心是闻名世界的旅游胜地。拿骚也是世界著名的离岸金融中心,拥有 400 多家银行和金融机构。拿骚有许多名胜古迹和游览点,如坐落在城南菲茨威廉山的总督宫,宫前有大型的哥伦布塑像,纪念这位首先登上巴哈马的伟大航海家;市中心的罗森广场,议会、法院和政府都集中于此;布莱克比尔德塔曾经是当年海盗用的瞭望塔;城南贝内特山上有一座高达 38 m 的水塔,从这里可以俯瞰拿骚全城和整个新普罗维登斯岛;在海港西部有当年抵御海盗入侵的夏洛特要塞;拿骚的东面还有一个"海上公园",游人乘玻璃游艇可以饱览海底景色。

8. 第八天,迈阿密,邮轮到港 06:00

清晨 06:15 左右邮轮返回迈阿密。宾客可在邮轮上享用丰盛的早餐后,结束留下无限美好回忆的海上行程,办理离船手续后登陆迈阿密。随后可游览全球最大的邮轮母港——迈阿密邮轮港和迈阿密城区。

完美的邮轮旅程定将给宾客留下深刻印象,每一次邮轮假期的结束都是下一次邮轮旅行的开始。至此"海洋交响"号西加勒比海航程告一段落,宾客将在船长及全体船员的祝福中为此次邮轮旅行画上句号。而"海洋交响"号也将重新备航,迎接新一批游客的到来。

第三节　邮轮休闲服务产品

一、邮轮休闲服务产品的类型

对于邮轮上的休闲服务活动,存在着多种分类方法。在此根据邮轮上具体的休闲娱乐活动的开展情况,将邮轮休闲服务产品分为四大类,分别是文化娱乐类、运动健身类、岸上观光类和休闲购物类。

(一)文化娱乐类

文化娱乐类活动主要指邮轮上开展的各项文化方面的娱乐类活动。这类活动不仅具备了休闲的功能,还体现了一定的文化和品位。此类活动场所应当高雅、洁净且具有一定的文化氛围,很多项目都要求客人主动参与、表现自我,以达到娱乐的目的。

(二)运动健身类

休闲体育活动需要借助一定的设施设备来开展,在邮轮上这类活动主要是指健身房运动、各种球类活动、各类邮轮户外活动等。保健项目主要是指人们通过一定的保健服务,从而达到放松身心、恢复体力、振奋精神的活动项目,主要包括 SPA、保健按摩、美容美发等。

(三)岸上观光类

岸上观光类活动是邮轮旅游的一大特色,也就是现阶段的中国邮轮旅客在选择邮轮旅游产品时最先关注的"去哪里"。作为邮轮公司未来的从业者,需要了解世界上经典邮轮靠港的基本知识、世界邮轮旅游地理的区划,并能够进行岸上观光线路设计。此部分内容参见本书第八章。

(四)休闲购物类

"购"是邮轮旅游中的重要一环,邮轮上的礼品店、免税店是游客必然会光顾的场所。对于免税店的从业人员,首先要了解目前邮轮免税店常见品牌的相关知识,并能够进行邮轮免税商品营销活动的策划。

二、邮轮海上活动与体验全解析

随着全球邮轮业的发展,以及宾客消费能力和旅行体验需求的提高,邮轮这种旅行方式已经逐渐削弱了其交通属性,更多地强调休闲观光与旅游体验。

为方便读者更好地理解与掌握本章节内容,在此将以星梦邮轮旗下"云顶梦"号为例,为大家介绍邮轮休闲服务产品中的海上活动与体验。

(一)星梦邮轮品牌及"云顶梦"号简介

云顶集团凭借20余年深入了解亚洲市场的经验以及全球的豪华邮轮经营专长,打造了专为中国及亚洲市场设计的全新品牌——星梦邮轮。星梦邮轮作为首个亚洲本土豪华邮轮品牌,对中国及亚洲区域邮轮行业发展有着重要意义。

该品牌旗下邮轮"云顶梦"号于2016年11月首航,作为星梦邮轮品牌旗下的首艘豪华邮轮,"云顶梦"号传承云顶香港集团全球领先的行业经验,荟萃世界顶级娱乐休闲设施,为宾客提供区域内高水准的服务及宽敞舒适的环境。

（二）船上活动与体验全解析

1. 客舱体验

"云顶梦"号设计载客人数（下铺床位计划载客量）为 3 352 人，有 1 674 间客舱提供给宾客选择，其中 1 278 个客舱为外侧朝向，客舱面积 13 ～ 224 m²，该邮轮约 70% 的客舱设有私人阳台。

除此之外，"云顶梦"号设有 142 间创新概念套房——"星梦皇宫"（Dream's Palace），套房内具有高度人性化设计，为套房客人提供定制化欧式管家服务，并且从预订开始即可享受免排队登船、安检 VIP 通道和房间个性化布置等特权服务。

（1）皇宫庭苑别墅

皇宫庭苑别墅如同海上私人府邸，为乘客提供前所未有的邮轮旅游体验。该别墅面积达到了 224 m²，可容纳 6 名乘客入住。皇宫庭苑别墅设有主、次两间卧室，并且每间卧室都配备独立私人阳台。

别墅设有宽敞的独立客厅及用餐区，配合"Dream's Palace"的私人管家服务，管家将为您精心安排下午茶和晚餐，您足不出户即能畅享美食。

除此之外，皇宫庭苑别墅设有专属甲板露台，从房间阳台可直接步入私人露天甲板并享用专属按摩池。

（2）露台客房

露台客房作为"云顶梦"号上数量最多的房型，分布在邮轮船体两侧。所有露台客房的面积均在 22 m² 以上，根据位置不同略有差异。露台客房除了配备有舒适的床品及寝具之外，盥洗室内所用备品均为品牌定制。除此之外，独立的起居区域可供客人梳妆，专属露台能让客人在欣赏海景的同时，感受阳光和海风的无限魅力。

2. 美食美酒体验

"云顶梦"号共设有 35 间餐厅和酒吧，供应不同风格的美食与佳酿。除为本土市场精心准备的亚洲料理之外，宾客同样可以品尝到来自世界各地的风味。

（1）中式餐饮

全船共设有四家不同风格的中餐厅：丝路花舞中餐厅、星梦餐厅、户外火锅和百味轩。

（2）东南亚美食

蓝湖美食广场和大堂吧为顾客提供地道的东南亚料理。其中蓝湖美食广场 24 小时营业，从活力早餐到可口宵夜及不同种类的快捷美味，为顾客奉上多种多样的东南亚精致料理。开放式的用餐环境，如同亚洲大排档式的餐饮方式，顾客可在厨师现场烹饪台选择心仪的小吃。

（3）日韩料理

"云顶梦"号的海马日韩餐厅共设有五个就餐区域，为顾客提供地道的日韩料理。分别是海马日本料理、海马滋味铁板烧、海马韩式料理、海马韩式烧烤和海马寿司吧。

（4）多国美食

"云顶梦"号为满足来自不同国度宾客的需求，设有多家特色风味餐厅，提供来自世界各地的国际美食。皇宫餐厅为下榻于星梦皇宫套房的客人提供免费点餐服务；1 号扒房与海珍舫由澳大利亚顶级名厨主理，烹饪丰盛的肉类佳肴、特色海鲜和提供全球甄选美酒供顾客选择；现代风格的星宴餐厅提供创意菜品，为顾客打造别样邮轮美食体验；丽都餐厅作为全船最大自助式餐厅,每日正餐时段提供种类丰富的食物与饮料供宾客免费享用。此外,还有水晶生活餐吧提供素食和各国健康餐饮。

丽都餐厅:全天服务的丽都自助餐厅为顾客提供琳琅满目的早、午、晚餐。早餐包括现做煎蛋卷、自助粥、点心等美味醒神之选;午餐和晚餐云集了意粉、披萨、烤肉等风味正宗的环球美味以及多款诱人甜点。户外用餐区则全天提供可口的三明治、热狗和烧烤小食。餐厅提供无猪肉自助餐单,以及为有特殊饮食需求的宾客特设民族食品餐区。

星宴餐厅:如果您正计划庆祝纪念日,或创造特殊时刻,星宴餐厅将会是不二选择。私密优雅的用餐环境、丰富的美味佳肴,以及品质上乘的佳酿,让您与您的嘉宾在此乐享美食盛宴。

水晶生活餐吧:对于注重健康饮食,推崇以均衡膳食营养保持身心活力的宾客,水晶生活餐吧是理想去处。水晶生活餐吧的菜单专为追求健康饮食的宾客精心设计,各式蔬果饮品和甄选健康菜肴有助于乘客在海上亦能保持健康生活方式。

(5)甜品及小吃

全船共有5处小吃店、甜品站或茶廊供宾客选择。位于甲板顶层的棕榈阁被壮丽海景环绕,是宾客细品香浓咖啡或香茗的好去处;意大利披萨餐厅,作为传统欧式面包房,提供特色焗制、烤制美食及招牌披萨。还有意式手工冰品站、抹茶工坊和甜品汇,为宾客提供冰激凌、烘焙糕点、各色甜品、小吃和饮料。

(6)池畔餐饮

"云顶梦"号共设有两个池畔吧,在阳光明媚的露天平台上,泳池开放期间,可为客人提供简餐、鸡尾酒及软饮等餐饮服务,让乘客拥有一边享受日光浴和清凉海风,一边享用美味餐饮的邮轮体验。

(7)酒吧酒廊

全船提供超过15处畅饮场所,从鸡尾酒酒廊到24小时畅饮酒吧再到Zouk Club应有尽有。游客可在"云顶梦"号提供的畅饮场所品尝到全球甄选佳酿,于海上体验超过陆地的酣畅淋漓。

①Penfolds酒窖

Penfolds酒窖仿若葡萄酒的圣殿,珍藏着来自世界各地的醇香葡萄酒。置身于这个优雅的天地,品味醇厚佳酿和美味小食,并聆听首席侍酒师为您讲解有关葡萄酒的知识,乐享雅致时光。

②Zouk Club

"云顶梦"号与亚洲标志性夜店品牌Zouk合作出品。白天悠闲轻松的Zouk到了夜间美丽四射,充满火热激情。踏入Zouk Club,与派对达人们一起开怀畅饮、纵情歌舞,陶醉于一片狂欢气氛之中!

③蜜思鸡尾酒廊

别具一格的鸡尾酒酒吧,专业调酒师将为顾客精心调配经典鸡尾酒及特色创意酒。蜜思鸡尾酒廊是游客餐前小酌或睡前小饮的理想之所,当然顾客也可能无法抵御各款精美鸡尾酒的诱惑,以"鸡尾酒晚餐"为这一天的巡航画上完美的句号。

④360吧

三层高的360°全景海上酒吧,酒吧设计师的构思非常精巧,无论您身处酒吧任何一个角落,都可欣赏到精彩的现场演出,同时也能欣赏到壮阔海景。360吧还为顾客奉献特色饮品和创意鸡尾酒,让人尽情沉醉。

⑤红狮酒廊

全天 24 小时服务的红狮酒廊,每天任何时候都热闹非凡。在此畅饮来自世界各地的精选生啤和瓶装啤酒,品尝口味正宗的精美亚洲甜点。

⑥尊邸

星梦邮轮打造的别具一格的尊尼获加海上尊邸,在这里,游客可以品味享誉世界的威士忌佳酿,并参加私人品鉴课程,由此从更深层次体会威士忌的魅力。您还可以定制、篆刻个人标签的尊尼获加蓝牌威士忌,或细细品味尊尼获加旗下各款威士忌绵远悠长的香醇风味。

3.运动健身活动

(1)甲板泳池区域

"云顶梦"号在 16 层甲板设有甲板泳池区域。除了主泳池外,在甲板泳池区域四角,分别设有四个按摩池。泳池区域按照功能划分,分别为主泳池、表演区、家庭滑道和儿童水上乐园等区。

(2)水上滑梯乐园

"云顶梦"号的甲板活动中最为引人注目的当数水上滑梯乐园,从海上高耸的滑梯一跃而下,耳边生风的刺激感达到顶峰。水上滑梯乐园有六种不同的滑梯供游客选择,包括适合家庭的舒缓滑道、冒险家热爱的陡峭滑梯等。水上滑梯的独特魅力将给游客带来独一无二的邮轮旅游体验。

(3)攀岩墙

在邮轮上与同游的家人或朋友一起尝试攀岩墙,一决高下!必不可少的体验,为邮轮旅程增添色彩。身手矫健的游客还有可能获得纪念品。

(4)迷你高尔夫

妙趣横生的迷你高尔夫是游客与家人互动的好项目。带上家人来到户外 9 洞高尔夫果岭场角逐一番,还能于此欣赏一望无垠的壮阔海景。

(5)综合运动场

位于"云顶梦"号主甲板的大型户外综合运动场,既适合传统的篮球及网球活动,亦设有新奇而刺激的泡泡足球、巨型斯诺克与射箭项目等,是亲子互动的玩乐天堂。

(6)电子游乐中心

邮轮旅游的优势在于给每位乘客意想不到的收获,电子游戏爱好者在这里同样能够找到令他们着迷的项目。每位游客都可以参与其中,只需轻刷房卡即可开启激动人心的游戏。

(7)夜光保龄球馆

"云顶梦"号的夜光保龄球场与平常传统沉稳的球道大不相同。在这里,四条闪闪发光的球道、色彩斑斓的霓虹灯与紫外线灯光交相辉映,伴随着震撼的音乐,让每一位来到这里的游客欢度一个酣畅淋漓的夜晚。

4.演艺

(1)中国达人秀

"云顶梦"号携手风靡全球的电视节目达人秀系列打造首个海上《中国达人秀》,长达 45 min 的表演于可容纳近千人的星座剧院上演。配合大家耳熟能详的开场音乐,活力四射的灯光效果及精心设计的舞台美景,呈现星梦邮轮专属的精彩娱乐盛宴。观众可以在表演期间现场投票,选择获胜者,让观众体验独一无二的精彩表演。

（2）迷之岛

星梦邮轮特别为"探索梦"号推出了星级表演。随我们追寻古老的传说,开展一场奇幻冒险。专业的表演者将会使出浑身解数,为您揭开迷之岛的面纱——来自乌克兰的 Nina 及 Andrii 将会带来精彩的高空秋千及钢管舞蹈演出,而来自俄罗斯的 Evgenii 的高空钢索表演必定会令您胆战心惊。仿佛置身于绿野仙踪奇景,表演讲述一位调皮的精灵与总是充满奇思妙想的小仙子们共患难,寻找新家园的故事。

（3）漫游奇幻梦世界——双梦记

星梦邮轮特色表演系列中得奖项目——《寻爱·起航梦之旅》后的又一力作。

《漫游奇幻梦世界——双梦记》的表演者会以 Acro 舞蹈风格展现出非凡的平衡力,超越的技艺绝对让您眼前一亮。另外,Tatiana 富磁性的声音配衬 Maksim 的音乐造诣,牵动每位观众的心灵。

（4）热舞飞扬

邮轮宾客在此欣赏 20 世纪五六十年代风情与现代风格完美融合的热辣舞蹈表演。现场乐队与歌手为您呈现小号的活泼、萨克斯的悠扬和充满感染力的曼妙歌声;专业舞者随着音乐,跳起优雅的华尔兹、热情的狐步舞和活力的曼波舞,让您目不暇接。

第四节　邮轮旅游常识

对于大多数国内游客而言,对邮轮旅游认识还有欠缺,为此整理出邮轮旅游的一些小常识,供读者了解。

一、邮轮越大越好吗?

船的吨位越大,能在更大程度上抵御因风浪产生的摇晃,保证乘坐的舒适度。现代邮轮在设计上已经充分考虑了邮轮的稳定性,如果只从吨位大小来判断邮轮的优劣,未免有些过时。

一般业内主要从三个方面来评判邮轮:

①阳台房占比,占比越高说明邮轮更注重舱房硬件和客人观景体验;

②服务人员与乘客比例,一般邮轮该比例为 1∶3 左右,即一名服务人员对应服务三位客人,比值越大说明每位乘客得到的服务越全面;

③邮轮上公共空间面积,公共空间面积越大,邮轮的餐饮、娱乐、运动等设施也就越丰富,能满足更多乘客的需求。

当然,不同的邮轮有自己的特点与风格,建议在选择邮轮时可以结合考虑船本身的特点(娱乐节目丰富、硬件设施新、餐饮水准高等)和自身的出行需求(亲子、敬老、蜜月等),以适合为宜。

二、两大一小能住双人房吗?

两位成人与一位儿童乘坐邮轮,即使儿童只是几个月大的婴儿,也不能入住双人房。邮轮的救生设备是定员设计,出于安全考虑,对每间舱房可入住的人员有严格限制。

两大一小的情况,必须预订可入住三人的舱房,如三人房、家庭房、套房等(以具体舱房详情为准)。至于儿童的收费,一般与成人同价,第三方会有一些儿童优惠产品,是三人出行的最佳选择。此外,部分邮轮公司会根据儿童年龄减免部分邮轮服务费。

三、低价舱房位于海面下吗?

现在邮轮的舱房已经不分三六九等,也绝对没有位于海面下的舱房。不同舱房的区别主要体现在舱房格局、面积、设施及楼层上。邮轮的舱房可与高星级酒店相媲美,尤其是套房,更能带来超五星级酒店的舒适享受和尊贵礼遇。

四、邮轮上必须穿正装吗?

邮轮为乘客提供一个舒适放松的自由空间,舱房、甲板、剧院、自助餐厅等公共区域对于穿着没有特殊要求。一般来说,去正餐厅用餐时穿着不能太随意,不过现在很多邮轮公司的规定越来越宽松,一般只要求乘客在出席船长晚宴时穿着正式一些,不要短裤、拖鞋、背心即可。短线航程的船长晚宴一般会安排在航程的首晚或最后一晚进行,船长会向大家敬酒,晚宴的菜肴会格外丰盛,是不容错过的邮轮体验。

五、可以不参加救生演习吗?

邮轮上的救生演习非常重要,一般在全体乘客登船后、邮轮正式离港起航前进行,每位乘客必须参加,包括婴儿及老人。在参与救生演习时,船上的工作人员会记录下每位乘客的出席情况(通过扫描房卡或收集救生演习卡等形式)。对于未参加演习的乘客,船方会再次安排,以确保每位乘客都清楚所在房间的紧急逃生路线、集合地点以及救生衣的正确穿着方式。这里提醒大家一下,参加救生演习不是形式,是事关自己与他人人身安全的头等大事,千万不要忽视。

六、在邮轮上消费必须使用国际信用卡吗?

在邮轮上使用国际信用卡最为方便(VISA、MASTER、AMEX 最为通用)。一般在上船后可将信用卡与房卡绑定,船上消费直接刷房卡,包括免税商店、酒品、付费餐饮、美容 SPA、洗衣服务、卫星电话等。有些邮轮的赌场只接受美元或欧元现金,如没有所需的外币现金可以在船上兑换,但汇率与岸上比没有优势,建议兑换好再上船。

如果没有国际信用卡,并不代表无法在邮轮上消费,有些邮轮支持现金或银联卡预付款,预付款项将充值至房卡中,若未使用完毕,最后一天结账日将返还相应金额。

七、邮轮上能上网吗?

邮轮上可以上网,但需要付费,资费比较贵。邮轮上的 WIFI 资费以分钟为单位用美元结算,还有一些优惠套餐供选。信号覆盖区域以具体邮轮为准,有些并未全船覆盖。

邮轮专业术语

邮轮产品 cruise products　　　　　　　　邮轮代理商 cruise agent

邮轮忠诚度计划 cruise loyalty program　　邮轮客舱 cruise ship cabin

赌场 casino　　　　　　　　　　　　　　自助餐厅　buffet

热点透析:世界邮轮网线下 VR 体验中心落户西安

2016 年 4 月 2 日,国内首家邮轮生活 VR 体验馆,世界邮轮网全国第一家线下体验中心正式落户古都西安,其线下体验中心建设正式起航。据了解,世界邮轮网线下体验中心集邮轮旅游互动体验、现场邮轮专家接待咨询、报名下单、送交签证材料等功能于一体,并将通过 VR 魔镜技术将只有在豪华邮轮上能够感受到的真切体验带到老百姓的身边,为邮轮旅游线上、线下的融合带来新模式。

据世界邮轮网董事长兼创始人 Steven Donne(董泓)先生介绍,第一家体验中心之所以落户西安,一方面是因为西安作为十三朝古都对中国古代航海事业的发展有着至关重要的作用;另一方面,生活在内陆休闲城市的人通常对大海有着更强烈的向往,内陆市场是一片值得深拓的富矿。

踏 VR 魔镜浪潮 360 度邮轮度假生活真实展现

为引发大众对邮轮旅行的兴趣及正确认知,邮轮旅游全新度假方式让大众真实体验海上邮轮旅游的乐趣,世界邮轮网不断创新并率先在全国线下邮轮体验中心引入 VR 魔镜技术,成为国内唯一一家实现邮轮旅游可视化体验的线下体验中心。

此次世界邮轮网以"海洋量子号"为主角,历时 5 天全方位拍摄邮轮的海上度假生活,并与北京暴风魔镜科技有限公司战略合作,用 VR 魔镜技术展现真实场景。固定机位全景 360 度拍摄,部分场景使用延时拍摄和移动机位拍摄技术,全面展现了邮轮外观和内部设施,为线下体验者带来最真实的感受。

线下体验顺应消费新趋势打造 O2O 模式新商业体

随着我国经济发展进入"新常态",消费者的消费行为和消费趋势都在发生着深刻的变化,人们的消费行为在逐步回归理性,"线上浏览 + 线下体验 + 消费 + 评论回馈"成为新闭环,是当今流行的消费趋势。世界邮轮网线下体验中心的落成顺应了发展趋势,也是对邮轮旅游行业新模式的探索。

邮轮旅游 2004 年左右进入中国,2006 年开启中国邮轮母航元年,有报告显示,2019 年布局中国市场的母港邮轮数量将达 18 艘,全球邮轮业界一致预测 2020 年中国将成为全球最大邮轮客源国,足见其市场潜力。而另一方面,中国潜在消费群体对邮轮出行方式不甚了解,急需"再教育"。Steven Donne(董泓)表示,开设体验中心的初衷是正确引导市场消费对邮轮旅游的认知和了解,以更直观的感受和更专业的讲解为用户带来完美的邮轮旅游全新度假方式的体验,从而带动邮轮旅游市场的发展。

世界邮轮网是国内首家对接全球邮轮公司船票数据的平台,也是国内唯一一家可以做到船只甲板图实时展现舱房余舱量及位置、实时船票价格查询及实时在线预订下单,让消费者查询及预订全球邮轮船票如同预订机票、酒店一样简单。作为一个邮轮垂直领域专业网络平台,世界邮轮网通过建立线下体验中心实体商铺集群的方式,打造 O2O 模式新商业体,形成了线上线下闭环式营销。这样不仅能够给顾客更多自由选择的机会,邮轮船票价格真实透明,真正实现线上线下联动销售,还能避免传统平台产品虚拟性、假冒性等因素带来的各种不良后果。世界邮轮网希望这种新模式的建立能推动整个行业的健康发展。

　　据了解,此次体验中心选址大唐西市商圈的时尚生活馆一楼。该商圈建于隋唐西市遗址之上,是丝绸之路真正意义上的起点,生动再现盛世唐朝和丝绸之路上的峥嵘岁月和沧桑变迁,寄托着世界邮轮网对中国航海事业和邮轮旅游行业发展的美好愿景。世界邮轮网陆续在西安、银川、沈阳、太原、新疆等地的中高端商场设立体验中心,预计未来全国落成150家,形成覆盖全国的线下体验中心网络。

讨论:

1. VR虚拟现实邮轮体验是否能取代真实的邮轮旅游体验?

2. VR技术的到来给邮轮行业的发展带来了哪些机遇与挑战?

思考与练习:

1. 对比国内外邮轮旅游产品,它们之间有什么差异?

2. 邮轮旅游全过程中,哪一个环节更能吸引中国游客?

3. 你是否有办法解决或简化烦琐的邮轮登船手续?

4. 了解"云顶梦"号的设施与服务后,你认为"星梦邮轮"在哪些方面可以做得更好?

5. 通过学习本章内容,你认为未来邮轮业和邮轮产品发展趋势是什么?

第五章　邮轮航线

【教学目的】

掌握邮轮航线的定义及构成要素；

理解邮轮航线的分类；

熟悉世界邮轮航线的空间分布和国际邮轮航线的基本特征；

了解我国邮轮航线的分布特征；

掌握邮轮航线规划的影响因素及核心要素；

熟悉邮轮航线的优化流程；

熟悉世界主要的邮轮旅游目的地及人文特征。

【教学重点】

邮轮航线的定义及构成要素；邮轮航线规划的影响因素及核心要素。

【教学难点】

世界邮轮航线的空间分布和国际邮轮航线的基本特征。

【教学内容】

邮轮航线的定义、构成要素及分类；世界邮轮航线及中国邮轮航线的分布及特征；邮轮航线的规划；世界主要邮轮旅游目的地介绍。

导入阅读：刘淄楠谈邮轮长航线"易做不易卖"

在经历了2017—2018年邮轮市场低谷后，邮轮航线同质化竞争更加凸显，国际邮轮企业也迫切需要走出低谷，重拾市场信心。2019年6月3日，皇家加勒比新船"海洋光谱"号进入到中国并进行首航。对于这个国际邮轮巨头来说，它的每一步动作都被业界密切注视。在"海洋光谱"号中国首航期间，皇家加勒比全球高级副总裁、中国和北亚太总裁刘淄楠在接受媒体采访时表示，中国邮轮市场还在调整期，对于中国市场来说，长航线是一个趋势，但对于邮轮公司来说，开发长航线比较容易，卖起来难度还不小，目前还需要对邮轮现有的销售渠道进行改革。

直销成抵御价格战法宝

过去十年，中国邮轮市场快速增长，然而到了2017年上半年，邮轮市场风云突变，由于韩国市场的受限，邮轮目的地骤减，一时间，市场上90%都是日本航线，邮轮航线同质化竞争严重。在过去两年里，尤其是在华东市场，邮轮"价格战"持续。在此期间，包括公主邮轮、诺唯真等旗下大型邮轮纷纷离开中国市场，歌诗达邮轮则开发了一些其他航线，市场一度进入调整期。然而面对竞争,皇家加勒比却选择继续派遣大船进入中国市场。

刘淄楠表示,中国邮轮市场目前仍处于调整期,之所以选择继续派遣大船进入中国市场,是因为这个市场仍然有潜力可挖,未来在市场回暖之时,谁占得市场先机谁将赢得更大的市场份额。皇家加勒比目前仍然走的是大船策略,为的是抢占邮轮高端市场。

谈到竞争,刘淄楠指出,过去一段时间,邮轮低价竞争与旅行社包船有很大关系,旅行社承受了较大的销售压力,一旦卖不掉就会亏损,只能采用低价策略。而抵御价格战的方式之一便是加强直销,目前皇家加勒比已经摒弃了包船模式,直销比例已经达到了20%~30%,比其他邮轮公司高。前提是这需要邮轮公司本身在渠道端有一定支撑。

据了解,邮轮市场开始呈现回暖态势,这其中,很多旅行社不再一味地包船,而是逐渐转为切舱模式,邮轮市场低价竞争有所缓解。

发展长航线需要循序渐进

面对市场的严峻形势,皇家加勒比也推出新战略,在派出新船进入的同时,增加了长航线的比例。根据皇家加勒比发布的2020年中国计划中,包含了长航线、暖冬航线、过夜深度游航线等,同时还新增了奥运主题航线。据悉,2020年,皇家加勒比长航线的部署数量将大幅度提升,特别是6晚及6晚以上长航线,与2019年相比,提升幅度可能将达到40%。

刘淄楠表示,从东北亚特殊的地理分布看,长航线成为破解邮轮同质化竞争的方案之一,根据市场反馈,游客对于邮轮长航线需求的增加也日渐强烈。

谈到难点,刘淄楠还进一步指出,对于邮轮公司来说,开发长航线比较容易,但卖起来难度还不小。过去邮轮市场包船模式盛行,部署长航线会给旅行社带来一定压力,一旦亏本,也不利于邮轮品质和品牌的发展。发展长航线,就需要在分销渠道上进行改革,因此长航线的推广需要循序渐进。

对于当前的市场情况,刘淄楠表示,目前市场上主流的邮轮产品依然是4晚、5晚,虽然有长航线,但是长航线的比例大概在30%,邮轮开发长航线主要考虑收益的问题。

游客依然热衷购物游

由于邮轮市场竞争激烈,一度导致“价格战”,在此情形下,不少旅行社利用购物游弥补低价带来的损失,此前,邮轮购物游也一度被不少业内人士认为是降低邮轮品质的原因之一。

对此,刘淄楠表示,“此前大家都批评邮轮岸上游购物,但是我们在船上对游客做过调查,游客是很喜欢购物的。在皇家的直客里,有两个选项,一个是购物游,另一个是精品游,精品游是需要旅客额外付费的,大概50~80美元,包括一些文化体验活动,但是结果却显示,超过50%的人依然选择购物游。目前来看,购物游是不能被取消的,依然存在市场。”

刘淄楠还指出,未来一段时间,邮轮市场也会顺应消费升级的发展趋势,向品质化过渡,品质化的产品最终会得到市场认可。

第一节　邮轮航线概述

邮轮航线(cruise lines)是邮轮经济的关键要素之一,是实现邮轮港与邮轮目的地之间的功能联系、世界邮轮和邮轮游客空间移动的桥梁。邮轮旅游航线是邮轮旅游产品的具体表现形式,游客在选择邮轮旅游产品时,邮轮航线是其主要的考虑因素。

一、邮轮航线的定义

邮轮航线指的就是邮轮公司为了满足乘客在航行中的需求,合理地将邮轮本身、母港(始发港口)中途驻留港口、航行的海域及航行路线、旅游目的地挂靠港口这五大要素连接起来,形成特定的邮轮旅行线路,使得每一班邮轮更具体也更具有自己的特色。邮轮航线是游客选择邮轮旅游时考虑的主要因素,对于邮轮吸引客源以及日后经营会产生很大的影响。

从国际邮轮产业的实践经验来看,深入人心的邮轮文化和高水平的航线布局(包括优良的邮轮港口、密集的邮轮航线和优质的岸上产品与服务)是邮轮产业持续健康发展的重要保障。邮轮产业销售的是由一系列邮轮港口组成的邮轮航线,而非目的地本身。邮轮航线对邮轮满舱率(occupancy rates)具有显著的影响作用。对于产业承接地来说,只有形成以邮轮港口为中心、以航线布局为辐射、以岸上旅游服务为支撑的"点—线"融合态势,才能充分发挥邮轮产业对区域经济的带动作用。

二、邮轮航线的构成要素

根据邮轮业的功能结构关系,可以把邮轮航线分为三个层次:一是以邮轮为单位的某一艘邮轮的航线,二是以邮轮公司为单位的某一个邮轮公司的航线,三是以世界邮轮业为单位的全球邮轮共享的航线。但从实际运作的情况来看,邮轮航线主要是以邮轮的航行为基础来确立的,所以这里在分析邮轮航线组成要素时是把这三个层次综合起来进行考虑的。

从游客体验邮轮活动的角度来讲,邮轮航线主要包括海上航程、船上活动、海洋活动、岸上活动(邮轮业把它称为"岸基旅游")等要素。

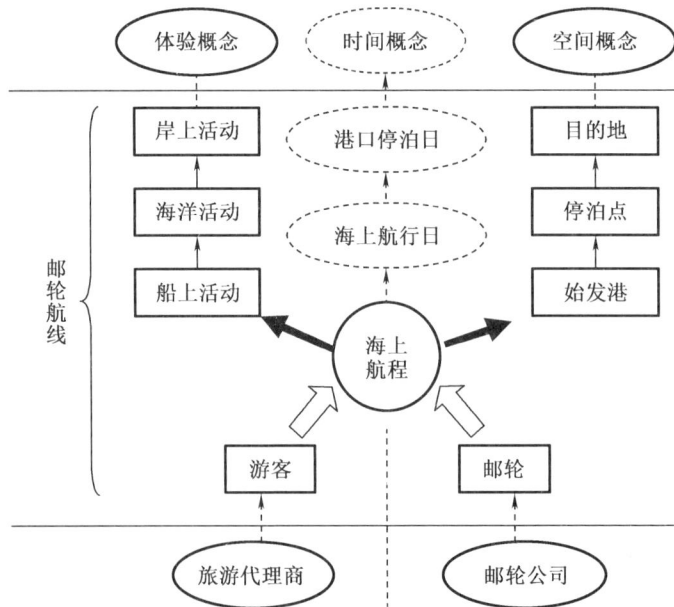

图5.1　邮轮航线的要素系统

从邮轮公司经营运作的角度来讲,邮轮航线主要包括邮轮始发港、海上航程、邮轮停泊点和邮轮目的地等要素。对两者进行比较分析后,发现这两者之间是以海上航程为纽带而结合起来的。根据邮轮业的日常运作规律,海上航程基本上分为两个不同的部分:海上航行日和港口停泊日。图5.1反映了构成邮轮航线的要素系统。

三、邮轮航线的分类

邮轮航线是由邮轮、邮轮港、有体验价值的海域和服务设施等组成的一个相对稳定的空间系统,其中具有体验价值的海域是邮轮航线系统中最重要的组成部分。邮轮航线的构成、运行和变革受到邮轮经济发展的影响,一般情况下,邮轮航线随邮轮经济的发展而发展。世界邮轮航线可以按照邮轮航行所在的区域、邮轮航行路径的形态、邮轮航行同程的长短和邮轮航行体验的风格来划分基本类型。

第一,按照邮轮航行所在的区域来划分,可以将邮轮航线划分为内河邮轮航线、海岸邮轮航线、远洋邮轮航线和跨洋邮轮航线。

内河邮轮航线主要航行在内陆江河与湖泊之中,如美国的密西西比河、中国的长江、欧洲的多瑙河以及北美的五大湖区的邮轮航线。根据目前的行业研究现状,习惯把海洋上航行的邮轮(cruise ships)称为"邮轮",而把内河中航行的邮轮称为"游轮"。

海岸邮轮航线是指沿着海岸线作近海航行的邮轮航线,比如从西雅图港起航,沿线停靠美国、墨西哥西海岸的邮轮港,向南航行,经过巴拿马运河,穿过加勒比海地区,向北航行到达迈阿密邮轮港,这条航线就是海岸邮轮航线。

远洋邮轮航线是指远离海岸线的邮轮航线,如从美国西海岸的旧金山港口起航,进入北太平洋,停靠夏威夷的檀香山港口之后,再南下进入南太平洋,停靠斐济的苏瓦之后,到达目的地澳大利亚的悉尼,然后返航,停靠新西兰的惠灵顿和波利尼西亚的帕皮提,再从太平洋回到旧金山港口的航线就是远洋邮轮航线。

跨洋邮轮航线是指跨越两个以上海洋的邮轮航线,比如从美国的西雅图港起航,沿北美西海岸南下,经过巴拿马运河进入大西洋,达到地中海,这条邮轮航线就是跨洋邮轮航线。

第二,按照邮轮航行路径的形态来划分,可以将邮轮航线划分为单程邮轮航线、双程邮轮航线、环形邮轮航线和组合型邮轮航线。图5.2反映了按路径形态划分的邮轮航线类型。

单程邮轮航线是指游客乘坐邮轮从始发港起航,到达目的地港后,就离开邮轮的航线,比如游客乘坐邮轮从美国的纽约港启航,穿越大西洋,到达英国的伦敦港后,游客就离开邮轮,并且不再返回这艘邮轮,这条邮轮航线就是单程邮轮航线。

双程邮轮航线是指游客乘坐邮轮从始发港起航,到达目的地港后,再乘这艘邮轮原路返回始发港的邮轮航线,比如游客乘坐邮轮从美国的迈阿密港起航,到达目的地加勒比海地区后,再乘坐这艘邮轮返回美国的迈阿密港,这条邮轮航线就是双程邮轮航线。

环形邮轮航线是指游客乘坐邮轮从始发港起航,到达目的地港后,随同邮轮沿新线路返回始发港的邮轮航线,比如游客乘坐邮轮从美国纽约起航,横越大西洋,经过直布罗陀海峡,进入地中海,经过苏伊士运河进入印度洋,停靠澳大利亚的海港,从南太平洋返航,经过巴拿马运河,回到美国东海岸的纽约港,这条邮轮航线就是环形邮轮航线。当然,环形邮轮航线不一定是跨洋邮轮航线,甚至不必要是远洋邮轮航线,只要是不沿原线路返回始发港的邮轮航线就是环形邮轮航线。目前情况下,邮轮航线中多数航线是环形邮轮航线。

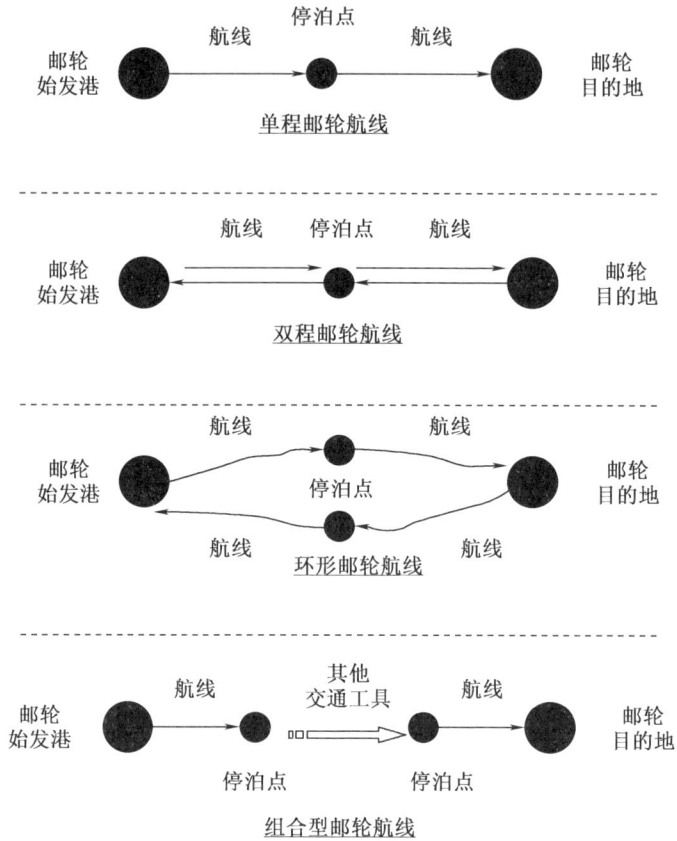

图 5.2　邮轮航线的类型

组合型邮轮航线是指游客乘坐邮轮从始发港起航,到达目的地港后,甚至没有到达目的地港,就离开邮轮,乘坐其他的交通工具继续接下来的旅游行程,到达某一邮轮港后,再乘坐邮轮,然后返回始发港的邮轮航线,当然中途还可以多次离开邮轮。比如从美国的纽约港起航,穿越大西洋,到达地中海,游客离开邮轮,到欧洲大陆继续旅游行程,然后乘坐飞机回到美国,或者到非洲大陆旅游后,再从南非的开普敦乘坐邮轮,穿越印度洋和南太平洋,回到美国,这种形式的邮轮航线就是组合型邮轮航线。目前情况下,组合型邮轮航线基本上是由旅游代理商来安排和落实的。

第三,按照邮轮航行日程的长短来划分,可以将邮轮航线划分为短途邮轮航线、中短途邮轮航线、中长途邮轮航线、长途邮轮航线和超长途邮轮航线。

一般情况下,世界邮轮业将 3～5 天邮轮航程的邮轮航线称为短途邮轮航线,将 6～8 天邮轮航程的邮轮航线称为中短途邮轮航线,将 9～14 天邮轮航程的邮轮航线称为中长途邮轮航线,将 15～21 天邮轮航程的邮轮航线称为长途邮轮航线,将超过 22 天以上邮轮航程的邮轮航线称为超长途邮轮航线。近年来,世界邮轮航程出现了偏向中短途的趋势,3～5 天邮轮航程的游客量增长最快;6～8 天邮轮航程的游客量所占市场比例最高,达到了 50% 以上,这两者的游客量所占市场比例高达 80% 以上。9 天以上邮轮航程的游客量所占市场比例约为 12%。

第四,按照邮轮航行体验的风格(cruise type)来划分。

国际邮轮协会(CLIA)根据邮轮的风格(ship style)、邮轮的星级和沿途安排的娱乐活动等综合因素,目前主要将邮轮航线划分为经济型、时尚型、尊贵型(premium)、豪华型(luxury)、探索型(exploration)和专业型(speciany)。

第二节　世界邮轮航线的分布及特点

一、世界邮轮航线的空间分布介绍

从空间结构的角度来讲,可以把世界邮轮航线分为北美、欧洲、南美洲、太平洋、亚洲、非洲等几个大的航游地区。根据目前邮轮航线的空间分布特征,可以进一步将北美、欧洲的航游地区划分为次一级的地理区域单元,北美航游地区可以划分为阿拉斯加、东北部、墨西哥的太平洋海岸、加勒比海等四个地理区域单元,欧洲航游地区可以划分为地中海、大西洋沿岸、爱尔兰和英国以及北海、波罗的海和北冰洋等五个地理区域单元,从而形成了世界邮轮航线的空间结构体系。

(一)阿拉斯加

阿拉斯加地理区域单元主要有两条邮轮航线:一是从温哥华开始,向北穿梭于狭长的海峡之间,途经英属哥伦比亚、凯奇坎、锡特卡、朱诺、斯卡圭,到达冰川湾后返航,回到温哥华;二是从温哥华或者西雅图开始,向北途经太平洋的东北部海域、阿拉斯加湾,到达安克雷奇后返航,回到温哥华或西雅图。

(二)北美东北部

北美东北部是世界邮轮的诞生地,一个多世纪以来,邮轮横跨大西洋,航行在北美东北部与欧洲之间。今天的北美东北部,主要有三条邮轮航线:一是往返于美国的纽约与加拿大的蒙特利尔之间,中途停泊点主要是纽波特、波士顿、巴港、圣约翰、哈利法克斯、魁北克等港口城市,这条邮轮航线的航游季节一般是从晚春开始到秋季结束;二是从加拿大的蒙特利尔开始,沿着北美东海岸南下,一直到美国的萨凡纳,中途停泊点主要是魁北克、圣约翰、哈利法克斯、纽波特、波士顿、巴港、纽约、费城、巴尔的摩、诺福克、查尔斯顿等港口城市;三是从蒙特利尔或者纽约开始,到达百慕大的航线,这是一条很受欢迎的邮轮航线。

(三)墨西哥

墨西哥的太平洋海岸有迷人的阳光、沙滩、美食和民族风情,吸引着人们来到这里乘坐邮轮航游。这里有三条最具代表性的邮轮航线:一是从洛杉矶或圣迭戈开始,到达恩塞纳达,中途停泊迷人小岛圣卡塔利那。这条邮轮航线全年开放,是初次邮轮航游者的理想选择。二是从美国的洛杉矶或圣迭戈开始,到达墨西哥的阿尔普尔科,中途停泊圣卢卡斯、马萨特兰、巴亚尔塔等港口城市,这是一条单程邮轮航线。三是从墨西哥的阿尔普尔科开始,停泊中美洲的一个港口,穿越巴拿马运河,到达加勒比海,一般历时 10～16 天。

(四)加勒比海

加勒比海是世界游客的首选邮轮目的地。加勒比海有三条基本的邮轮航线:一是东加勒比海邮轮航线,通常以迈阿密或大沼泽地为起点或终点,或者以圣胡安或波多黎各为起点或终点,沿途停泊美属维尔京群岛、英属维尔京群岛、圣马丁、安提瓜、瓜德罗普和马提尼克等岛屿。二是南加勒比海邮轮航线,通常航行在圣胡安和阿普巴岛之间的海域,中途停泊 ABC 三岛、特立尼达、巴巴多斯等岛屿。三是西加勒比海邮轮航线,这条邮轮航线基本上可以称为墨西哥湾邮轮航线,主要以佛罗里达的邮轮母港为基地,中途停泊坎昆岛、开曼群岛、牙买加、海地、多米尼加等地区,有时会停泊休斯敦、加尔维斯顿、新奥尔良。

(五)欧洲

欧洲主要有六条邮轮航线:一是西地中海邮轮航线,主要是指从直布罗陀到意大利的西西里岛的海域,西班牙的巴塞罗那、法国的尼斯、意大利的罗马是最受欢迎的三大登船港口,中途停泊几十个沿岸港口城市。二是东地中海邮轮航线,主要是指意大利的西西里岛以东的地中海,突尼斯、雅典、伊斯坦布尔、亚历山大是重要的登船港口,中途停泊中东、非洲的地中海沿岸港口城市。三是大西洋欧洲沿岸的邮轮航线,通常停泊葡萄牙、法国、西班牙、爱尔兰和英国的大西洋海岸港口城市。四是爱尔兰、英国和北海的邮轮航线,北海地区通常从英格兰开始,停泊比利时、荷兰、德国、挪威、丹麦等国家的海港城市。五是波罗的海的邮轮航线,从德国的汉堡或丹麦的哥本哈根开始,中途停泊瑞典的斯德哥尔摩、爱沙尼亚的塔林,到达俄罗斯的圣彼得堡后返回。六是北冰洋的邮轮航线,这是一条季节性很强的邮轮航线。

(六)中美洲

中美洲是世界上最主要的生态旅游目的地之一,经常作为穿越巴拿马运河的邮轮航线和西加勒比海邮轮航线的一部分。南美洲的邮轮航线一般是从巴西的里约热内卢开始,中途停泊乌拉圭的蒙得维的亚、阿根廷的布宜诺斯艾利斯和福克兰群岛,穿越麦哲伦海峡,到达南美洲的太平洋海岸,停泊智利的瓦尔帕莱索、秘鲁的卡亚俄,这是一条长达 1 个月航程的邮轮航线。

(七)太平洋

太平洋是一个容易引起游客幻想的邮轮目的地。太平洋主要有两条邮轮航线:一是以夏威夷为邮轮目的地的北太平洋邮轮航线,这是一条最受欢迎的邮轮航线,游客乘坐飞机来到夏威夷,然后乘坐邮轮游览夏威夷群岛及其周边太平洋海域。二是南太平洋的邮轮航线,以塔西提、斐济、巴布新几内亚、新喀里多尼亚、瓦努阿图、萨摩亚、汤加、库克群岛为停泊点,再向南,环绕新西兰和沿澳大利亚东海岸的航游线路,也很受游客欢迎。

(八)亚洲

亚洲目前还是一个发展中的邮轮航游区域,邮轮航线具有明显的地域性特征。概括起来,亚洲有五个邮轮航线:一是往来于印度尼西亚、马来西亚、新加坡之间的邮轮航线;二是往来于印度、斯里兰卡和马尔代夫之间的邮轮航线;三是往来于泰国、越南和新加坡之间的邮轮航线;四是往来于中国的内地、台湾和香港之间的邮轮航线。五是往来于韩国和日本之间的邮轮航线。

(九)非洲

非洲有三条具有代表性的邮轮航线:一是以摩洛哥为代表的西非邮轮航线;二是非洲东海岸和离岸的港口组成的邮轮航线;三是非洲西海岸的邮轮航线。

资料链接:2019 全球热门邮轮航线接入移动支付,"海上"也不用带钱包了

随着中国移动支付走向世界,国外的"不用带钱包"场景在增加。据每日付所知,2019年全球热门邮轮航线接入移动支付,游客"海上"也不用带钱包了。

《2018 中国在线邮轮市场年度报告》数据显示,2018 年中国邮轮市场出游人次达到 488.7 万。据某邮轮集团高层介绍,为了更好地欢迎中国游客,七大邮轮集团均有在海外母港航线接入移动支付的计划,覆盖欧洲、北美、南极洲等全球热门目的地。地中海邮轮官方已宣布,将在春节期间开通移动支付结算与服务。以后乘坐从海外出发的邮轮,也可以"不用带钱包"了。

邮轮上购物与玩乐,通常需要美元或外币信用卡。这对于以父母带小孩为主要用户的邮轮来说并不方便。好消息是已接入移动支付的邮轮,几乎打通了船上全场景。用户可以将房卡绑定支付宝 APP 享受自动扣款服务,并且在餐厅、免税店、酒吧、游乐设施等场所都能使用,真正实现不带钱包玩转全船。

歌诗达集团官方介绍,2018 年"赛琳娜"号邮轮首次引入扫码点餐;现在,套房客人还有机会体验天猫精灵,以语音控制房间灯光窗帘,享受"暖科技"带来的惊喜与便捷。

支付宝技术研发人员表示,邮轮未来将支持人脸识别支付。"靠脸吃饭"说不定会成为现实。

二、世界邮轮航线分布比例

据调查,如图 5.3 所示,在目前现有的全球邮轮航线中地中海区域的航线占比 26%;加勒比海航线占比 20%,美国西海岸和夏威夷群岛占比 16%,北欧航线占总数的 14%,亚太地区航线占比 12%,阿拉斯加航线占比 7%,其他区域航线占比 5%。目前全世界的大部分航线仍集中在发展邮轮产业较早的欧美地区,但近几年已有逐渐东移至亚太地区的迹象。

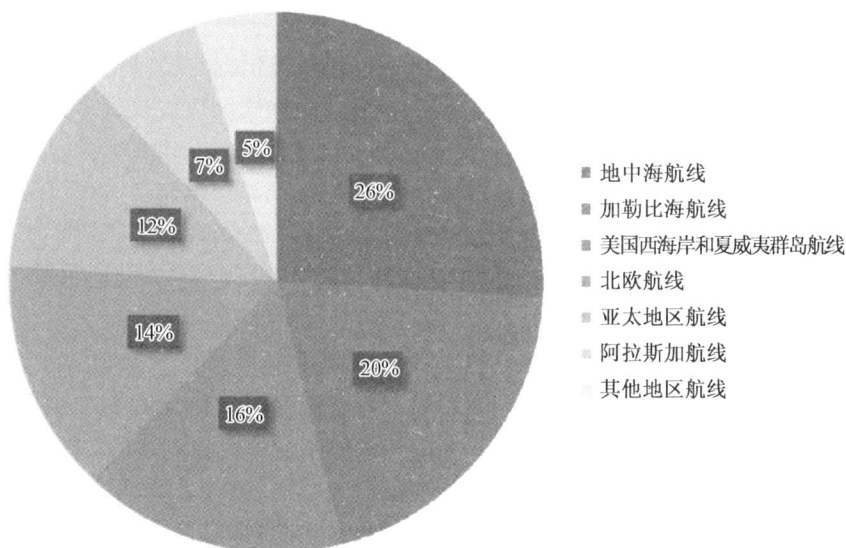

图 5.3　世界邮轮航线分布比例

三、国际邮轮航线的基本特征

(一)航线分布最密集的区域

从地理分布来看,全球邮轮港口主要分布在四大地区:北美、欧洲、南美和大洋洲地区。凭借良好的区位优势和自然环境,北美和欧洲成为世界上邮轮航线分布最集中的区域,其中加勒比海地区和地中海地区分别是全球航线布局和船舶投放最多的区域,2013 年分别占全球邮轮运力总量的 34.4% 和 21.7%。从航线排程目的地来看,西加勒比海、巴哈马、阿拉斯加、东加勒比海、南加勒比海和墨西哥(太平洋地区)是最热门的邮轮旅游目的地,2008—2011 年航次总量达到 14 431 个,占整个北美市场的 85.9%。

(二)母港航线最热门的港口

美国佛罗里达州的迈阿密、劳德代尔堡和卡纳维拉尔是最受欢迎的邮轮母港,2008—2011 年始发港航次总数占全美的 42.7%。2012 年,从美国港口登船的乘客超过 1 000 万人,其中 90% 以上从 14 个主要港口登船。佛罗里达州的邮轮航线布局最密集,2012 年从该州港口登船的乘客达 587.9 万人,占全美将近 60% 的市场份额。此外,母港航线较多的港口还有圣胡安、纽约、西雅图、温哥华、坦帕、洛杉矶、圣迭戈、加州长滩和加尔维斯敦等。

(三)邮轮航线的巡游周期

从北美地区 2004—2011 年全部 35 000 余个航次的数据来看,北美市场的年均航次数量为 4 000 个以上,其中 7 晚的航线最多,占航次总数的 45% 以上,其次是 4 晚、5 晚和 3 晚的航线,分别占总航次的 13%、10% 和 8%。以嘉年华和皇家加勒比邮轮公司为例,2013 年将近 80% 以上的航线天数集中于 4~8 天,其中 7~8 天航次占 48%,4~5 天航次占 30%。较短(3~5 天)航线主要是从佛罗里达州出发到加勒比海和巴哈马地区的航线。

北美邮轮航线长度的特点可以从其假期制度来分析。在美国,法定假日共 10 天,其中 5 个在周一,与双休日连起来形成 3 天"黄金周末"。各州根据自身情况还会设立自己的节假日,很容易形成 4~5 天的连续假期。此外,美国带薪休假制度也非常完备。法定假日加上带薪休假很容易形成多个 6~8 天的假期,为 7 天左右的邮轮市场带来充足的客源。进一步通过对 2013 年嘉年华邮轮和皇家加勒比邮轮在北美地区运营的 483 条航线进行分析后发现,北美地区航线总天数与停靠港之间的关系为:4~5 天航线的停靠港约 2 个,7~8 天航线的停靠港约 4 个,大多数航线停靠 2~3 个港口。

四、世界邮轮航线的季节性特征

时间是衡量邮轮航线的一个重要指标。一般来说,邮轮航线主要涉及季节、月份和日期等三个具体的时间。邮轮航线具有相对的稳定性,但邮轮公司也会根据邮轮目的地的季节变化导致的是否适宜邮轮航游情况安排邮轮的航游线路,一旦决定了邮轮航线,哪一个月份甚至哪一天的某一个具体时间,邮轮航行在哪一个海域或停泊在哪一个港口,也就决定下来了。季节主要是由海域的气候条件决定的。表 5-1 反映了世界邮轮航线的季节性特征。

表 5.1　世界邮轮航线的季节性特征

区　域	始发/终点港口	季　节
阿拉斯加	温哥华、西雅图、安克雷奇	5—10 月
东北部	纽约、蒙特利尔	春末—秋季

表 5.1(续)

区　域	始发/终点港口	季　节
墨西哥—双程	洛杉矶、圣迭戈	全年
墨西哥—单程	洛杉矶、圣迭戈、阿尔普尔科	冬季
巴哈马群岛	迈阿密、大沼泽地、卡纳维拉尔	全年
加勒比海—东部	迈阿密、大沼泽地、圣胡安	全年
加勒比海—南部	圣胡安、阿鲁巴、巴巴多斯	全年
加勒比海—西部	迈阿密、大沼泽地、卡纳维拉尔、坦帕、休斯敦	全年
地中海—西部	巴塞罗那、尼斯、奇维塔韦基亚	春末—秋初
地中海—东部	威尼斯、比雷埃夫斯、伊斯坦布尔	春末—秋初
欧洲—大西洋	马拉加、伦敦、里斯本、勒阿弗尔	春末—秋初
欧洲—爱尔兰/英国/北海	伦敦、哥本哈根	春末—秋初
欧洲—波罗的海	汉堡、哥本哈根、圣彼得堡	春末—秋初
中美洲和南美洲	圣胡安、里约热内卢、卡亚俄	10—4 月
太平洋岛屿	多种选择	11—4 月
亚洲	多种选择	10—5 月
非洲—西北部	多种选择	5—10 月
非洲—东海岸	蒙巴萨、达雷斯萨拉姆	11—3 月
非洲—西海岸	多种选择	11—3 月

　　根据季节的变化,游客选择邮轮目的地,邮轮公司安排邮轮航线,所以月份是影响邮轮航线空间结构的重要因素。结合邮轮航线的技术要求,邮轮公司所属的邮轮将根据季节的变化,不同的月份航游在不同的海域。

　　于游客来说,邮轮航线就是以日程来计算的,游客对邮轮某一个时段内的某一天在某一个具体的海域或港口,应该在购买船票时就比较清楚。因为游客的假期是有时间限制的,而假期的时间长度直接制约着游客对邮轮航线的选择,所以邮轮航线的日程安排是非常重要的一个时间指标。影响邮轮航游日程的因素涉及邮轮的技术性能、海域的航行条件、停泊点的体验度、航线沿途的风光、始发港与目的地港之间的距离等,因此,邮轮公司对邮轮航线的日程有很强的计划性。

五、我国邮轮航线分布特征

　　我国邮轮业虽然起步较晚,但发展速度喜人,近年来各大邮轮公司纷纷入驻我国重要港口,将我国作为有潜力的邮轮发展对象。国内方面,国家大力倡导发展我国自己的邮轮公司,开辟更多有利于我国经济发展的邮轮航线。

(一)覆盖我国港口城市的邮轮航线的特征

　　我国地博人广,沿海城市旅游资源丰富,迄今为止,覆盖我国港口的邮轮航线普遍以中短程为主,国内沿海岸线航线多为 1~4 天短程,跨多国航线(如东南亚航线、日韩航线等)多以 5~9 天的中程为主。就航线形态而言,国际邮轮航线主要涵盖单程航线、环形航线、双程往返航线以及组合航线,国际邮轮公司运营在我国港口的航线多为环形航线,挂靠港口多,覆盖城市广,而我国自主开发的航线多以单程为主,挂靠港口很少,航线内容不丰富。

根据国际邮轮协会统计的运载邮轮乘客的数据报告,整理得到邮轮的航线周期变化见表5.2。

表5.2　航行周期变化表

航程时间	所占比例/%		变化量/%
	1985 年	2019 年	
1 ~ 4 天	22.4	17.5	-4.9
5 ~ 9 天	61.2	43.7	-17.5
10 ~ 17 天	14.7	23.7	+9
18 天以上	1.7	15.1	+13.4
总计	100	100	

上表中可以观察到,不论过去还是现在,5 ~ 9 天的中程航线周期最受乘客的喜欢。为了邮轮产业的快速发展,了解客户的需求,安排合理的航线周期是非常必要的。而中短途航线周期所占的总航线比例足以充分说明,邮轮旅游正在逐步走向主流位置,迈向大众化。

(二)国际邮轮公司覆盖在我国港口的邮轮航线

在经济不发达的20世纪八九十年代,我国在邮轮业发展道路上的主要任务就是接待国际邮轮到港挂靠,但随着经济高速发展,物质消费水平提高,根据马斯洛需求层次理论,国民在满足基本生活需求后也开始考虑其自身价值需求,丰衣足食后也要让精神得到放松,因此旅游业市场日渐扩大,这其中包括邮轮旅游。各大国际邮轮公司竞相开辟母港为中国港口的航线,航线涉及范围短至各国内港口(包括香港、台湾),长至日韩、东南亚、中东等地区,让游客在国内港口就可以登船享受豪华邮轮旅游。截至2016年,国际邮轮公司开设在我国港口的航线如表5.3所示。

表5.3　国际邮轮公司运营于中国港口的主要航线(2016)

母港	邮轮公司	航线
上海	歌诗达邮轮公司	上海—北九州/佐世保/鹿儿岛/长崎—上海
		上海—北九州—佐世保—上海
		上海—东京横滨—名古屋—宫崎—上海
	皇家加勒比邮轮公司	上海—冲绳/福冈/鹿儿岛/长崎/熊本—上海
		上海—长崎—福冈—上海
		上海—福冈—熊本—上海
		上海—福冈—鹿儿岛—上海
		上海—冲绳—香港
		上海—大阪—神户—东京横滨—上海
	冠达邮轮	上海—香港—陈梅—下龙湾—新加坡
		上海—天津—东京横滨

表 5.3（续）

母港	邮轮公司	航线
香港	皇家加勒比邮轮公司	香港—岘港—芽庄—香港
		香港—冲绳—马尼拉—苏比克湾—新加坡
		香港—芽庄—新加坡—达尔文—布里斯班—悉尼
	银海邮轮	香港—东南亚—澳洲新西兰—太平洋岛屿
		三亚—岘港—三亚
天津	歌诗达邮轮公司	天津—长崎—北九州—天津
		天津—佐世保—福冈—天津
	皇家加勒比邮轮公司	天津—冲绳—鹿儿岛—长崎—天津
		天津—福冈—长崎—天津
基隆	公主邮轮	基隆—八代—博多—基隆
		基隆—石垣岛—宫古岛—基隆
	水晶邮轮	从基隆出发到东南亚

（三）我国邮轮公司的邮轮航线

到 2016 年底，我国已有 5 家邮轮公司上市并开发多条邮轮航线，其中主要覆盖我国沿海港口以及东南亚、日韩各大港口。

第三节 邮轮航线的规划

邮轮航线的规划就是以游客需求为前提，根据现有海洋资源的分布和旅游发展区域的整体布局，采用系统并科学的方法，确定合理的航线，最终使旅游者获得丰富旅游经历的过程。这一过程具有复杂性，涉及多个因素的考量。

一、邮轮航线规划的影响因素

邮轮公司航程设计工作主要涉及三个方面：邮轮港口选择、岸上产品开发和邮轮旅游服务。通过对现有研究文献、典型案例和专家访谈资料的分析发现，达到供给和需求的最佳平衡和匹配是最优航线设计的目的。航线规划必须同时考虑供给与需求方面的关键变量与考量指标。一方面要为邮轮乘客提供全方位、高质量的服务，保证邮轮乘客的签证和通关便捷性、最佳的巡游时间、丰富的岸上活动以及高性价比的产品；另一方面要考虑航线供给的可行性，包括港口费用、港口可达性、港口接待能力、停靠港数量、停靠顺序、港口距离、船舶属性等。通过对邮轮公司的调研发现，成本、时间、母港、停靠港、岸上服务的有效规划以及与消费者的良好沟通是保证航线设计成功的关键。

（一）成本（cost）

港口设施和港口成本是航线设计时考虑的重要变量。在开辟航线时，邮轮公司必须明确的问题是:对乘客和邮轮来说,访问港是否有良好的服务设施,费用是否合理。因此,船舶吨税和港口规费(包括引航移泊费、带缆系泊费、船舶港务费、船舶代理费、客运代理费等),在很大程度上决定邮轮港口是否被纳入航线排程之中。实行规范的邮轮税费制度,约束并清理不合理的税费收缴行为可以提高港口航线的数量。此外,燃油成本和消费者出行成本也是邮轮公司在航线设计时考虑的重要因素。比如,为了降低乘客出行成本,可以开辟允许多港上下客的"开口"航线。

(二)时间(time)

1. 销售时间(sales horizon)

邮轮船票的销售周期一般很长,通常能达到一年之久。依靠较长的销售周期,邮轮公司可以实行更为弹性的动态定价和舱位控制策略,从而获得更高的收益。通过对歌诗达邮轮公司和皇家加勒比邮轮公司的调研发现,邮轮公司开辟航线时考虑的重要因素是停靠目的地的签证时间。因为签证时间缩短了邮轮船票的销售周期,所以优化签证政策可以有效增加航次数量,并为航线拓展提供机会。

2. 航行时间(sailing time)

在航程设计时,不仅要规划整条航线的巡游周期,更重要的是寻找停靠港停留时间与海上航行时间的平衡。对于邮轮乘客来说,港口停留时间越长,旅游体验就越深入,停靠港吸引度就越高,游客满意度也就越高。比如,研究表明邮轮首次参与者和多次参与者对岸上停留时间的要求不同,前者希望停留时间较多以更好地体验异域人文自然景观,而后者则更倾向于海上航行以获得更多休闲时间。对邮轮公司来说,则需要维持停留时间和航行时间的平衡。

(三)母港属性(homeport attributes)

在邮轮公司母港选择方面,Lekakou 等以地中海地区为例,通过对港口的船舶服务水平、乘客服务水平、自然条件、基础设施、旅游活动、服务成本、运营效率、经营管理、交通运输、政治法规、城市设施和客源市场等 12 个指标进行研究后发现,港口的船舶服务水平、自然条件、乘客服务水平、基础设施、城市旅游吸引力和港口收费标准是邮轮公司母港选择的最重要指标。进一步对细化后的 80 个指标研究后发现,邮轮母港的可达性(是否有国际机场)、港口成本、政治稳定性、航班密集性与可靠性、游客设施、邮轮接待能力、安全性、是否接近航线、港口城市旅游服务、交通衔接、政府政策等因素是母港选择考虑的重要变量。

(四)停靠港(ports of call)

与船上的休闲娱乐项目不同,停靠港的属性是邮轮公司的不可控因素。而邮轮航线设计最重要的是保证停靠港及相关的岸上服务能达到和船上一样的水准。因此,邮轮公司在设计航线时,特别关注停靠港的基本条件,包括基本接待设施、规章制度、通关政策、拥堵性(是否有与航线匹配的可用泊位)、安全性、环境及气候、岸上观光产品等因素。其中,岸上观光活动尤为重要。一方面,因为岸上旅游活动是邮轮乘客选择航线的重要考量指标,也是邮轮航线吸引度的重要体现;另一方面,岸上产品销售也是邮轮公司收益的重要来源。很多情况下邮轮公司会通过登船前和航行中的广告宣传以及促销活动,利用捆绑销售、提前销售、船上销售等手段来推销岸上产品以获得收益。

(五)沟通(communication)

目前,与消费者沟通已经成为邮轮公司在航线设计时考虑的重要变量,包括消费者先前的旅游经历、消费者关于特定港口的经历和感知、消费者对目的地的信息搜索行为等。近年来,游客参与成为比较新颖的航线开发营销方式。比如,邮轮公司首先确定出发港和目的港,然后船长提供一系列可达的停靠港,通过消费者参与投票的方式确定下一个访问港。该方式一方面提高了消费者互动效果,另一方面也成为一种有效的营销手段。

二、邮轮航线规划的核心要素分析

在邮轮航线中,港口属性与岸上产品配备对整个航线的吸引力具有至关重要的影响。研究表明,港口属性直接影响邮轮乘客的航线选择行为。可以说,邮轮港口的接待能力(码头物理条件)、服务能力(港区配套设施)、港口周边的旅游资源(岸上产品供给)对邮轮航线布局具有重要影响,是邮轮航线规划的核心要素。

(一)航线规划的核心要素:港口属性与设施配备

1.优秀邮轮港口的总体发展条件

对比北美、北欧和地中海地区三大最著名邮轮港口的发展条件后发现,优良的邮轮港口一般具备以下几个基本特征:

(1)邮轮接待能力强。优良的邮轮港口首先具备接待大型邮轮和多艘邮轮的能力,包括拥有足够长的岸线资源,具有满足水深条件的港区和航道,拥有足够多的泊位数量;通常采用多类型码头运营的方式,且邮轮码头和周边配套设施齐备,服务质量优良,拥有良好的游客通关能力和宽敞的轮船接待以及维护场地。

(2)港口可达性良好。一般海陆空交通方便,港口靠近市中心和商务区,游客能快速方便地进入市区休闲娱乐区。

(3)岸上旅游产品丰富。邮轮港口所在城市周边拥有丰富的风土文化和旅游资源,适合开发岸上观光产品。

(4)地理与区位位置优越。一般气候宜人,水文条件良好,通常有屏障保护,利于邮轮停靠。特别是这些港口均具有多方位开发航线资源的区位优势,比如美国迈阿密港的邮轮航线可布局于东加勒比海、西加勒比海、南加勒比海、巴哈马群岛、南美、巴拿马运河、美国西海岸和亚马孙等地;西班牙巴塞罗那港的邮轮航线可直达地中海、圣彼得堡、波罗的海、挪威湾、摩洛哥、斯德哥尔摩、哥本哈根等欧洲国家和地区;而素有"北欧邮轮之都"之称的英国南安普敦可以向西地中海区域、加那利群岛、摩洛哥以及到地中海全域、希腊岛等地,长距离拓展航线。

2.邮轮港口的功能配备特点

作为邮轮航线的"节点",对邮轮港口本身的功能配备主要关注两点:

(1)服务于邮轮乘客接待设施配备

邮轮港口对乘客的服务配套设施分成为9个大类,分别是停车场、候船室、交通服务、行李服务(行李寄出、预寄包裹)、旅游信息、安全保障、网络服务、残疾人设施以及其他基础设施(比如步道、邮局、特殊租赁等)。50%以上的邮轮港口重点关注停车场、候船室、交通服务、旅游信息以及残疾人设施等与游客出游基本需求相关的服务功能的配备;配备率在

30%以上的服务功能也主要针对邮轮游客的基本出游需求,包括基本的生活设施、旅游咨询服务、交通、安保以及购物和餐饮场所;配备率较低的服务功能主要体现在邮政、租赁、休闲、娱乐等附加服务方面。这主要是因为邮轮港口更关注乘客到访以及上下船的基本出游需求,而非高附加值的休闲与娱乐需求,因为邮轮本身就是一个休闲度假综合体。在对邮轮乘客服务方面,大部分邮轮港口主要通过岸上产品的开发与供给来实现,特别是对于挂靠港来说更是如此。

（2）服务于邮轮船舶的接待设施配备

从邮轮港口对邮轮的服务功能来看,首先,国外比较成熟的邮轮港口均配备了3个以上邮轮泊位且均具备接待大型邮轮的能力;其次,这些港口同时配备了完整的船舶安检、装卸船、关税、燃料补给等基本的服务系统,也有部分港口配备了通信设备以及设备租赁等服务系统。此外,有少量优秀的邮轮母港配备了可移动舷门、物流服务、垃圾处理器、废水收集器、纯净水储存器、预备地面运输、吊车、拉力车、联合运输铁路、领航站、停机坪、船用杂货商以及非特许租车等附加服务功能。针对邮轮船舶提供全方位、多角度的接待,包括邮轮的到达与引航、泊位与停靠、安全检查、报关服务、装卸与物流、通信与设备、维修与保养、燃油与物资等方面。相对于停靠港而言,母港的功能配备及配套设施则更为齐全。

（二）航线规划的核心要素:岸上产品的配备特点

邮轮航线由母港、停靠港、海上航程组成,核心要素包括出发港、目的地、时间、停靠港数量、岸上产品、价格等,其中港口周边的岸上产品配备(休闲、娱乐、旅游产品设置)对邮轮游客的航线选择与满意度具有显著的影响。同时,岸上产品也是邮轮线路的重要盈利点,其价格和销量直接关系到邮轮航线的经济效益。

邮轮航线岸上产品的基本类别有9大类,包括休闲观光、探险之旅、美食之旅、演出与娱乐、野生动植物探索、沙滩与水上活动、浮潜与潜水、飞行观光以及高尔夫。2015年调查研究发现,休闲观光是邮轮旅游岸上活动的主导产品,仅单一配备就占全部活动的50%以上,再加上其他混合型活动,观光或城市旅游的占比可达75%以上。此外,沙滩与水上活动、演出与娱乐、探险之旅、野生动植物探索以及美食之旅也是重要的产品形式。紧随其后的是野生动植物探索类产品;带有演出娱乐、美食和潜水元素的产品占比不高,而高尔夫和飞行观光类产品的占比则极低。

从持续时间来看,岸上产品的平均持续时间为4.73 h,90%以上的岸上产品持续时间在14 h之内。具体来看,66.5%的产品时长在3～8 h,属于中长时产品;0.5～3 h的短时产品占25.1%,主要为乘坐直升机、马车、缆车、客船等交通工具的短时游览;超过8 h的产品仅占7.1%,其中仅有7.0%超过24 h的超长时产品,此类产品涉及邮轮游客在停靠港及周边城市的过夜问题,往往会受到相关法律法规的限制而通常难以达成。

从价格方面来看,邮轮港口岸上产品的价格不受季节影响,岸上产品在不同时段的价格基本一致;另外分为成人价格和儿童价格,其中约86.4%的岸上产品的儿童价格低于成人价格,最低可以达到成人的32.8%;另有13.6%的岸上产品并无成人价格与儿童价格差异。

三、邮轮航线优化流程

1. 充分了解拟优化航线的现状,包括邮轮停靠港综合条件、邮轮公司的目标市场战略、目标邮轮乘客的需求等。

2. 比较拟优化航线的竞争力,包括组客优势、邮轮进入市场优势、邮轮公司运营能力优势、停港竞争力及吸引力优势等。

3. 计算可供选择的优化航线方案,通过利润计算得出不同优化航线方案及执航邮轮,使得计算结果最符合市场和宏观战略。

4. 提出实现航线优化的建议,通过宏观及微观层面的多维度分析,提出能实现航线优化设计的保障政策,真正促进航线优化设计方案落地。

邮轮专业术语

邮轮满舱率 occupancy rates	邮轮风格 cruise type
经济型 budget	豪华型 luxury
尊贵型 premium	专业型 specialty
探索型 exploration	劳德代尔堡 Fort Lauderdale
卡纳维拉尔 canaveral	加尔维斯顿 galveston
航行时间 sailing time	母港属性 homeport attributes
停靠港 ports of call	岸上观光 shore excursions
邮轮接待能力 berthing capacity	港口可达性 accessibility

热点透析:2019 年第一季度环球邮轮航线增长最快

近日,G. P. Wild 发布了 2019 年第一季度国际邮轮市场监测报告。报告显示,第一季度全球邮轮行业发展稳定,许多邮轮在第二季度迁移前仍占据其冬季航区。数据显示,第一季度环球航线运力增长最为显著,床位增加超过 17 000 个;亚太地区邮轮运力在此期间也有所增长,世界份额约占 19.44%;而加勒比海和地中海等地区有不同程度下降。

G. P. Wild(International)Limited 成立于 1985 年,是邮轮行业咨询和统计的权威机构。多年来,G. P. Wild 承担了大量政府、国际机构、港务局及其他业内客户委托的有关海上休闲旅游的国际咨询项目。

讨论:

结合所学内容及对邮轮行业的理解,谈谈 2019 年第一季度环球邮轮航线增长的原因。

思考与练习:

1. 邮轮航线包括哪些要素?
2. 邮轮航线可以分为哪几类?
3. 国际邮轮航线的基本特征是什么?
4. 影响邮轮航线规划的因素有哪些?
5. 为什么说港口属性与设施配备是航线规划的核心要素?
6. 请根据所学知识,以某港口为母港,设计一条邮轮航线,并陈述其合理性。

第六章　邮轮销售

【教学目标】

了解邮轮市场营销宏观发展环境;

熟悉邮轮市场营销微观环境分析;

熟悉国内外邮轮消费者行为差异;

深入调查研究我国邮轮消费者的行为特征;

熟悉邮轮消费者的购买动机和购买障碍;

了解邮轮消费者邮轮出行的决策过程;

了解邮轮旅游签证的相关政策;

掌握邮轮旅游岸上观光的销售技巧和流程;

熟悉邮轮旅游的销售流程;

了解新技术在邮轮销售中的重要性;

掌握邮轮旅游的销售技巧。

【教学重点】

熟悉国内外邮轮消费者的行为差异;深入调查研究我国邮轮消费者的行为特征;熟悉邮轮消费者的购买动机和购买障碍。

【教学难点】

深入调查研究我国邮轮消费者的行为特征;熟悉邮轮旅游的销售流程。

【教学内容】

邮轮市场营销宏观环境分析;邮轮市场营销微观环境分析;邮轮消费者行为;邮轮游客购买动机和购买障碍;邮轮游客出行决策过程;邮轮旅游签证政策;邮轮旅游岸上观光销售技巧和流程;邮轮旅游销售流程;邮轮网络营销;邮轮旅游销售技巧。

导入阅读:国际邮轮公司协会(CLIA)对参加邮轮旅游的游客情况调查

(1)所有邮轮旅游客中有27%的游客年龄在40岁以下,有45%的游客在40～59岁之间,有28%的人超过60岁,这显然打破了"邮轮旅游适合老年人"的传统说法。

(2)平均来看,有大约40%的船上游客是第一次参加邮轮旅游。

(3)有3/4的邮轮游客为已婚。

(4)邮轮游客的家庭年收入比非邮轮游客大约高20%,一般来说,他们出外旅行的次数也更多。

（5）有10%左右的邮轮旅游游客携带孩子。

（6）只有1%左右的旅客是自己单独出游。

第一节　邮轮市场营销分析

一、环境分析

邮轮市场营销是指一切影响和制约邮轮企业营销活动最普遍的因素，是造成环境威胁和市场机会的主要力量和因素，它可以分为宏观市场营销环境和微观市场营销环境。

（一）邮轮宏观市场营销环境分析

邮轮宏观市场营销环境影响企业营销活动的社会性力量和因素，包括政治环境、经济环境、法律环境、社会环境、技术环境及自然环境等。

1. 政治环境

《促进我国邮轮业发展的指导意见》（2006年）、《关于同意海南省海口市和三亚市开展边境旅游异地办证工作的通知》（2013年）、《关于促进我国邮轮运输业持续健康发展的指导意见》（2014年）、《关于进一步扩大旅游文化体育健康养老教育培训等领域消费的意见》（2016年）、《关于促进交通运输与旅游融合发展的若干意见》（2017年）、《关于支持海南全面深化改革开放的指导意见》（2018年）等文件均提出了对发展邮轮产业的支持。

2. 经济环境

中国邮轮业10年来"井喷式"发展的根本驱动力源于中国经济的快速发展，人均GDP的增长带动了用于休闲旅游的可支配收入和闲暇时间的增加。根据邮轮经济发展较为成熟的其他国家经验，当人均GDP达到6 000～8 000美元时，邮轮经济将进入高速发展期。作为世界第二大经济体的中国，到2012年底人均GDP已经超过6 000美元，中产阶级和富裕阶层不断发展壮大，从消费能力上已经具备了发展邮轮经济的良好基础。而随着中国进入老龄社会，中国也拥有了庞大的潜在消费群体。

3. 社会环境

中国远途邮轮旅行的数量不是很多，2014年才达到6.3万人，占邮轮旅客的9%。但是，中国旅客在旅途中的消费相当惊人。2014年，中国旅客境外消费共计1 648亿美元。在美国，中国游客消费更多，比去其他地区的中国游客多消费20%。因此，无论在国内还是在国际上开展市场营销活动，邮轮企业都必须全面了解、认真分析所处的社会文化环境，以利于准确把握消费者的需要、欲望和购买行为，正确决策目标市场，制订切实可行的营销方案。比如，歌诗达邮轮旗下的"幸运"号在保持纯正的意大利风情之外，还进行了不少中国本土化的尝试。在邮轮上，有一条高达9层的中国龙。除此之外，在菜式上也加入了火锅和日本料理等亚洲特色，人员配备上也有将近40%的中文服务人员。

4. 技术环境

国际邮轮协会营销负责人吉姆·贝尔拉（Jim Berra）表示，邮轮业正在努力改进科技，包括升级网络和扩展带宽。正在开发的APP可以让乘客关注邮轮上举办的活动，像在陆地上一样，通过短信和他人保持联络，不需要担心漫游费用。邮轮乘客将可以在邮轮上体验到虚拟旅行、互动视频、4D和MAX影院、运动模拟器等一系列高科技服务。

2015年4月,在邮轮官方会议上,精钻邮轮公司的最新360度虚拟现实体验闪亮登场。通过虚拟现实的耳麦和话筒,借助Oculus Rift(一款虚拟游戏设备)科技,全新体验呈现在现场:如游览精钻邮轮上的设施、以Z字翱翔于哥斯达黎加的雨林、在哥伦比亚卡塔赫纳的月光下开启一场马车之旅。

5. 自然环境

自然环境制约着邮轮旅游产品的设计和开发,下面以中国为例做一下介绍。

目的地方面,中国母港出发能到达的目的地基本上只有日韩和中国台湾(华北理论上能到达俄罗斯远东,但河道等是重大挑战。华南可以到越南、三亚、厦门、菲律宾甚至泰国,但是除了越南芽庄,其他都不是主流目的地,旅游需求并不旺盛,偶尔可以为之)。台湾地区这个中国大陆客人语言没有丝毫障碍的目的地,其实更适合深度地面旅行,而不是走马观花式的邮轮旅游。那么,就只有日本和韩国了。另一个挑战是尽管日本有不少停靠港口,且到港口风景美丽,但是来自中国的大都是大型豪华邮轮,这些港口往往无法让这些大型邮轮停靠。

产品能力方面,邮轮相对来说还是一个非常标准化的产品,母港可以到达的目的地不可能有大的变化,产品可塑性和创造性较低,这是导致产品同质化的根本原因,而供给量激增使产品同质化情况更加恶化。

出游时间方面,邮轮出游的淡季为3月到5月,11月到次年1月,春节除外。除了淡季的时间段,邮轮出游的人数都比较多,会在暑期和十一黄金周达到一个高峰期。不同的时段出游的人群也会有略微的区别,像淡季的时候就是老年人居多,因为他们有足够闲暇的时间,可以错开高峰期,安静地享受悠闲的邮轮出游。而在旺季,一般都是上班族们放假的时候,他们会带着孩子和老人举家出游。

资料链接:"海洋量子"号上的高科技产品

1. "北极星"上俯瞰大海

2015年,被业内称为"世界上第一艘智能邮轮"的皇家加勒比"海洋量子"号上有不少新的设施刷新了游客们对邮轮的印象。其中,在百米高空中俯瞰大海的体验就成为邮轮客人们争相体验的新玩法。

在"海洋量子"号上,受英国伦敦眼的启发而打造的宝石形玻璃舱——"北极星"是一大科技点,它以超长的摇臂支撑,在距海平面近100 m的高空可进行360°旋转,游客进入这个玻璃舱中,可以从邮轮甲板上直升至高空中,从直升机的角度将巨大船体和广阔海景尽收眼底。据了解,如果风速和风向许可的话,玻璃舱甚至还可以伸出船的左右两边,那种感觉好像是从百米高空中悬空,全方位地俯瞰大海。

2. 模拟体验高空跳伞

"高空跳伞"这两年成为不少度假胜地争相引入的新设施。于是,高空跳伞高科技体验设施就成为满足人们好奇心的装置。

最酷炫的是,这种装置在邮轮上就能体验到。"甲板跳伞"的海上项目是在海上邮轮上通过垂直风筒产生的空气流搭建的一个安全、可控的跳伞体验平台,游客在这个玻璃风筒里可体验垂直降落的刺激和跳伞的快感,还能通过玻璃管看到周边的海景,高空跳伞的体验也因此更加逼真。比如,"海洋量子"号上的"甲板跳伞"项目是设置于高层甲板上的,试玩者需由教练带领,经过约1 min的底部练习平衡后,最后30 s内,管内的风力就会加大,接着教练就会带着试玩者浮到玻璃管的顶部盘旋,那时候只要抬抬眼,就可以欣赏到茫茫大海的无敌美景,感觉像是从高空中跳伞时俯瞰一样。因为在设计时已充分考虑到人体的舒适度,离心力不会太大,不会让人有那种真正跳伞时的眩晕感。这个项目非常受欢迎,所以大家如果想试玩的话,要一上船就预约。

(二)邮轮微观市场营销环境分析

1.邮轮企业

全球邮轮企业三大巨头是嘉年华邮轮集团、皇家加勒比邮轮有限公司和丽星邮轮。

嘉年华邮轮集团是全球超级豪华邮轮公司之一,被誉为"邮轮之王",于1972年成立,总部设在迈阿密市。嘉年华邮轮集团旗下拥有公主邮轮(Princess Cruises)、冠达邮轮(Cunard)、歌诗达邮轮(Costa Cruise)、荷美邮轮(Holland America)、世朋邮轮及风之颂邮轮等著名邮轮品牌。此外,嘉年华邮轮还有"世界上最受欢迎的邮轮"的美誉。

皇家加勒比邮轮有限公司总部位于美国迈阿密,在全球范围内经营邮轮度假产品,旗下拥有皇家加勒比国际邮轮、精致邮轮、精钻会邮轮、普尔曼邮轮(Pullmantur Cruise)等邮轮品牌。

丽星邮轮是全球休闲娱乐和旅游及酒店服务业的领导企业——云顶香港的全资附属公司。作为亚太区邮轮业的先驱,丽星邮轮率先于1993年开始运营区内航线,其运营理念是:将亚太区发展成国际邮轮目的地。目前,丽星邮轮旗下拥有6艘邮轮,包括"处女星"号、"双子星"号、"宝瓶星"号、"天秤星"号、"双鱼星"号及"大班"号。

2.供应商

供应商是向企业及其竞争者供应原材料、辅助材料、设备、能源和劳动力等资源的一切组织和个人。因此,供应商的资源供应能力直接影响企业的营销能力;供应商所供资源的价格和数量,直接决定营销企业产品的营销成本、价格水平、市场占有率以及利润的实现程度。邮轮企业的供应商主要包括邮轮码头、船供用品和人力资源等。

3.营销中介

国外邮轮企业不能直接在中国国内销售船票,所以邮轮船票的销售大多包给旅行社。目前邮轮市场90%的产品是通过包船模式进行分销的,其中上海2015年320个母港航次中,98%为包船。包船是指代理商将邮轮公司某航次的舱位提前买断,根据买断的比例不同,包船又分为半包船、大切舱等不同形式。目前,国内的线上OTA和线下旅行社,大多采用包船包舱的模式销售邮轮产品(更多采用代理模式)。一方面,线上、线下旅行社企业利用包船模式可以从邮轮公司获取更好的船期,比如暑期旺季保证舱位,获取冲量的机会;另一方面,如果分销能力不够强大或者遇到突发事件,比如恶劣天气、恐怖袭击、疫情等,都会导致分销受挫,库存积压,造成亏损。比如2015年韩国的MERS疫情,对旅行社造成的冲击几乎是毁灭性的。对于包船模式,目前业内普遍认为未来的模式应该是包船与邮轮公司直销相结合。《2015中国邮轮发展报告》指出,包船模式导致的巨额亏损使邮轮旅行社面临困境,但这一局面在短时间内难以改变,2016年,包船模式依旧是主导,但切舱、散客销售的比例将会不断提高。

4.邮轮顾客

2014年中国出境游人数为1.09亿,全球排名第一,其中以邮轮出游的游客仅占1%。2013年美国出境游人数仅6 000万,却有超过1 100万人选择邮轮出游,占比高达18.3%。一般认为,差距或空白,就意味着机遇和市场。但这种简单的横向对比,放在邮轮市场真的合适吗？中美两国出游者构成有很大差别。中国的出境游大多停留在跟团、出国长见识层次，作为新生事物的邮轮，短时间内吸引国内游客尝鲜很容易，但从长远看，消费者是否愿意多次选择邮轮出游呢？目前，邮轮市场仍处于消费者培育阶段，投诉与矛盾不断出现，邮轮消费增长能否与邮轮供给增长相匹配也是一个未知数。

5. 竞争者

目前，全球邮轮行业集中度较高，美国的嘉年华以及皇家加勒比邮轮公司牢牢控制着全球邮轮市场约75%的份额。两家公司在发展初期都不断抢占低成本市场，并快速收购以完善全球布局。2015年两家公司分别获得营收157.14亿美元、82.9亿美元，市值分别达到280亿美元及160亿美元，成为全球休闲旅游板块的巨型企业。

2015年11月，"海娜"号由于船龄到期而停运；"中华泰山"号全年满舱率仅为77%，对比国际邮轮企业100%以上的平均满舱率而言，经营堪忧；"新世纪"号虽然拥有携程强大的线上销售渠道，但本土邮轮品牌尚未形成核心竞争优势，因此销售情况并不理想，销售价格也始终维持在低位。

6. 社会公众

企业的直接营销环境中所说的公众，是指对一个组织实现其目标能力有着实际或潜在利益或影响的各种社会群体。企业要面对的公众主要包括金融界、新闻界、政府、社区公众，以及各种利益集团公众等。公众对企业目标的实现可能起推动作用，也可能起阻碍作用，因此，企业必须处理好与周围各种公众的关系，努力塑造并保持企业良好的信誉和公众形象。在现代，越来越多的营销企业在内部组织结构中设立了公关部门，专门负责处理与不同公众之间的关系。

资料链接：诺唯真游轮宣布惩罚低价出售舱房的代理商

包船模式对于国内邮轮市场的影响逐渐显现。据数据显示，2018年主要邮轮公司都将减少在中国市场的业务，市场容量将会下降，降幅达到13.3%。

业内人士认为，为解决国内邮轮市场怪象需要双管齐下，一是减少供给，二是改变包船模式。

2017年刚刚进入中国市场的诺唯真邮轮，不久前给国内代理商来了一出"下马威"。日前，诺唯真邮轮发布公告，称因发现有代理在市场上大范围地恶意低价售卖诺唯真"喜悦"号2017年10月29日航次的舱房，在进行严肃交涉后，该航次仍有某代理使用该价格进行收客，严重损害了"喜悦"号的品牌和市场定位，也对其他"喜悦"号的代理商造成了极大损失。针对这一情况，诺唯真游轮宣布，将取消该代理在2017年"喜悦"号中国所有航次上的促销支持、市场支持、收益分享以及风险共担，并公布了设立专项奖金激励各代理举报扰乱市场价格的行为等一系列后续措施。

事实上，因低价出售邮轮产品而受到邮轮公司惩罚的案例在市场中并不罕见。2015年7月，皇家加勒比邮轮船务（中国）有限公司发布公告，指出上海金梦国际旅行社有限公司、米尔游等5家旅行社，在不具备售卖皇家加勒比邮轮的代理资质的情况下出售邮轮舱位，故勒令其停止售卖相关产品。而背后原因，除了皇家加勒比认为这5家企业不具备代理资格之外，还在于其出售的邮轮产品价格低于市场价格。

目前在各个预订平台上，邮轮产品价格仍存在明显差异。记者在浏览部分旅游网站后发现，在旅游网站上仍有不少10月底开船的邮轮产品正在销售。其中某品牌"上海——鹿儿岛—上海"的同一航次,其双人内舱在部分旅游网站上的定价为每人 2 499 元起,但在另一邮轮预订网站上的价格为每人 1 449 元。经咨询该邮轮官方后得知,该航次已被旅行社包船,该内舱双人间的官方参考价格为每人 3 148 元起,与各平台的实际出售价格相差甚远。

二、邮轮消费者行为分析

(一) 邮轮旅游者市场需求的影响因素

影响邮轮旅游者市场需求的因素主要包括人口因素、收入因素、价格因素、消费结构因素和消费观念因素等。

1. 人口因素

任何生活消费都是由人进行的,故人口因素就成为影响邮轮旅游者市场需求的最基本因素。人口总量、家庭户数、人口增长状况、性别结构、年龄结构、地理分布和流动等都会影响消费需求。美国市场邮轮的渗透率公认在 3% ~ 3.5% ,中国市场目前的渗透率大约为 0.025% ,因此中国邮轮市场的发展潜力非常巨大。上海国际航运研究中心发布的报告预测,2030 年中国每年邮轮游客数量将达到 800 万 ~ 1 000 万人,成为全球第一大邮轮旅游市场。预计到 2030 年,我国的邮轮市场渗透率将增长至 0.5% ~ 1% 。

2. 收入因素

人们的邮轮旅游消费需求是通过自己的支付能力购买邮轮旅游产品来满足的。这里的收入要注意区分总收入、可支配收入和可任意支配收入三种。我国人均 GDP 已超过 7000 美元,部分沿海省、市超过 1 万美元,具备了邮轮旅游快速发展的条件。预计到 2020 年,我国人均 GDP 将达到 1.2 万 ~ 1.5 万美元,中等收入人群将达到 6 亿 ~ 8 亿人口,我国将整体跨入中等收入国家行列,居民人均出游将达到 5 次以上。如此大规模的潜在旅游消费人群,必将形成巨大的邮轮旅游消费市场,成为推动邮轮旅游产业发展的强劲动力。预计到 2020 年,全国出入境邮轮旅游将突破 350 万人次,中国将成为亚太地区最具活力和最大规模的邮轮市场。

3. 价格因素

在收入水平既定的条件下,消费品的价格越高,消费者所能买到的消费品数量就越少,反之亦然。价格因素对邮轮旅游需求的影响一般表现为价格上升,需求减少,反之亦然。但是对不同的产品,其影响幅度存在很大差别。对于大众邮轮旅游产品,价格变动可能引起需求的较大变动,这就是需求弹性大;而对于豪华邮轮旅游产品,价格波动对需求没有产生多少影响,这就是需求弹性小。近年来,国内邮轮市场高速发展的背后,价格战已经初露端倪,各种低价邮轮游已经让邮轮旅行变质;由于中国邮轮市场已经出现供过于求的现象,旅行社经常通过包船形式与邮轮公司合作,不少旅游企业出现低价甩卖邮轮舱位的情况。

4. 消费结构因素

消费结构可分为三种基本类型:生存型、温饱型和发展性。不同类型消费结构的更替,既表现为需求总量的增加,也表现为生存需求支出的比重由高到低发展和享受需求的支出比重由低到高的变化。这种变化称为恩格尔定律。邮轮旅游属于发展型消费,随着国民收入水平的提高,在居民消费结构中所占的比重会从无到有逐渐增加。

5. 消费观念因素

有什么样的消费观念就会形成什么样的消费需求。例如,在 20 世纪 80 年代以前,由于经济发展落后,人均收入水平低,中国最具影响力的消费观念是传统的"节衣缩食"观念,穿一件衣服,要"新三年,旧三年,缝缝补补又三年",对高档消费品和化妆品的需求非常有限。20世纪80年代以后,随着改革开放和经济加速发展,人们的生活水平逐渐提高,消费观念发生了巨大的变革,人们的消费不再以满足温饱为目的,而是将购买力更多投向耐用消费品和满足服务需求方面,如进行教育投资、智力开发、出境旅游等,从而使这些商品的需求规模大幅度增加。比如,中国人只是将邮轮作为一种新兴的交通工具,并没有欧美人在邮轮上享受时光的观念。选择哪家邮轮公司,国内的游客更加偏重于旅游目的地和线路,其次才是品牌,这种尚未成熟的品牌消费观念,在差异化服务不大的情况下,对处于刚刚起步阶段的国内邮轮企业还是非常有利的。

(二)邮轮旅游者购买动机

消费者购买动机的产生以消费者的需求为基础。当消费者有了某种需要并期望得到满足的时候,就会产生购买动机。对邮轮企业而言,应该重视邮轮旅游者形成购买邮轮产品的动机,并通过满足邮轮旅游者的需要进而强化动机,从而为邮轮企业产品畅销打下坚实的基础。下面主要讨论影响邮轮旅游者购买行为的心理动机,包括个人心理动机和社会心理动机。

1. 邮轮旅游者购买行为的个人心理动机

邮轮旅游者购买行为的个人心理动机包括情绪动机、情感动机、理智动机和惠顾动机等。

(1)情绪动机

情绪动机是指因喜怒哀乐好恶等情绪影响而产生的动机。由于人们情绪的正常变化是波动的,故情绪动机引起的购买行为都具有冲动性、即景性和不稳定性的特点。比如说冲动性,邮轮旅游者在旅游过程中购买的许多旅游纪念品,可能买回来之后一辈子也不会去看它,当时购买时只是一时冲动,心情愉悦而已。

(2)情感动机

情感动机是指人们的道德感、群体感、美感等感情因素所引起的购买动机,这类动机引起的购买行为是稳定的。比如,喜欢意大利式浪漫气息的中国邮轮旅游者,倾向于选择歌诗达邮轮旗下的邮轮,从早期的"爱兰歌娜"号,到后来的"大西洋"号、"维多利亚"号和"赛琳娜"号,再到2016年4月引入中国的"幸运"号,无不致力于打造绝佳的意大利式度假体验。邮轮内不同主题却各具特色的意式装潢,随处可见的艺术作品,让游客到处可以感受到浪漫时尚的气息。

(3)理智动机

理智动机是指建立在邮轮旅游者对邮轮产品的客观认识之上的,经过对邮轮产品分析、比较之后产生的购买动机。这类动机具有周密性、客观性和控制性的特点。受理智动机驱使的邮轮旅游者,在购物时比较注重邮轮产品的品质,讲究实用、可靠、价格合理、服务周到等。

(4)惠顾动机

惠顾动机是指邮轮旅游者在总结感情和理智经验的基础上,对某类邮轮产品产生特殊的信任和偏好而重复购买的购买动机。引起邮轮旅游者产生偏爱而惠顾的原因,一般在于营销者服务周到、企业信誉好、物美价廉、品种齐全和购买方便等。因此邮轮企业要注重培育邮轮市场,培养忠实顾客,形成"回头客"。

2.邮轮旅游者购买行为的社会心理动机

邮轮旅游者购买行为的社会心理动机包括求实动机、求廉动机、求新动机、求名动机、求美动机、求同动机和求异动机等。

（1）求实动机

求实动机是以追求商品的使用价值为主要特征的动机。受这种动机驱使的邮轮旅游者，在购买邮轮产品时非常注重产品的内在质量和实际效用，做到一分钱买一分货。

（2）求廉动机

求廉动机是以追求商品的价格低廉为主要特征的动机。受到这种动机驱使的邮轮旅游者，在购买邮轮产品时特别注重产品的价格，要求价廉物美。

（3）求新动机

求新动机是以注重商品的时尚为主要特征的动机。受这种动机驱使的邮轮旅游者，在购买邮轮产品时追求商品的时髦、奇特，要求款式新颖、格调清新，且市场流行。

（4）求名动机

求名动机是以追求商品能显示自己的地位和威望为主要特征的动机。受到这种动机驱使的邮轮旅游者，在购买邮轮产品时特别注重产品品牌、商标价值、邮轮企业声誉、邮轮名称是否"吉利"和价格高低等因素。

（5）求美动机

求美动机是以重视商品的欣赏价值和艺术价值为主要特征的动机。受这种动机驱使的邮轮旅游者，在购买邮轮产品时追求商品的装饰性、艺术性，希望通过邮轮旅游来陶冶情操。

（6）求同动机

求同动机也叫作仿效心理动机，即注重追随社会潮流为主要特征的动机。受这种动机驱使的邮轮旅游者，在购买时总是随大流，适应社会的传统习惯，又不愿落在潮流的后面，因而会购买那些周围人群普遍购买的邮轮产品。如2016年8月"黄金赞礼"号在天津首航，很多邮轮旅游爱好者争相购票，希望见证首航庆典。

（7）求异动机

求异动机是以追求商品的与众不同为主要特征的动机。受这种动机驱使的邮轮旅游者，在购买邮轮产品时愿意标新立异，表现出与众不同的个性，因而总是愿意购买那些周围人群从未购买或很少购买的商品。如近年来在中国国内逐渐出现的乘邮轮南极探险游、乘邮轮环球旅游等稀少的旅游线路，总有一些邮轮旅游爱好者愿意尝试与众不同的旅游线路。总之，各种动机是相互结合的，每个邮轮旅游者身上都有一种或是几种动机，在某一时刻会受某类动机驱使，而在其他时刻又会受其他动机驱使。

（三）邮轮旅游者购买影响因素

1.邮轮旅游产品太昂贵

通过对消费者的民意调查显示，邮轮旅游的昂贵费用是购买邮轮旅游产品的最大障碍。这主要是因为邮轮旅游产品大多是包价产品，旅游过程中的大部分费用基本包含在内，所以标价就会很高，而且邮轮旅游产品需要提前3~6个月预订，而大多数邮轮旅游者不习惯在出发很久前就将整个旅游产品一次性购买。所以，CLIA主张邮轮旅游产品代理商应该为顾客做一个邮轮旅游与传统陆路旅游的价格对比分析，让顾客了解到邮轮旅游的实惠度。

2. 邮轮旅游很枯燥

这种购买障碍主要来源于邮轮作为交通工具的时代,那时乘客们在船上做得最多的事情就是在船舱里睡觉。如今,邮轮旅游大不一样了,甚至现在的问题不是活动太少,而是活动太多,白天岸上观光,晚上赌场服务、剧院演出、餐饮、娱乐等活动应有尽有。

3. 邮轮旅游只适合老年人

邮轮旅游产品是一种舒适、闲散的旅游产品,传统观念认为邮轮旅游的这些特点更适合老年人。但随着邮轮公司产品的不断细化和丰富,越来越多的年轻人加入这个行列里来。如前所述,参加邮轮旅游的游客各个年龄段都有,而且呈现出年轻化趋势。

4. 邮轮旅游沉闷且太正式

邮轮旅游在很大程度上是一种随意而轻松的旅行。但是,在某些远洋邮轮上的主餐厅吃晚餐时,的确有一定的着装规范。正式的礼服在高档豪华的邮轮旅游中更常见,但在经济游、探险游或国内长江三峡游中则很少见,甚至没有着装要求。高档邮轮航游的典型着装要求如下:

正式:男宾着无尾礼服(或深色西装),女宾着晚礼服或其他正式服装。在行程为两周的航游中,通常有 3 ~ 4 个正式晚会。

非正式:男宾着西装上衣,扎领带。女宾着正式晚礼服、裤套装或类似的礼服。

随意式:男宾着宽松长裤、毛衣或衬衫外套西装上衣。女宾着女士衬衣,配裙子或长裤,或类似服装。

胜地随意式:男宾着宽松长裤和毛衣或衬衫。女宾着裙子或长裤,配毛衣或女士衬衣。

5. 邮轮旅游港口停泊时间不足

邮轮在港口停留时间极少超过 12 h,而游客参加邮轮旅游的目的之一就是体验该地区的历史文化、风土人情,因此,游客在港口上岸参观游览时显得匆忙。为了满足那些希望增加港口停泊时间的游客,现在一些邮轮公司调整航行时间,增加在港口停泊时间,或建造速度更快的邮轮,从而增加邮轮在港停留时间。

6. 邮轮旅游缺乏安全

“泰坦尼克”号的阴影仍然在人们的脑海中挥之不去。但是,“泰坦尼克”式的灾难在今天几乎不可能再发生了,因为现代邮轮配备了更加安全的雷达操作系统和救生设施。

7. 游客担心晕船

某些游客对车船移动极易产生不适感。在长江三峡等内河乘船旅游可能会有这种不适感,但是现代远洋邮轮的稳定仪(水下用来减弱颠簸的翼型装置)以及其他设计可以使这些问题降低到最小。邮轮往往在受保护的水域航行,产生颠簸的可能性较小,同时还可以通过服用晕船药等方法减轻晕船,非常有效。

8. 邮轮管制过严

为了使成百上千的游客有效流动,邮轮公司需要制订一系列管理规范,尽力使一切变得井井有条。但邮轮的组织管理并非死板僵化,而是有着较大的自由度。

9. 邮轮天地太狭小

相对于岸上的酒店而言,邮轮客舱以及公共空间相对狭小,但设计师在扩大邮轮空间上已经具有相当的能力了。除此之外,影响人们购买邮轮旅游产品的因素可能还会有认为邮轮上会饮食过量而致肥胖、到达港口的飞行距离过远、被迫与人交往、对邮轮旅游不够了解等。总之，要提高邮轮顾客满意的关键是，一个人要选对合适的游程，乘坐合适的邮轮到达合适的地方。因此，邮轮旅游产品代理商既要熟知邮轮旅游产品，又要了解顾客需求，以便更好地为顾客推荐产品，消除顾客购买障碍。

（四）邮轮旅游者决策过程

邮轮旅游者的购买活动不是单纯的瞬间行为，而是经过了一定的购买过程来完成的。通过对购买过程的分析，可以使邮轮市场营销人员对每个过程中邮轮旅游者的心理与行为特征采取适当的措施，来影响邮轮旅游者的购买决定，并促使市场营销活动的顺利完成。

邮轮旅游者的购买决策过程在实际购买之前就已经开始，并且延伸到购买之后的很长一段时间才会结束。一般来讲，主要分为认识需要、收集信息、产品评估、购买决策、购后行为五个步骤（见图6.1）。

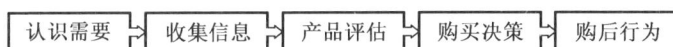

认识需要 → 收集信息 → 产品评估 → 购买决策 → 购后行为

图6.1　邮轮旅游者购买决策过程

三、邮轮游客的市场细分

随着邮轮旅游市场竞争的加剧，对邮轮游客特征的研究也更加细化，研究者开始采用各种市场细分手段开展研究，并以此设计各种差异化的营销策略。针对不同的邮轮旅游者，邮轮公司则采用不同的产品策略（见表6.1）。

表6.1　国际各大邮轮公司邮轮产品策略

公司品牌	所属邮轮集团	品牌特征	目标客户群体	主要经营海域
嘉年华邮轮	嘉年华	提供一种纯美国式的感官享受，船上有丰富的美式派对；价格亲民	35岁以下的热情开放的北美游客	北美加勒比、欧洲地中海
歌诗达邮轮	嘉年华	船内设计有着浓厚的意大利气息；价格适中；中型邮轮，设施偏向标准化，具有邮轮的普遍特征	初次体验游轮旅行者的首选	最完整的地中海航线、亚洲海域
荷美邮轮	嘉年华	典雅高档的内部设计，充满艺术气息的珍贵艺术品；舒适的客舱设施	希望体验豪华舒适的富有游客	阿拉斯加、地中海
地中海邮轮	地中海邮轮公司	发展迅速，每年独有新船问世；提供热情的意大利式服务；特色SPA；意式美食	全球各年龄段的游客	欧洲范围
精致邮轮	皇家加勒比	以美食享有极佳声誉；邮轮上的服务细致入微；装修和装饰品充满了艺术气息；价格相对一般豪华邮轮比较合理	有艺术欣赏能力、品位出众的绅士淑女	阿拉斯加、地中海、北欧海域
皇家加勒比国际邮轮	皇家加勒比	巨型邮轮；拥有丰富的各种游乐设施；但是普通舱房的空间相对较小	已有邮轮乘坐经验的人士比例较高	加勒比海域、阿拉斯加
飞鸟邮轮	日本邮船公司	细腻的日式风格及其提供的顶级服务，呈现的是另一种截然不同的东方美感；拥有业内最大的SPA，委托资生堂经营。	希望体验日式邮轮的游客	环日本游、一年一次的环球旅行

第二节　邮轮销售基础知识

一、邮轮旅游签证须知

签证(visa),是一个国家的主权机关在本国或外国公民所持的护照或其他旅行证件上的签注、盖印,以表示允许其出入本国国境或经过国境的手续,也可以说是颁发给他们的一项签注式的证明。概括地说,签证是一个国家的出入境管理机构(移民局或其驻外使领馆),对外国公民表示批准入境所签发的一种文件。

一般地,邮轮旅游都有境外游历的航线安排,游客在邮轮挂靠境外港口时进行岸上观光游览,需要提供有效的签证文件。签证一般都签注在护照上,也有的签注在代替护照的其他旅行证件上,有的还颁发另纸签证。例如,美国和加拿大的移民签证是一张 A4 大小的纸张,新加坡对外国人也发一种另纸签证。一般来说,签证必须与护照同时使用,方有效力。

护照是持有者的国籍和身份证明,签证则是主权国家准许外国公民或者本国公民出入境或者经过国境的许可证明。我国公民办理外国签证,一般需要以下几个程序:

1. 递交有效的护照。

2. 递交与申请事由相关的各种证件,例如有关自己出生、婚姻状况、学历、工作经历等证明。

3. 填写并递交签证申请表格。签证不同,表格也不同,多数要用外文填写,同时需要提供本人照片。

4. 到前往国驻该国大使馆或领事馆与其官员会见。有的国家规定,凡移民申请者必须面谈后才能决定;也有的国家规定,申请非移民签证也必须面谈。

5. 大使馆或者领事馆,将填妥的各种签证申请表格和必要的证明材料呈报国内主管部门审查批准。有少数国家的使领馆有权直接发放签证,但仍然需要转报国内备案。

6. 前往国的主管部门进行必要的审核后,将审批意见通知驻该国使领馆。如若同意,即发给签证。如若拒绝,也会通知申请者(对于拒签,使领馆方面也是不会退签证费的)。

7. 缴纳签证费用。一般来说,递交签证申请的时候就要先缴纳费用,也有个别国家是签证申请成功的时候才收取费用。一般而言,移民签证费用略高,非移民签证费用较低。也有些国家和地区的签证是免费的。游客需要根据选择的邮轮航线、经过的国家等信息准备相关文件,办理适当的旅游签证。

二、各航线签证

1. 美国签证热门航线:加勒比航线、巴哈马航线、墨西哥航线、夏威夷航线等。

2. 需要同时办理美国签证和加拿大签证的热门航线:阿拉斯加航线、新英格兰航线等。

3. 需要办理欧洲申根签证的热门航线:地中海航线、北欧航线、北极航线等(部分涉及大不列颠及北爱尔兰联合王国的港口,须加办英国签证)。

4.需要办理阿根廷或智利签证的热门航线:南美洲航线、南极航线。

5.需要办理阿联酋签证的热门航线:中东航线(部分涉及阿曼等中东港口,须在邮轮上办理所经国落地签证)。

6.需要办理日本签证的热门航线:日韩航线。

7.需要办理澳大利亚/新西兰签证的热门航线:澳新航线。

资料链接:邮轮游客日韩免签政策

根据中日两国出入境管理局的通知,2015年3月17日起开始实施船舶观光登陆许可证制度,允许乘坐日本法务大臣事先指定的客船的外国游客,以观光为目的在停靠港免签入境。

而韩国法务部也于2016年10月14日表示:将在本月至明年3月的6个月期间,对乘坐指定邮轮前往韩国的外国个人游客试行免签制度。

指定邮轮为主要往来于中国、韩国、日本的歌诗达邮轮"赛琳娜"号、公主邮轮"蓝宝石"号、皇家加勒比邮轮"海洋量子"号。这三艘邮轮的主要顾客为中国人,因此免签待遇将主要提供给中国游客。

此前,只有通过当地指定旅行社聚集在一起的部分团体游客才能在乘坐邮轮前往韩国时不必办理签证,入境后可在韩国停留三日左右。

该制度试行后,中国游客可以不再通过当地旅行社,自由购买轮船旅游商品,进入除免签地区济州岛外的其他韩国本土地区。

由于日本和韩国是由中国母港始发邮轮前往的主要目的地,自此日韩两国的这一免签政策意味着,绝大多数的中国豪华邮轮航次内的游客不再需要递交各种材料以及冗长的签证过程。母港出发的邮轮旅行变得更为简单:护照在手,说走就走。

三、邮轮费用构成

1. 舱室费用

不同的舱室类型、大小、位置和内部设施都会影响价格。

2. 预订优惠

提前预订和付款,邮轮公司会按照规定给予相应的优惠。邮轮票价的优惠也是根据情况而定,有时甚至会出现5折的折扣。但折扣取决于航线和市场对该航线或邮轮的需求。大部分的探险航线和豪华航线很可能十分畅销,故而没有过多折扣,价格较高。

3. 服务领队费

对于团队游产品而言,自2013年10月1日《中华人民共和国旅游法》正式实施开始,明确规定了旅行社的团队游产品必须配备持"领队证"的专业领队负责人员带领团队。因此,团队旅游产品中还应该包含领队服务费项目,而具体的服务费标准则因各企业情况不同而有所不同。

4. 签证费及签证服务费

对于团队旅游产品而言,不同目的地国家的签证会产生不同的签证费用。无论是母港航线,还是海外航线,都将涉及签证费用。当然,对于选择邮轮产品自助游的游客,也将涉及目的地国家的个人签证办理等相关事宜。

5. 海外航线

除了上述费用以外,海外航线还将产生往返海外港口的机票,以及登船之前或下船之后,为了契合船期或航班,或为丰富海外邮轮产品的内容,所安排的陆地住宿、交通、向导服务、餐饮、景点门票等常规境外旅游所具备要素的费用。

6. 其他费用

部分阿拉斯加航线还会涉及环境税,也有人称之为生态税或绿色税。它是20世纪末国际税收学界刚兴起的概念,至今还没有一个被广泛接受的统一定义。它是把环境污染和生态破坏的社会成本,内化到生产成本和市场价格中去,再通过市场机制来分配环境资源的一种经济手段,是以保护环境为目的,针对污染、破坏环境的特定行为征收的专门性税种。对于邮轮这种大体量运输游客至某一目的地的载体而言,其巨大客流的造访也给一些高度环保的区域带来集中性的影响。因此,此类特殊税种费用也会在一小部分特色航线中显现。

四、邮轮岸上旅游销售活动

(一)登船之前的岸上旅游

游客有时候到达邮轮港口后直接办理手续上船,但是他们通常也会花一天甚至更多的时间游览港口所在城市。因此,游客会提前一两天抵达邮轮港口所在城市。对于到达邮轮港口需要乘坐飞机的游客,最简单的登船之前的体验是"fly + cruise"(飞行 + 巡航)打包的方式。游客通常通过旅行社购买机票、从机场到码头换乘的交通服务,甚至由旅行社安排好住宿。有些邮轮游客通过邮轮公司预订机票,这种情况下,邮轮公司的相关负责人会将同船的游客统一约在机场航站楼见面。这些服务,包括机票预订、换乘交通服务、住宿餐饮预订服务都可以打包出售,也可以一项一项地出售。如果游客离港口很近,很可能直接开车或采用其他方式自行前往。

(二)停靠港口的岸上旅游

作为邮轮航线的一部分,大部分邮轮会停靠一个或多个港口。当乘客抵达每一个中途到访的地方,他们首先可以优先选择通过邮轮公司购买岸上旅游产品。这样做的好处非常明显:①邮轮公司已经事先对岸上旅游的供应商的质量进行了评估;②抵达之前在船上或者到港后购买岸上观光服务,非常方便和容易;③岸上旅游活动会将船上的餐饮和离开时间考虑在内;④船上的员工通常会陪同游览;⑤如果出现了错误或延退,大部分船只一定会在离开之前等待旅游团返回。

其次,通过旅行社购买岸上观光旅游产品。通常提前通过旅行社签订合同,这些公司有一个以港口为基础的旅行社经营者网络,他们的价格通常有优惠,一般会比邮轮公司提供的价格稍低一些。

第三,直接向当地供应商购买单项旅游产品。当地的旅游供应商通常在码头或者靠近码头的地方等待着游客。他们可能将公共汽车、大巴、出租车甚至私人车辆作为运载乘客的交通工具。通过公共汽车进行私人岸上旅游通常稍微便宜一些,但是有两个问题需要注意,几乎没有可能享受预期的服务质量;可能会承担岸上旅游结束时邮轮已经离开的风险。

第四,自行游览港口或市郊风光。游客们可能会在风景如画的街上散步或者购物,并沉浸在任何让他们快乐的事物当中。邮轮公司或旅行社可能会给他们提供港口的地图。乘客甚至可以回到船上吃午饭,然后下午再到港口参观。

第五,待在船上继续享受邮轮服务。对于已经对所停靠港口进行过深度旅游的游客来说,他们可能会选择继续待在船上休闲放松,享受阳光,并感觉像是他们独自拥有了这艘船(例如,他们很容易得到温泉预约或者可以随意使用健身房器材等紧俏公用资源)。在港口停靠时留在船上的普遍原因是已经深度游览过这个港口,或者该旅客只是希望进行休闲放松的度假。

(三)离船之后的岸上旅游

离船之后和登船之前岸上旅游的情况是十分相似的。邮轮公司或旅行社通过同一种方式进行销售,游客同样可以选择不同的返程服务和体验。有些乘客在邮轮旅游开始之前就安排好行程结束的岸上旅游活动,有些游客是在行程开始之后再进行安排。然而,大部分游客不喜欢做详细的规划,他们更多是在邮轮行程结束的当天乘飞机离开。

第三节 邮轮销售流程与技巧

一、邮轮销售入门

邮轮旅游带给游客的非凡体验是其他任何旅游产品所不能比拟的,而销售邮轮旅游产品又是销售所有旅游产品中利润回报最高的一种。作为邮轮销售人员应该要做到的是帮助旅游者快速、准确地定位有用信息从而满足其需要,并让其感知到邮轮旅游产品是他们最佳的选择。销售人员向游客推荐邮轮产品之前,应该对邮轮旅游掌握尽量多的信息。

(一)激发游客购买兴趣

邮轮产品以其新鲜、时尚、浪漫、丰富及多层次的特色,成为集客运、娱乐休闲、住宿等多种元素于一体的综合型旅游产品。随着消费者偏好的旅游方式由"观光旅游"向"休闲旅游"的转变,邮轮旅游产品正受到越来越多消费者的青睐,并成为出境游市场极具开发潜力的新兴旅游产品。而激发消费者对邮轮旅游的需求使其转化为购买动机是达成购买行为关键的第一步。

(二)消除游客的顾虑和抵触

由于邮轮旅游在我国仍然是一个新鲜事物,许多旅游者还没有尝试过邮轮旅游,即使在邮轮旅游市场较为成熟的北美地区,也仅有10%的成年人有过邮轮旅游的经历。那些对于邮轮旅游一无所知,并且不知道自己想要什么的游客,往往会对邮轮旅游产生误解甚至抵触。因此,邮轮销售人员需要在这些方面下功夫,向游客全面客观地介绍邮轮旅游,有针对性地打消游客的顾虑。

(三)专业准确推荐邮轮旅游产品

销售人员要像游客一样热情饱满地对待每一次邮轮旅游产品的销售。不失时机地在游客提出自己想法时推荐适合他们想法的产品,并把握每次时机促使游客做出最终购买邮轮旅游产品的决定。

销售人员在向游客推荐邮轮旅游产品时要遵循以下6个准则:

准则一:推荐游客喜欢的而不是自己喜欢的。

准则二:仅推荐一个最适合的产品给游客。

准则三:销售的是价值而不是价格。

准则四:销售情感而不是销售物品。这个规则强调在船上的情感体验,而不是物质体验。

准则五:最大化地运用邮轮宣传册来进行推荐。

准则六:销售是游客收益,而不是功能。关注邮轮旅游所带来的收益就是强调邮轮旅游能给游客带来什么意义,这一点要清楚地传达给潜在购买者。传达邮轮旅游者的收益能够更好地吸引游客参加邮轮旅行。

二、邮轮销售流程

(一)了解客户需求

进行邮轮销售工作的首要前提是了解邮轮旅游产品和游客的需求,即要完成资源和需求的对接。在这个前提下,邮轮销售人员首先必须全面深入地了解所销售的邮轮资源的内容。邮轮产品的特点因不同公司、不同邮轮和不同航线而不同。在目前的中国市场中,综合来说,邮轮产品特点的重要程度排列应该为:邮轮船舶、邮轮航线和邮轮公司。在这里,销售人员一定要着重把握邮轮产品作为一种旅游度假产品的核心要素——即邮轮船舶本身的特点。消费趋势显示,越来越多的消费者更倾向于选择一艘好的邮轮而不是邮轮航线。

(二)告知预定政策

邮轮预订政策是非常重要的产品特性,其复杂性在于不同的邮轮公司或是不同季节的预订政策都可能有所不同。销售人员要依据各邮轮公司的政策制定自己的预订政策,并准确告知消费者。确保消费者了解并确认相关的预订信息:出行时间;出发母港;邮轮航线;旅行社;其他预订细节。

(三)建议仓位选择

对于邮轮舱位的选择上,销售人员要做好引导和解释工作,而在销售工作中重点在于"引导"而非"选择"。随着邮轮观念的日益成熟,很多消费者对于舱位选择已经有了自主选择能力。对于这类消费者,销售人员只需要从专业的角度对于消费者偏爱的舱位进行说明和解释就可以了,以达成消费者对于销售人员和产品都有充足信心;但更多情况下,消费者对于舱位选择的想法并不确定,因此销售人员则需要根据消费者的经济负担能力、度假要求等方面进行引导和信息传递。

(四)邮轮旅游产品预订

1. 预订流程(如图6.2所示)

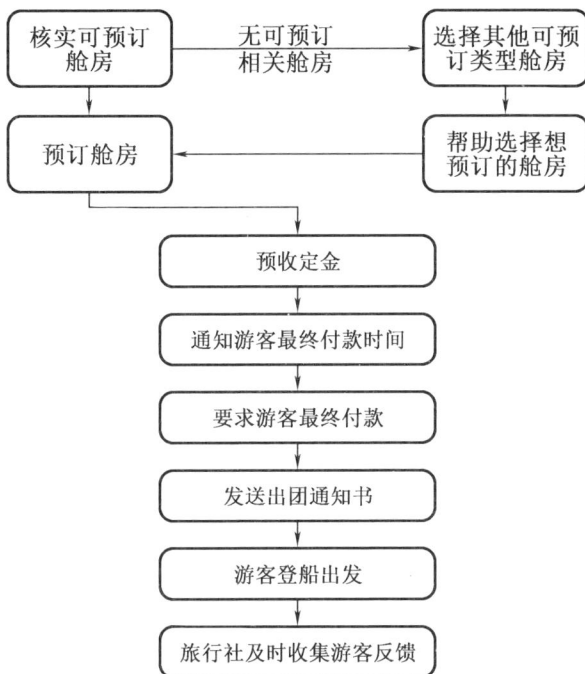

图6.2　邮轮旅游产品预定流程图

2. 预定取消政策

邮轮旅游行程预订成功后,如果游客因个人因素需要取消预订合同,则需要根据各邮轮公司的预定政策向邮轮公司支付一定的罚金。

三、邮轮销售技巧

专业销售技巧可以在邮轮销售中帮助销售人员将邮轮产品的特色转化为现实的利益,对于新的销售人员来说将获得丰富的知识,对于资历较老的销售人员来说将会是一次重新审视自己工作的机会。专业的销售人员在邮轮销售中一般遵循以下几个销售原则。

(一)时刻保持热情开朗

热情的销售过程能带给游客舒适感和信任感,更容易促成邮轮旅游产品的销售。销售过程中游客对销售人员的第一印象会对销售成功产生至关重要的作用。要做到给游客留下良好的第一印象,可以通过以下几点做到:①与游客握手表示欢迎;②在交谈过程中保持眼神交流和互动;③保持精力充沛;④始终面带微笑;⑤在面对面销售中,当游客进入旅行社时,销售人员要从座位上站起来表示欢迎,并与顾客交换名片。

(二)善于发现游客需求

当销售人员向游客推荐邮轮旅游产品时,成功的关键所在是向游客推荐满足其体验需要的产品。怎样满足他们的体验需要呢? 可以通过问题启发式的方式进行。通过启发式的问题不仅能够达到推荐产品的目的,还能展现出邮轮销售人员的专业性。众所周知,邮轮销售并不是简单地向游客描述产品,而是发现游客的需求,并用正确的产品满足其需求。

这些可以通过一系列设计好的问题来进行。这些问题主要有三类:一是封闭式提问,答案则是唯一肯定的;二是开放式提问,答案是多种多样的;三是生活方式的提问,对顾客家庭和生活的细节了解可以更好为其提供旅行建议。

(三)针对性销售

高质量的邮轮产品是赢得市场的前提之一,而成功的销售人员需要了解消费者的心理和行为,这样才能正确把握住消费者的消费需求,从而赢得市场。基于游客对邮轮旅游认知程度的不同,销售人员应该采取不同的介绍方式。

1. 完全不熟悉邮轮旅游的客户

针对此类客户,销售人员应该逐步引导客户,将邮轮的基本理念传达给客户,介绍邮轮产品的基本信息,进而描述邮轮旅游的特色和优势,引导他们选购邮轮旅游产品。

2. 对邮轮旅游有基本了解的客户

针对对邮轮有所了解的客户,销售人员应在介绍邮轮旅游产品的基础上,为其提供更多的产品对比信息,让客户可以根据自己的偏好和意愿选择心仪的邮轮旅游产品。销售人员再加以推荐,精确选购最适合他们的航线。

3. 熟悉邮轮旅游的客户

针对熟悉邮轮或已经乘坐过邮轮的客户,销售人员可以为他们介绍最新优惠价格或者邮轮出行政策、出行提示、邮轮上娱乐活动的更新情况等。

四、邮轮网络销售

(一)建立邮轮销售主页

整个世界因为互联网拉近了彼此竞争的距离,信息技术行业的品牌价值能量毋庸置疑。如今企业以自身品牌吸引顾客,网站作为品牌形象的重要载体已经受到越来越多的重视。用心设计满足顾客期待,是稳固品牌的核心竞争力。

1. 邮轮销售网页列举

邮轮销售的主页是向游客展示邮轮产品的窗口,也是进行广告宣传的最佳途径。邮轮公司通常会在自己的公司网站上建立网上预订系统,方便游客选择和购买邮轮行程。

一般情况下,现有旅行社都有成熟的销售管理系统作为支持。对于邮轮产品的一般销售活动都能够给予完整的支持,但在旅行社承担包船等项目中,由于邮轮特有而复杂的控舱要求,目前的旅行社系统还需要做相应的改进和支持。

随着国内邮轮市场的迅速发展,国内邮轮市场建立起一批直接预订的邮轮平台。如环世邮轮网、邮轮海、天悦旅游网等。这些邮轮预订平台在依托邮轮业发展的同时,也为邮轮出境旅游的普及提供了动力。

除此之外,系统与系统间的信息化整合也是未来新的发展方向。即邮轮公司系统与旅行社系统直接进行交换数据,以获得实时的舱位信息情况,甚至可以实现 B2B2C(Business to Business to Consumer)的网络直销模式。

2. 成功设计销售主页 12 个原则

①提供多种邮轮旅游产品供游客选择。提供多种选择最主要的目的是让游客以最简单、最经济的方式购买邮轮旅游产品。

②网页注册会员简单而且有回报。这里的回报是指注册会员可以得到会员专属信息、专属报纸和会员专属价格,并且游客的信息还可以运用于未来的电子邮件和直邮营销。

③强调网站的互动性。比如,你的网站上可以包括一项邮轮旅游知识测试与游客进行互动,也可以通过网络问卷的形式让游客填写以达到互动效果,同时还可以就游客旅游体验中的问题进行了解。

④网页设计简洁美观。要图文并茂,不要通篇都是文字。运用易于阅读的字体,频繁使用简报,高效地使用具有启发意义的照片或图片。注重网站主页的色调。让潜在顾客在繁忙的工作之余浏览网页时能有效获取邮轮旅游出行信息。

⑤要有娱乐性。旅游是一件很快乐的事情,网页设计更应该活泼生动,且具有趣味性,不可以严肃枯燥。

⑥可定制化。根据不同用户的需要定制网页界面和内容,以适应多种游客的多种需求。

⑦实时更新,一定要确保没有网页错误。

⑧尽可能提供邮轮销售和旅游的相关信息。当今社会,游客更倾向于通过邮轮销售网站去获取邮轮旅游和销售信息,这些信息会极大地方便游客。

⑨网站营销。运用所有能运用到的营销工具宣传自己的网站,如名片、简讯、报纸、通信、优惠信息推送等。

⑩隐私权和版权声明。保证客人私人信息不会外泄。

⑪友情链接。这些链接往往指向各大邮轮公司。

⑫增强可信度。采用在网站上公布年报、季报增强可信度。通过这些报告可以让游客更加相信邮轮公司网站的真实性。

这 12 个原则的前提是拥有一个良好的网站设计团队。

3. 网站设计原则

①尽量不要设计太多的图片,否则容易导致网速过慢,使游客失去耐心。

②寻求专业网站公司的帮助。

③确保网站域名是以销售人员的名义注册的,而不是以代理网站建设名义注册的。

④确保网站代码全部由销售人员掌握。

⑤网页展示邮轮旅游的体验照片要比单纯展示邮轮旅游产品更有冲击力和说服力。

(二)新型网络营销平台

随着网络的发展,一些新兴的网络营销方式逐渐被企业采用,并取得了良好的营销成果,比较突出的方式有微博营销、微信营销,企业通过开发自己的 APP 应用软件发布信息,与潜在客户互动。

1. 微信营销

微信营销是通过网络传播的,从本质上说偏向于媒体属性,而微信则是一种非常强大的客户关系管理工具。

微信营销是网络经济时代企业对营销模式的创新,是伴随着微信软件的火热而产生的一种网络营销方式。微信不受距离的限制。用户注册微信后,可与周围同样注册的"朋友"形成一种联系;用户订阅自己所需的信息,商家通过提供给用户需要的信息,对产品进行点对点的营销。

微信于 2011 年面世之后,已经有 2 亿的用户数,许多商家也都尝试用不同的方式利用微信为自己的产品和品牌进行宣传推广。以歌诗达邮轮公司为例,2013 年 1 月,歌诗达邮轮公司微信平台开始运营,平均 2 ~ 3 天发布一次公司的新闻及促销信息。例如 2013 年 3

月 15 日,歌诗达邮轮公司通过微信平台发布了由著名演员高圆圆担任歌诗达邮轮公司在中国大陆地区的品牌形象大使的新闻。

微信营销的方式根据其功能主要包括以下 4 种形式:

(1)查看附近的人

在微信中有"查看附近的人"的插件,用户点击后就可以根据自己的地理位置查找到周围的微信用户。邮轮公司或旅行社可以利用这个免费的广告位为产品做广告,从而发展潜在客户。

(2)品牌活动式

微信中有一个"漂流瓶"的应用,漂流瓶实际上是自 QQ 邮箱移植来的一款应用,该应用在网上广受好评,许多用户喜欢这种方式和陌生人做简单的互动。移植到微信上后,漂流瓶的功能基本保留了原始简单易上手的风格。"漂流瓶"有两个简单的功能:①"扔一个",用户可以选择发布语音或者文字然后投入大海中;②"捡一个",顾名思义则是"捞"大海中无数个用户投放的漂流瓶,但是每个用户每天只有 20 次捡漂流瓶的机会。邮轮公司可以运用"漂流瓶"的方法开展用户活动,可以"扔"有奖的瓶子吸引客户参与,起到品牌推广的作用。

(3)二维码扫描折扣式

微信中的"扫一扫"这个功能用来扫描识别另一位用户的二维码身份,从而添加朋友。二维码发展至今其商业用途越来越多,将二维码图案置于取景框内,微信会帮你找到你感兴趣企业的二维码,然后你将可以获得该企业的会员折扣和商家优惠。

(4)社交营销式

微信开放平台、微信公众平台是微信推出的新功能,用户可以借此向第三方或公众发布信息,并与其互动。通过微信开放平台,应用开发者可通过微信开放接口接入第三方应用。还可以将应用的标志放入微信附件栏中,让微信用户方便地在会话中调用第三方应用进行内容选择与分享。在微信公众平台上,每个人都可以打造自己的微信公众账号,并在微信平台上实现和特定群体的文字、图片、语音的全方位沟通和互动。

2. 企业 APP 营销

APP 营销是通过特制手机、社区、SNS 等平台上运行的应用程序来开展营销活动。APP 是英文 application 的简称,由于智能手机的流行,APP 指智能手机的第三方应用程序。

随着智能手机和 Pad 等移动终端设备的普及,人们逐渐习惯了使用 APP 客户端上网的方式,目前已有邮轮公司推出了自己的 APP 客户端,如歌诗达邮轮公司于 2013 年 1 月 18 日和 3 月 31 日先后在安卓平台和 IOS 平台推出了 iCosta 应用,该应用以更新航线和电子邮件营销为主,同时包含邮轮游记和第三方活动信息。

企业 APP 的开展具有成本低、用户使用持续性好、信息展示全面、服务及时、精准营销、空间限制小,以及互动性强等优点。

邮轮专业术语

环境税 environmental taxation　　　　生态税 ecological taxation

绿色税 green tax　　　　　　　　　　船舱预定 booking on board

经济型邮轮 budget cruise　　　　　　邮轮一日游 day cruise

提早预订折扣 early booking discount

热点透析:邮轮销售服务案例

通过两个相反案例的分析来将前面所学的知识进行应用,分析情景案例中的服务行为的"好"与"坏"。案例中 A 代表邮轮销售人员,C 代表客户。

案例一:表现糟糕的销售员苏珊

旅行社接待员将格林夫人带到苏珊的办公桌前并说"苏珊将竭诚为您服务"。

A:早上好。我有什么可以帮到您吗?(没有做自我介绍也没有称呼客人的姓名)

C:我们家人今年夏天想进行邮轮游。您有什么建议吗?

A:我知道一个邮轮航线特别适合您。您一定会喜欢皇家加勒比邮轮。他们针对所有年龄段的儿童都有不同的旅行计划安排。(没有试图发现客户真正想要什么,没有提出针对性的、个性化的建议。)

C:即使 20 多岁也是"儿童"吗? 我家有 4 位家庭成员,我和我丈夫,以及 23 岁的女儿和她的丈夫。

A:哦,如果是这样的话呢,我觉得您和您的家人都将会非常喜欢 ABC 邮轮公司的加勒比航线的。今年 6 月初,他们会有一批价格非常合适的邮轮航线。邮轮从迈阿密出发经过 3 个港口:科苏梅尔、大开曼岛、基韦斯特。如果您想在港口吃午饭的话,我知道在基韦斯特有个非常棒的小餐馆。(像开始一样,在没有尝试发现和确定游客的具体需求前,苏珊再一次给游客推荐了错误的邮轮产品,但是她的确也运用了一个服务技巧——推荐餐厅。)

C:这一个有点早。我们需要在 7 月去。

A:7 月的价格相比 6 月有一点高,但它仍然物超所值。我真的建议您购买。两个舱怎么样?(态度不热情)

C:嗯,那么我们要怎么去迈阿密乘坐邮轮呢? 此外,这个月份里这些港口的天气如何?

A:我们可以帮您订购机票。我们收取每张机票 25 美元的服务费,机票要您自己来取。然后我帮您预订邮轮,价格是 2000 美元含机票,我将再次对机票价格进行检查。我没有关于天气的信息,但您可以在互联网上查询到当地的天气。(没有快递服务;非常关注"销售"以至于不关注游客的正确需求,一味地追求销售成功;没有给顾客制定个性化的建议;将查询天气的工作交给了游客)

C:那么护照怎么办理呢?

A:您同样可以在网站上找到。(再一次推卸责任)

C:谢谢!

A:您可以在邮轮出发前 30 天打印您的电子航程以及注意事项。这个需要您登录邮轮网站去自己下载打印。如果您有任何疑问,请给我打电话。(没有提醒游客从网上办理可以获得更多的利益和服务)

当然多数邮轮销售人员也不太可能在与游客的交谈中犯那么糟糕的错误,但是也经常陷入这种情况:在不认真聆听游客需要的情况下,就盲目地推荐邮轮旅游产品。苏珊糟糕的表现总结:未做自我介绍;不符合条件的建议;态度不热情;忽略所有问题,仅希望完成销售;将义务推卸给游客。

案例二:令人愉悦的杰克

旅行社接待员将格林夫人带到杰克的办公桌前并说"杰克将竭诚为您服务"。

A:早上好,格林夫人。我的名字是杰克,有什么能帮到您的吗?(介绍自己,并使用游客的名字。)

C:我们家人今年夏天想要邮轮旅游。您有什么建议吗?

A:您的家里共有几口人,分别都是什么年纪?(从一个没有压力、轻松的问题入手,可以得到更多的信息,从而根据客户的需求,给予她特别的推荐。)

C:我的家庭由我、我的丈夫、我23岁的女儿以及她的丈夫组成。

A:您和您的家庭会怎样享受你们的假期呢?您是否喜欢一个安静、平和、文艺的假期呢?您是否想要更多的夜生活,更多的有激情、冒险的活动呢?或者别的什么要求?(更深层次地了解顾客潜在的需求,便可以在她考虑是否合适时给予她更多的参考性去做出回复。)

C:我认为我们可以选择皇家加勒比邮轮。坐他们的船看上去十分有趣,而且我们不需要走得太远。

A:皇家加勒比邮轮当然是会给您带来很多乐趣的。那是什么让您觉得皇家加勒比邮轮吸引您呢?(通过赞同来增进联系,不要仅仅试图寻找对的项目还要学会了解更深层次客户的需求和动机。重申一次,要以轻松的、无压力的方式去给予客户特别的推荐。)

C:我最好的朋友埃塞尔刚刚完成邮轮旅行回来。她告诉我一次邮轮旅行大约要花费多少并且能得到多少乐趣和放松。

A:根据您所说,我认为ABC邮轮公司的邮轮航线十分适合。他们的航线停靠3个港口,分别是科苏梅尔、大开曼岛以及基韦斯特。每周六都会有船次离港出发。您需要两个舱室还是住家庭套房呢?(提供个性化推荐)

C:很可能是两个舱室,因为我们的女儿已经成年,但我想了解需要额外支付多少费用后再做决定。

A:嗯。两个舱室一定会给你们的旅途带来更多的乐趣,因为你们都能获得更多的个人空间,当然,那一定会带来额外的费用,具体是多少取决于您选择的是什么类型的舱室。内舱室是最便宜的一种,但您将无法欣赏窗外的风景。海景房是最普遍也是价格相对中端的一种。海景房中都会配有舷窗,窗外的任何景色都一览无遗。阳台房的费用会在海景房的基础上再高一点,但是邮轮体验则是截然不同的。那您是决定何时启程呢?(在进行交谈时始终假设客户是想要进行此次邮轮旅程的;他通过交谈了解客户的需要从而为其推荐最符合要求的邮轮、航线;目的地介绍数个可供选择的项目,并提供每个项目的详细信息。)

C:我们想在7月的第二周出发。如果不行,那就第三周。那么,在这个时间段,停泊的几个港口的天气怎样呢?

A:我会把3个港口这个时间段的典型天气打印出来给您。当然,我要告诉您的是,当时的天气可能会不同。在临近出发之前,我将会把天气预报打印出来给您。我真心希望能与您同行。让我来查看一下航线的定价。(提供更有价值的服务,并且超过客户的预期,特别是他将信息打印了出来而不是单纯地告诉顾客信息;对客户的计划表现出热情;销售人员上网检索价格信息,并找出客户所需要的航线的信息。)好消息,7月14日的航线仍然有空位。真是幸运,要知道这是一年中的旺季。哇哦,阳台舱房只要每人899美元!在一年中,这都是一个很适中的价格。(即使客户已经印象深刻,销售人员还是要在价格下面画线提示。)

C:我觉得应该会要两个阳台舱房。那我们要怎么上船呢?

A:邮轮将从佛罗里达州罗德岱尔堡起航。我们能提供您到达上船地的机票。因为航空公司并不会因为我们代售机票而给予我们补偿,对于每一个需要机票的邮轮乘客,我们都会收取30美元的服务费,这已经是在我们常规的服务费上打折了。我很荣幸为您预定邮轮以及航线。加上机票,总的费用是4000美元。我要再确认一下机票的价钱。(提供额外的服务以及额外服务所需的费用的详细信息,并且标注出这是特别的价格。)

C:听起来不错。

A:我们将会在您出发前的30天将电子文件发送给您并电话确认。当您来拿您的票或者在我们将票邮寄给您时,我们会提供一份复本,其中包含您将要访问的港口的信息。如果有什么疑问,您可以随时联系我。(客户不需要发送她自己的文件,并且再次强调,在提供港口信息时提供另外的增值服务。)

C:谢谢。

A:这是我的荣幸。我希望您能向朋友们介绍我们的邮轮。我也同样希望能为他们规划他们的假期。(在不得罪客户的前提下寻求更多额外的生意。)

这种方式不是更好吗?

杰克令人愉悦的服务技巧总结:使用游客的名字称呼游客,做自我介绍;专业性的表现;提供了个性化的建议;尝试性地引导游客做出最终购买决定;提供增值可选的项目;展现出热情;凸显项目价值。

讨论:

1.请对比两个案例中销售人员的销售行为。
2.试分析如何成为一名优秀的邮轮销售人员?

思考与练习:

1.简述邮轮市场营销宏观及微观环境现状。
2.对比分析国内外邮轮消费者行为存在哪些差异?
3.分小组进行我国邮轮消费者行为调研,并进行实证分析。
4.对于激发人们的邮轮旅游动机,你有哪些好的想法或者建议?
5.如何消退潜在邮轮消费者的购买顾虑?
6.旅游动机在人们做出邮轮旅游决策的过程中起到了什么作用?
7.我国公民办理外国签证,一般需要哪几个程序? 了解邮轮市场营销宏观发展环境。

第七章　邮轮旅游港口

【教学目的】

了解邮轮港口的概念和分类；

了解国际著名邮轮母港的发展特征；

熟悉世界主要邮轮旅游目的地及航线；

熟悉中国邮轮港口布局和规划；

掌握世界邮轮主要旅游区与港口城市。

【教学重点】

世界主要邮轮旅游目的地及航线；世界邮轮主要旅游区与港口城市；中国邮轮港口布局和规划。

【教学难点】

世界主要邮轮旅游目的地及航线；世界邮轮主要旅游区与港口城市；中国邮轮港口布局和规划。

【教学内容】

邮轮港口的概念和分类；国际著名邮轮母港的发展特征；世界主要邮轮旅游目的地及航线；中国邮轮港口布局和规划；世界邮轮主要旅游区与港口城市。

导入阅读：中国第一个国际邮轮专用码头——三亚凤凰岛邮轮码头

三亚凤凰岛位于三亚湾"阳光海岸"的核心区，属于人工填岛，始建于 2002 年，占地面积 365 000 m²。凤凰岛四面临海，由一座长 394 m、宽 17 m 的跨海大桥与三亚市区连接。

三亚凤凰岛一期工程由国际邮轮港、超星级酒店、国际养生度假公寓、国际游艇会、热带风情商业街、商务度假别墅、奥运主题公园等七大业态构成。其中国际养生度假公寓已经建成。国际邮轮港 8 万吨级邮轮泊位已经于 2006 年通航，是中国第一个国际邮轮专用码头。三亚凤凰岛二期填岛主体工程已于 2016 年完成，已经建成两个 15 万吨级的邮轮泊位，两个 22.5 万吨级的邮轮泊位正在建设中。三亚凤凰岛二期工程竣工后，凤凰岛国际邮轮港可同时停泊 5~7 艘世界级豪华邮轮，年接待游客能力可达到 200 万人次，将成为亚洲最大的邮轮母港之一。三亚凤凰岛的目标是以邮轮产业为依托，建设集邮轮主题休闲港、丝绸之路自贸区、海洋亲水旅游湾、健康度假养生地、文化演艺娱乐岛等五大主题为一体的高端旅游度假综合体，将三亚凤凰岛打造成邮轮之都、海港之城、梦幻之岛。

第一节　邮轮港口

邮轮港口是邮轮驻泊的基地,是邮轮航线的主要停靠点,可供邮轮停泊和上下访客及行李、货物装卸等。邮轮码头通常是跨境运输,所以由出入境海关设立。邮轮码头是物流中所说的客流的便利设施。

一、国际邮轮港口的分类

邮轮旅游是具有鲜明特点的现代海洋旅游形式,日渐成为各个沿海城市地区的重点发展对象,希望其成为区域经济转型、城市形象提升的新型推动力。邮轮旅游的发展必须要吸引邮轮,接待邮轮必须要建立相应的邮轮港口,为吸引更多的邮轮,各个区域纷纷打造现代化的邮轮港口。

在国际邮轮港口的形态中,根据邮轮港口的设施条件、市场规模、邮轮经济规模等分为访问港、始发港、母港等三种形式。

1. 邮轮访问港

邮轮访问港是以挂靠航线为主的邮轮港口。应具备邮轮停泊、旅客和船员上下船等基本功能。访问港一般分布在旅游资源丰富的城市或岛屿。

2. 邮轮始发港

邮轮始发港是以始发航线为主,兼顾挂靠航线的邮轮港口。除具备访问港基本功能外,始发港应具备邮轮补给、垃圾污水处理,旅客通关、行李托送、旅游服务、船员服务等功能。始发港多分布在腹地人口稠密、经济发展水平较高、旅游资源丰富、交通便捷的港口城市。

3. 邮轮母港

邮轮母港是邮轮旅客规模更大、服务功能较为完备和城市邮轮相关产业集聚度较高的始发港,是邮轮公司的运营基地,除具备始发港基本功能外,还应具备邮轮维修保养、邮轮公司运营管理等功能。邮轮母港是市场发展到一定阶段的产物,通常由邮轮公司根据市场需求、城市依托条件和企业经营战略来确定。邮轮母港是始发港的高级阶段形式,形成明显的区域邮轮经济,是邮轮公司的集聚地、邮轮的维修保养地、游客的重要集散地、邮轮游客的服务中心地,形成邮轮产业的重要集聚区。

二、国际著名邮轮母港的发展特征

根据《全国沿海邮轮港口布局规划方案》提出,邮轮母港是市场发展到一定阶段的产物,在2030年前全国有望形成2~3个邮轮母港,始发港依然是市场的主力。但在各个沿海城市邮轮产业的发展中,邮轮母港的战略定位依然是主要形式,但并不是每个港口均具备邮轮母港的条件。

根据国际著名邮轮母港的发展特征,一般邮轮母港需要具备港区距离城市中心区域距离较近、邮轮港口设施完善、到达港区的交通较为便捷、客源市场较大、港区城市旅游资源丰富、邮轮航线丰富、邮轮公司大量集聚、可到达的目的地较为多样、出入境口岸政策与国际接轨等多个方面。如迈阿密、巴塞罗那、新加坡、中国香港等都是邮轮产业发展的典范,尤其美国迈阿密被誉为"世界邮轮之都",是名副其实的邮轮母港,嘉年华集团、皇家加勒比邮轮等邮轮巨头集聚于此,可实现 20 艘船同靠。

第二节　世界邮轮主要旅游区与港口城市

一、世界邮轮主要旅游区

按照世界地理区划以及邮轮旅游资源的分布规律,全球邮轮旅游目的地可以划分为北美洲、欧洲、中南美洲、太平洋、亚洲、非洲六大区域。

从空间分布特征来看,当前全球邮轮航线集中在加勒比海海域、地中海海域、西北欧海域、澳大利亚海域、阿拉斯加海域、亚洲海域。其中,欧洲及北美地区仍是邮轮航线最集中的地区,是邮轮旅游稳固的主力区域,而亚洲是重要的新型邮轮旅游区域。

从客源分布来看,北美地区始终是邮轮旅游的主力市场(加勒比地区是占全球邮轮载客量近一半的世界第一大邮轮旅游目的地),但随着市场的扩大,未来亚洲地区的邮轮游客也将逐年增多。

表 7.1　世界邮轮旅游目的地分区及主要航线

目的地区域	各分区及邮轮航线	最佳航期
北美洲邮轮旅游区域	阿拉斯加邮轮旅游地区(温哥华、西雅图、斯卡圭、安克雷奇的冰川航线)	5—10 月
	北美东北部邮轮旅游地区(纽约、蒙特利尔间的北美历史航线)	4—11 月
	墨西哥及美国太平洋海岸邮轮旅游地区(洛杉矶、圣地亚哥、恩塞纳达、阿卡普尔科等航线)	冬季/全年
	百慕大群岛邮轮旅游地区(多种航线选择)	全年
	加勒比海邮轮旅游地区(多种航线选择)	全年
欧洲邮轮旅游区域	西地中海地区(巴塞罗那、罗马、佛罗伦萨、直布罗陀海峡及沿途群岛航线)	4—10 月
	东地中海邮轮旅游地区(威尼斯、雅典、伊斯坦布尔、希腊各岛、以色列、埃及等航线)	
	欧洲大西洋沿岸邮轮旅游地区(马拉加、里斯本、波尔多、南安普敦、伦敦、阿弗尔等航线)	
	北海邮轮旅游地区(爱尔兰、英国、阿姆斯特丹、汉堡、挪威峡湾、哥本哈根等航线)	
	波罗的海邮轮旅游地区(汉堡、斯德哥尔摩、赫尔辛基、圣彼得堡、波罗的海三国等航线)	
	北欧北极邮轮旅游地区(斯瓦尔巴群岛、格陵兰岛、冰岛等航线)	5—9 月
中南美洲邮轮旅游区域	中美洲邮轮旅游地区(利蒙港、圣布拉斯岛、科隆、巴拿马运河、阿马多堡、克萨尔港等航线)	4—9 月
	南美太平洋邮轮旅游地区(里约热内卢、布谊诺斯艾利斯、蒙得维的亚、圣地亚哥、利马港、麦哲伦海峡等航线)	10—次年 4 月
	南极洲邮轮旅游地区(南极洲航线,目前邮轮所能达到的最远的航线)	12—次年 2 月

表7.1(续)

太平洋邮轮旅游区域	南太平洋热带岛屿邮轮旅游地区(斐济、塔西提、库克群岛等南太平洋岛屿航线)	11月
	新西兰、澳大利亚邮轮旅游地区(新西兰、澳大利亚东海岸等航线)	11—次年1月
	夏威夷邮轮旅游地区(夏威夷起止多种航线)	全年
亚洲邮轮旅游区域	印尼、菲律宾、马来西亚岛屿、文莱邮轮旅游地区(印尼、菲律宾、马来西亚岛屿、文莱等航线)	全年
	中国内地及香港、台湾邮轮旅游地区(中国内地及香港、台湾等航线)	4—11月
	日本、韩国邮轮旅游地区(日本、韩国等航线)	5—11月
	越南、泰国、新加坡邮轮旅游地区(越南、泰国、新加坡等航线)	全年
	印度、斯里兰卡、马尔代夫邮轮旅游地区(印度、斯里兰卡、马尔代夫等航线)	全年
非洲邮轮旅游区域	北非邮轮旅游地区(突尼斯、摩洛哥、加纳利群岛及马德拉群岛等航线)	5—10月
	非洲西海岸邮轮旅游地区(塞内加尔、几内亚比绍、塞拉利昂、洛美、多哥、贝宁、圣多美和普林西比、安哥拉等,有多种航线选择)	11—次年3月
	非洲东海岸邮轮旅游地区(蒙巴萨、马达加斯加、塞舌尔、毛里求斯等印度洋岛航线)	11—次年3月
	非洲南海岸邮轮旅游地区(南非、莫桑比克、纳米比亚等航线)	11—次年3月
	尼罗河邮轮旅游地区(阿斯旺、科翁坡、埃德福、卢克索等航线)	全年

二、世界主要邮轮旅游区地理特征

1. 加勒比海

加勒比海邮轮旅游地区依托气候的优势,大力发展邮轮旅游业,其邮轮旅游航线的多样性在全球首屈一指,而且大部分是全年运营。

加勒比海地区一般属热带气候。但因受高山、海流和信风影响,各地有所不同。多米尼加部分地区年平均雨量高达8 890 mm,而委内瑞拉沿海博奈尔岛只有250 mm。每年6~9月,时速达120 km的热带风暴(飓风)在加勒比海地区北部和墨西哥湾比较常见,加勒比海地区南部则较为罕见。加勒比海海底可分成5个椭圆形海盆,它们之间为海脊和海隆所分隔,自西往东依次为犹加敦、开曼、哥伦比亚、委内瑞拉和格瑞纳达海盆。

加勒比海地区植被一般为热带植物。环绕潟湖和海湾有浓密的红树林,沿海地带有椰树林,各岛普遍生长着仙人掌和雨林。加勒比海地区珍禽异兽种类繁多。

目前,加勒比海地区所吸引的游客比世界上任何其他地区都多,它拥有从佛罗里达向西延绵到委内瑞拉海岸约4 000 km的美丽海湾。本区域岛屿的自然特征、气候、可进入性、历史背景和政治背景各有不同。据行业数据分析,尽管温暖、清澈湛蓝的海水,以及棕榈海滩强烈地吸引着各地游客去休闲放松和游泳,但许多游客访问某些加勒比海岛的另一个重要目的是购物,巴哈马的拿骚港等港口已成为邮轮游客免税购物的天堂。

2. 阿拉斯加

美国阿拉斯加州(State of Alaska)位于北美大陆西北端,东与加拿大接壤,另三面环北冰洋、白令海和北太平洋。该州拥有全美20座高山中的17座,6 194 m的麦金利峰是北美最高峰。世界上大多数的活动冰川都在该州境内,其中最大的马拉斯皮纳冰川流域面积为

5 703 km^2。

阿拉斯加地域宽广,加之地势起伏很大,所以州内气候多样。阿拉斯加的气温常年低于 0 ℃,所以邮轮会在夏季前往。每年 5 月到 9 月中旬,是阿拉斯加地区最适合邮轮旅游的季节,此时正好是加勒比海的淡季。由于海洋和日照的原因,阿拉斯加具有极其天然的、美丽的景色,这里有宜人的小镇、秀美的海湾、起伏的山脉、种类丰富的野生动物、白色的冰山,还有罕见的极光现象,这也是阿拉斯加成为众多游客青睐的邮轮旅游目的地的原因。

3. 地中海

地中海是世界上最古老的海,历史比大西洋还要古老。地中海沿岸还是古代文明的发祥地之一。这里有古埃及的灿烂文化、有古巴比伦王国和波斯帝国的兴盛,更有欧洲文明的发源地(爱琴文明、古希腊文明,以及公元世纪地跨亚、欧、非三洲的古罗马帝国)。因古代人仅知道地中海位于三大洲之间,故称之为"地中海"。

地中海西部通过直布罗陀海峡与大西洋相接,东北部通过土耳其海峡(达达尼尔海峡和博斯普鲁斯海峡、马尔马拉海)和黑海相连,西端通过直布罗陀海峡与大西洋沟通,最窄处仅 13 km,航道相对较浅。地中海有记录的最深点是希腊南面的爱奥尼亚海盆,为海平面下 5 121 m。地中海处在欧亚板块和非洲板块交界处,是世界强地震带之一。

地中海的沿岸夏季炎热干燥,冬季温暖湿润,被称作地中海气候。地中海是典型的地中海气候区域,夏季干热少雨,冬季温暖湿润,这种气候使得周围河流冬季涨满雨水,夏季干旱枯竭。冬季受西风带控制,锋面气旋活动频繁,气候温和,最冷月均温在 4 ~ 10 ℃ 之间,降水量丰沛。夏季在副热带高压控制下,气流下沉,气候炎热干燥,云量稀少,阳光充足。全年降水量 300 ~ 1 000 mm,冬半年占 60% ~ 70%,夏半年只有 30% ~ 40%。

植被叶质坚硬、叶面有蜡质、根系深,有适应夏季干热气候的耐旱特征,属亚热带常绿硬叶林。这里光热充足,是欧洲主要的亚热带水果产区,盛产柑橘、无花果和葡萄等,还有木本油料作物油橄榄。

地中海邮轮航线是全世界的邮轮竞争激烈的区域之一,但相对旅客而言却是利益多,因为选择多元,价格也相对亲民,邮轮游客可依据自己的预算,在众多邮轮旅游产品中选择最适合自己的奢华或平价行程。地中海海域宽广,邮轮航线大致分三块,即地中海全程特长天数航程;西地中海航线,从南欧航行到北非;东地中海航线,意大利东岸以东航行至东欧。不同于东地中海的岛屿风光,西地中海的邮轮行程多半停靠大城市、大港口,如那不勒斯、巴塞罗那、马赛等,一趟行程停留四五个国家是常态。庞贝的古文明、巴塞罗那的艺术之旅、巴勒莫的西西里风情,更有突尼斯独特的北非风光。西地中海航线可以说是近年来各家邮轮公司的必争之地。对欧洲人来说,搭乘邮轮旅行就是家常便饭,而这些年来,邮轮上已越来越多出现亚洲人的面孔,特别是西地中海这条航线,它之所以吸引人,除了涵盖西欧、南欧与北非风情之外,行程之处还都是世界著名的旅游大城,一个星期之内,便能游览到欧洲的精华。

东地中海地区还包含了亚得里亚海、爱奥尼亚海、爱琴海三个海域。东地中海与爱琴海邮轮航线是全球十大最梦幻的邮轮航线。在文化上,结合了埃及、希腊、土耳其、意大利,完美呈现出古埃及、爱琴海、希腊、罗马的古文明精华;在地理景观上,亚得里亚海、爱琴海的破碎地形,造就了千百座迷人的岛屿,邮轮在诸岛之间航行,阳光、碧海、蓝天、岛屿、神话、古文明,串联出这段航程的独特魅力。由于这片海域可供邮轮泊靠、旅游的港口很多,各家邮轮公司推出一周到两周时间的航程,可以变化出非常多元的组合,除了从威尼斯出发的基本行程外,意大利的巴里,希腊的奥林匹亚、雅典、米克诺斯岛、克里特岛、罗德岛,克罗埃西亚的斯普利特,土耳其的伊士麦、伊斯坦布尔、安塔利亚,甚至埃及的亚历山大港等都是邮轮航线上的重要航点。

西地中海的意大利、法国、西班牙、突尼斯等国家是邮轮旅游发展的重点国家,已经在运行中的邮轮航线中途的停靠港口城市有著名的法国普罗旺斯地区,西班牙的巴塞罗那、帕尔马,北非的突尼斯,意大利的西西里岛和罗马佛罗伦萨地区,有的航线向西延伸出了直布罗陀海峡到达加那利群岛;东线是以希腊群岛为主,有的航线延伸到土耳其、以色列、埃及海岸。每年七八月,地中海热闹非凡。

4. 百慕大群岛

百慕大别名百慕大群岛,位于北大西洋,是英国的自治海外领地,距北美洲约 900 km、美国东岸佛罗里达州迈阿密东北约 1 100 n mile 及加拿大新斯科舍省哈利法克斯东南约 840 n mile。其下辖哈密尔顿、圣乔治镇,面积71.7 km²,2016 年人口约 6.5 万人,语言为英语、葡萄牙语。百慕大群岛以基督教为主,1/3 以上的人口信奉英国国教,主要宗教有英国圣公会、主教派教会、罗马天主教和其他基督教宗。百慕大群岛是世界靠北的珊瑚群岛之一,百慕大群岛由 7 个主岛及 150 余个小岛和礁群组成,呈鱼钩状分布。

百慕大群岛气候温和湿润,是典型的亚热带海洋性气候,夏季酷热,冬季温和,1 - 2 月的平均气温约为 20 ℃,多强风和暴雨。降雨是百慕大唯一的淡水来源,年平均降雨量约1 500 mm。百慕大群岛上多火山熔岩,低丘起伏,附近水域产鱼和龙虾。

夏季是邮轮到访百慕大群岛的最佳时间。百慕大政府对邮轮上的音乐、博彩和娱乐演出都有着严格的法律规定,这使得在百慕大群岛停靠的邮轮无法提供邮轮上常见的娱乐服务,因此,邮轮在百慕大群岛停靠期间的船上活动较少。因陆地上的酒店价格昂贵,很多游客会选择在停靠港口的邮轮上住宿。大量邮轮的来访对百慕大群岛狭小的地域造成了一定的负面影响,如交通堵塞、海滩拥挤、废物丢弃等。因此,百慕大政府规定到访的每艘邮轮最多载客人数不超过 1 500 人。

百慕大群岛的货币是百慕大元,等值于美元。百慕大群岛与开曼群岛、英属维尔京群岛并称为"三大离岸避税天堂"。百慕大群岛是世界第五大船舶注册地。群岛内几乎所有商品都依赖进口,进口产品的 75% 来自美国,主要贸易伙伴是美国、英国、意大利和加拿大。百慕大群岛有三个主要港口,即哈密尔顿、圣乔治和爱尔兰岛自由港。肯德利费尔德是百慕大群岛唯一的国际机场,有通往英国、美国的航线。

百慕大三角地区自古以来就流传着多起船只失踪事件,神秘现象迟迟得不到解答。据英国《每日邮报》报道,有科学家在百慕大三角地区附近的海域找到了多个巨大的水底坑穴,他们认为这能够为该地区的船只神秘失踪做出合理的解释。

5. 北欧

北欧邮轮旅游区主要包括波罗的海和北海等区域,开设了三条主要航线,北极航线,峡湾航线,波罗的海及俄罗斯航线。

波罗的海(baltic sea),在斯堪的纳维亚半岛与欧洲大陆之间,是世界上盐度最低的海,面积42 万 km²,是地球上最大的半咸水水域,平均水深为 55 m,最深处哥特兰沟深 459 m。波罗的海得名于从波兰什切青到的雷维尔的波罗的山脉,波罗的海被西欧各国称为东海,而被东欧的爱沙尼亚称为西海。波罗的海四面几乎均为陆地环抱,整个海面介于瑞典、俄罗斯、丹麦、德国、波兰、芬兰、爱沙尼亚、拉脱维亚、立陶宛 9 个国家之间;向东伸入芬兰和爱沙尼亚、俄罗斯之间的称芬兰湾,向北伸入芬兰与瑞典之间的称波的尼亚湾,西部通过斯卡格拉克海峡与北海相连,卡特加特海峡把丹麦和瑞典隔开。海域中有波恩霍尔姆岛、厄兰岛、哥得兰岛和奥兰群岛。波罗的海从四周河流注入大量淡水,最长的河流为维斯杜拉河和奥得河。波罗的海的海水又浅又淡,很容易结冰。它的北部和东部海域每年通常有一段不利于航行的冰封期,从每年11月初起,北部开始出现冰冻,冰覆盖的区域每年不尽相同。一般年份,海冰只出现在各个海湾中。只有在严冬时,几乎整个海区才被冰覆盖。每年6月至9月是该地区邮轮旅游的最佳季节。乘坐豪华邮轮在该区域航游,可以深度探访波罗的海沿岸各国的旅游景点。例如,爱沙尼亚首都塔林保存着许多著名的历史古迹,有城堡、教堂等13世纪至15世纪的古建筑。虽然邮轮适航时间有限,但这里的邮轮旅游目的地却非常受游客欢迎。

北海是大西洋的边缘海,位于欧洲大陆的西北,由大不列颠岛、设得兰群岛、斯堪的纳维亚半岛、日德兰半岛和西欧大陆围成,大部分为浅海大陆架,平均水深只有96米。北海最开始由荷兰人命名,意为"北边的海",与其南方的须德海相对应,它是大西洋东北部边缘海。北海西以大不列颠岛和奥克尼群岛为界,北为设得兰群岛,东邻挪威和丹麦,南接德国、荷兰、比利时、法国,西南经多佛尔海峡和英吉利海峡通大西洋。北部以开阔水域与大西洋连成一片,东经斯卡格拉克海峡、卡特加特厄勒海峡与波罗的海相通。海区位于西欧大陆架上,除靠近斯堪的纳维亚半岛西南端有一平行于岸线的宽28~37 km、水深200~800 m的海槽外,大部分海区水深不超过100 m,南部浅于40 m,英格兰北面外海有很多冰碛物构成的沙洲、浅滩,其中面积达650 km^2 的多格浅滩水深仅15~30 m,是世界著名的浅海之一。北海位居高纬度,常年盛行西风,又有北大西洋暖流调节,冬季不结冰,夏季气温不高。2月平均气温为0~5 ℃,8月平均气温为15~17 ℃。年降水量比较多,北部达1 000 mm,南部为600~700 mm,季节分配均匀,属温带海洋性气候。同时,北海又处于极锋南北徘徊位置,气旋活动频繁,尤其是冬季(11月至次年3月)经常发生大风暴,可形成高达数米,甚至10 m多的巨浪,往往使海区南部的荷兰、丹麦、比利时和英国等沿岸地区遭受风暴潮袭击,给当地人民的生命、财产造成严重危害。北海是世界上四大渔场之一,鲜鱼的产量占世界的一半,附近各国沿海人民均以渔业为主要工业。1958年,北海海底被英国、荷兰、德国、丹麦和挪威瓜分成几个油、气的勘探和开发区。第一个天然气井和油井已分别于1959年和1969年投产。北海现在是世界第九大油田。北海沿岸有七个国家,即挪威、英国、爱尔兰、德国、比利时、荷兰、法国,人口最多的国家是德国,其次是英国和法国。挪威是本区内人口密度最小的国家,平均每平方公里仅13人,国家总人口仅相当于俄罗斯圣彼得堡一个城市的人口。

6. 亚洲

亚洲的大陆海岸线绵长而曲折,海岸线长69 900 km。是世界上海岸线最长的大洲。海岸类型复杂,多半岛和岛屿,是半岛面积最大的一洲。阿拉伯半岛为世界上最大的半岛(面积约300万 km^2)。亚洲大陆跨寒、温、热三带。气候的主要特征是类型复杂多样、季风气候典型和大陆性显著。东亚东南半部是湿润的温带和亚热带季风区,东南亚和南亚是湿润的热带季风区,中亚、西亚和东亚内陆为干旱地区。以上湿润季风区与内陆干旱区之间,以及北亚的大部分为半湿润半干旱地区。

亚洲大部分地区冬季气温很低,最冷月平均气温在0 ℃以下的地区约占全洲面积的2/3,上扬斯克和奥伊米亚康一带,1月平均气温低达-50 ℃以下,奥伊米亚康极端最低气温曾

低达 - 71 ℃,是北半球气温最低的地方,被称为北半球的寒极区。夏季普遍增温,最热月平均气温除北冰洋沿岸在 10 ℃以下外,其余地区均在 10 ~ 15 ℃之间。20 ℃以上的地区约占全洲面积的 50% 。

亚洲地区海域广阔,港口条件优良,文化多元性,其市场潜力巨大。目前,亚洲邮轮旅游市场主要分为两大区域,即东北亚区域,包括中国、日本、韩国等;东南亚区域,包括新加坡、马来西亚、泰国、印度、越南、菲律宾等。在东北亚地区,有相当数量的邮轮航线从中国出发,向北驶往日本、韩国;而较长的航线向南驶往越南、泰国、马来西亚及新加坡。在东南亚地区,由于政府开发邮轮旅游较早,文化丰富多彩,旅游资源丰富,终年气候炎热等因素使得国际邮轮公司和船队进入该市场较早,运营全年航线。

7. 澳大利亚—新西兰

澳大利亚全称为澳大利亚联邦,属大洋洲,位于南太平洋和印度洋之间,由澳大利亚大陆和塔斯马尼亚岛等岛屿及海外领土组成。它东濒太平洋的珊瑚海和塔斯曼海,西、北、南三面临印度洋及其边缘海。四面环海,是世界上唯一一个独占一个大陆的国家。澳大利亚东部隔塔斯曼海与新西兰相望,东北隔珊瑚海与巴布亚新几内亚和所罗门群岛相望,北部隔着阿拉弗拉海和帝汶海与印度尼西亚和东帝汶相望。

澳大利亚地处南半球,虽然时差与中国只有 2 ~ 3 h,但是季节却完全相反。12 ~ 2 月为夏季,3 ~ 5 月为秋季,6 ~ 8 月为冬季,9 ~ 11 月为春季。年平均气温北部 27 ℃,南部 14 ℃。澳大利亚跨两个气候带,北部属于热带,由于靠近赤道,1 ~ 2 月是台风期。澳洲南部属于温带。澳洲中西部是荒无人烟的沙漠,干旱少雨,气温高,温差大;在沿海地带,则雨量充沛,气候湿润。

新西兰现为英联邦成员国之一。新西兰属于大洋洲,位于太平洋西南部,澳大利亚东南方向,介于南极洲和赤道之间,西隔塔斯曼海与澳大利亚相望,北邻新喀里多尼亚、汤加、斐济。新西兰由北岛、南岛、斯图尔特岛及其附近一些小岛组成,以库克海峡分隔,南岛邻近南极洲,北岛与斐济及汤加相望。新西兰首都惠灵顿以及最大城市奥克兰均位于北岛,官方语言为英语、毛利语、新西兰手语。2016 年新西兰人口约为 469 万,主要民族为英裔新西兰人、毛利人、亚裔新西兰人。新西兰海岸线长约 6 900 km,素以“绿色”著称。

新西兰属温带海洋性气候,季节与北半球相反。12 月至次年 2 月为夏天,6 月至 8 月为冬天。夏季平均气温 20 ℃左右,冬季平均气温 10 ℃左右,全年温差一般不超过 15 ℃。全国各地年平均降雨量为 600 ~ 1 500 mm。四季温差不大,植物生长十分茂盛,森林覆盖率达 29% ,天然牧场或农场约占国土面积的一半,生态环境非常好。北岛多火山和温泉,南岛多冰河与湖泊。约在 1 亿年前,新西兰与大陆分离,从而使许多原始的动植物得以在孤立的环境中存活和演化。除了独特的植物和动物之外,这里还有地形多变的壮丽自然景观。新西兰是罕见鸟类的天堂,哈斯特巨鹰堪称史上最大的鹰。新西兰主要城市有惠灵顿、奥克兰、克赖斯特彻奇(基督城)、哈密尔顿、达尼丁等。此外,新西兰还有库克群岛、纽埃、托克劳等。惠灵顿是新西兰首都,也是世界上处于较南端的首都之一。惠灵顿城市面积约 266.25 km^2,夏季平均气温 16 ℃左右,冬季平均气温 8 ℃左右。新西兰的“环太平洋”饮食风格是受到欧洲、泰国、马来西亚、印度尼西亚、波利尼西亚、日本和越南的影响。全国各地的咖啡馆和餐厅都提供这种结合各地特色的料理,游客想品尝地道的新西兰风格,可点羊肉、猪肉、鹿肉、鲑鱼、小龙虾、布拉夫牡蛎、鲍鱼、贻贝、扇贝、甘薯、奇异果和树番茄等烹制的菜品,还有最具代表性的新西兰甜点“帕洛娃”,这是以白奶油和新鲜水果或浆果铺在蛋白霜上制成的。

澳大利亚新西兰的航线多以悉尼为中心,从悉尼港向南经墨尔本、霍巴特进入南太平洋到达风景宜人的新西兰,经过新西兰的南北岛到达奥克兰,这是澳新航线中的经典航线。有的航线会到达斐济和新喀里多尼亚岛及瓦努阿图,峡湾、火山岛、珊瑚岛、高山绝壁、急流瀑布、温泉草原和阳光沙滩,以及原始生活的土著人,是此航线的特色。还有相当多的航线是围绕着澳大利亚大陆,分成不同的航段,从悉尼想被经布里斯班、黄金海岸到凯恩斯,体验澳洲的最著名的大堡礁。南部的塔斯马尼亚岛周边也是邮轮航线活跃的区域。

8. 太平洋岛屿航区

太平洋是地球上岛屿最多的大洋,计有大小岛屿 2 万多个,面积达 440 万 km²,约占世界岛屿总面积的 45%。中部横亘在太平洋与印度洋之间的马来群岛,东西长 4 500 多公里,它们把太平洋西部水域分隔成近 20 个边缘海、数十条海峡和水道。在太平洋岛屿中,除新西兰的南、北二岛外,其余绝大部分岛屿位于太平洋中部,犹如繁星散布在赤道两侧的南、北纬 30°,以及东、西经 130° 之间浩瀚的热带海洋里。太平洋岛屿是一个群岛套群岛的“万岛群岛”。太平洋岛屿中最大的岛屿为伊里安岛(又称“新几内亚岛”),面积 78.5 万 km²,仅次于格陵兰岛,是世界第二大岛。

太平洋岛屿按成因可分为大陆岛和海洋岛,海洋岛又可分为火山岛和珊瑚岛。伊里安岛和美拉尼西亚的大多数岛屿都属于大陆岛,面积较大,既有高大崎岖的山地,也有宽窄不等的沿海冲积平原,有利于发展农业,最适宜种植热带经济作物,并有茂密的森林和丰富的矿藏。波利尼西亚的夏威夷群岛就是典型的火山岛,迄今仍有火山活动,这种岛屿海拔较高,火山熔岩、火山灰经长期风化,土壤肥沃,森林茂密,适宜发展农业,也可种植热带经济作物。密克罗尼西亚以珊瑚岛为主,面积较小,地势低平,水分渗漏严重,土壤肥力较低,对农耕不利。部分岛屿储藏有丰富的磷酸盐矿。礁湖和环礁有缺口同外洋联系,往往形成船只避风的良好港湾。太平洋岛屿除珊瑚岛外,植物均很繁茂,生长着热带经济作物,主要有椰子、咖啡、可可、香蕉、菠萝、甘蔗、橡胶树等。在沿海地带牧草繁茂,有利于发展畜牧业。美拉尼西亚热带森林茂密,盛产白檀木、红木等珍贵木材,世界闻名。太平洋岛屿矿产资源种类较多,最重要的是磷酸盐矿,分布在瑙鲁、基里巴斯的大洋岛及所罗门群岛等。新喀里多尼亚的镍矿储量居世界首位。金、铜、铬、镁、石油等的储量也比较多,此外,还有钴、银、铝土矿等。波利尼西亚中部的莱恩群岛盛产珍珠。

大溪地、夏威夷是这个区域的代表,常年的热带气候适宜全年旅游,群岛之间会有交通需求,而较小的岛屿观光游览的时间又不会太长,这就非常适合邮轮旅游,更加推荐度假村的休闲度假 + 邮轮环游,即让自己享受了常规度假的悠闲,又合理利用时间慢慢地品味了周边岛屿的不同特色,相比于岛屿间的飞行交通和船舶交通,邮轮旅游既节省时间和费用又不用随时携带行李,是一举多得的好方式。

9. 南 - 北极航区

南极洲是地球上最后一片净土。南极大陆的总面积为 1 390 万 km²,相当于中国和印巴次大陆面积的总和,居世界各洲第五位。整个南极大陆被一个巨大的冰盖所覆盖,平均海拔为 2 350 m,是世界上最高的大陆。南极洲蕴藏的矿物有 220 余种。

几乎所有前往南极大陆的邮轮都是从阿根廷的乌斯怀亚港出发的,在前往壮丽的白色大陆途中,还将观赏到丰富的野生动物种群,领略南大洋诸岛令人难以忘怀的迷人风光。去南极的航次都将穿越德雷克海峡,这将是全程中海况最艰苦的一段航程。在南极大陆探寻野生动物资源:海豹、企鹅和鲸鱼。为了让整个行程更加精彩,很多的邮轮都提供由探险队和讲解师组成的前进号专家小组,会在航行途中举办与南极历史、生物学、地质学相关的系列讲座。如果您是独自前往,要有一定的英语基础。在探险队的带领下,还将乘坐坚固的极地登陆艇登陆,近距离观赏企鹅聚集地。在邮轮的观测大厅中体验极地风光和在浮游冰盖间穿梭的震撼感觉。在南极地区运行的邮轮档次差距很大,不能只看价格,还要了解船只的特点和标准,有豪华的小型邮轮,有破冰船,还有标准很低的邮轮。

北极地区的气候终年寒冷。北冰洋是一片浩瀚的冰封海洋,周围是众多的岛屿以及北美洲和亚洲北部的沿海地区。北极是指地球自转轴的北端,也就是北纬90°的那一点。冬季,太阳始终在地平线以下,大海完全封冻结冰。夏季,气温上升到冰点以上,北冰洋的边缘地带融化,太阳连续几个星期都挂在天空。

北极相对于我们来讲不是什么太遥远的目的地,每年的6~8月是北极邮轮旅游的最佳季节,有从阿姆斯特丹出发的,有从哥本哈根出发的,多数都是穿越了北极圈到达北角,途中还要经过挪威的峡湾,只有大型的破冰船才能深入北极腹地。

10. 中南美洲航区

中美洲是指墨西哥以南、哥伦比亚以北的美洲大陆中部地区,东临加勒比海,西濒太平洋,也是连接南美洲和北美洲的狭长地带。中美洲包括危地马拉、伯利兹、萨尔瓦多、洪都拉斯、尼加拉瓜、哥斯达黎加和巴拿马等国家,面积52.328万km²。中美洲大部分为印欧混血种人,其余为印第安人、白种人和黑种人。中美洲是玛雅文化的发祥地。从16世纪起,中美洲的国家先后沦为西班牙殖民地,19世纪20年代起,它们先后独立。巴拿马运河沟通大西洋和太平洋,地理位置优越。中美洲是世界主要的生态旅游目的地之一,这里有着郁郁葱葱的热带雨林和丰富的野生动物种群,以及世界上历史悠久的巴拿马运河。尽管类似于"玛丽王后2"号这样的巨型邮轮无法通过巴拿马运河,但是一些邮轮公司仍会提供利用吨位较小的邮轮穿越巴拿马运河的邮轮航线,沿途会停靠中美洲和加勒比海地区的一些港口城市。中美洲邮轮旅游航线常年向游客开放,旅游旺季通常是在每年的4月至9月,经典的邮轮航线行程通常在10天至25天,甚至更长时间。中美洲邮轮航线能领略到中美洲各国的独特风情,探索被誉为世界七大工程奇迹之一的巴拿马运河。巴拿马运河连接中美洲和南美洲大陆,有"世界桥梁"之称。邮轮可以由加勒比海经过巴拿马运河船闸,通过世界上最大的人造湖泊进入运河。

南美洲的邮轮航线是距离我们比较远的,很多人因为距离的原因甚少考虑,对于我们来讲这也是一个神秘的地区,南美航线包括巴西的亚马孙河、秘鲁、智力、阿根廷、乌拉圭、尼加拉瓜。从旅行的便捷、舒适和安全考虑南美非常适合邮轮旅行。

巴拿马运河航线是一个不容错过的了不起的体验。运河的修建从1904年至1914年,运河的开通使其成为国际海上贸易的重要组成部分。全长超过81km,连接大西洋和太平洋。巴拿马运河是现代工程的壮举被列为现代的世界七大奇迹之一。巴拿马运河属水闸式运河,该水闸总共有六级,通过水闸将大型船只从海平面提升到25.9m的高度。由于船闸的限制邮轮吨位最大只能控制在9万吨左右。

巴拿马运河邮轮航线还有不同的行程。有些提供从出发、返回到同一港口的航线。有些提供从一个海岸到另一端的海岸。很多时候,巴拿马运河邮轮更多的是和太平洋和大西洋两岸的港口相连线组合。如果您有兴趣花更多的时间,可以从劳德代尔堡前往圣地亚哥甚至阿拉斯加,也可以从纽约到洛杉矶。规划邮轮旅程,组合各种长度的轻松旅程。您可以计划一次完美的休假,通过巴拿马运河的沟通,了解整个加勒比地区,中美洲以及南美洲和墨西哥。从美丽和富尔特阿马多尔出发,经过利蒙港、哥斯达黎加可爱的海岸再到洛杉矶,最后抵达阿拉斯加,这一路的美景会让您流连忘返。游客可以在这两处参加岸上观光团队,游览整个运河地区。运河航线停泊的港口还有:圣布拉斯岛、卡尔德拉港、利蒙港、克萨尔港等。

三、世界主要邮轮旅游港口城市

港口城市是位于江河、湖泊、海洋等水域沿岸,拥有港口并具有水陆交通枢纽职能的城市,一般港口城市,水运、渔业、造船都比较发达,其按地理位置和职能特点可以分为不同种类。

港口城市按地理位置分为:河口港城市,如上海、纽约、鹿特丹等;海岸港城市,如湛江、大连、青岛、神户、马赛、新加坡、悉尼等;内河港城市,如南京、武汉、蒙特利尔等;湖港城市,如德卢斯、多伦多等;运河港城市,如苏伊士。

港口城市按职能特点分为专业性和综合性两类。专业性港口城市多形成于资源输出地、货物中转地、渔业生产区和海防要地。例如:以输出煤炭为主要职能的秦皇岛;以输出原油为主要职能的麦纳麦(巴林)、哈尔克岛(伊朗);以军港为主体的旅顺、土伦(法国)、普利茅斯(英国)、塞瓦斯托波尔(俄罗斯);以渔港为主体的舟山、圣约翰斯(加拿大)等。综合性港口城市不仅港口有多种专业码头,而且城市职能往往也具有综合性。综合性港口城市按其规模和影响范围分为:地方性港口小城市,如北海、三亚、龙口等;地区性中等港口城市,如湛江、烟台等;地域性或全国性港口大城市,如上海、广州、天津、宁波、大连、青岛等。某些拥有自由港和自由贸易区的海港城市如纽约、香港,具有国际贸易、金融、信息中心的职能。

1.迈阿密

迈阿密是美国佛罗里达州第二大城市,位于佛罗里达半岛比斯坎湾。迈阿密还是南佛罗里达州都市圈中最大的城市,这个都市圈由迈阿密、戴德县、布劳沃德县和棕榈滩县组成,人口超过559万人,是美国人口稠密的城市之一,美国东南部最大的都市圈,也是全美第四大都市圈。迈阿密是国际性的大都市,在金融、商业、媒体、娱乐、艺术和国际贸易等方面拥有重要的地位,也是许多公司、银行和电视台的总部所在。是文化的大熔炉,受庞大的拉丁美洲族群和加勒比海岛国居民的影响很大,与北美洲、南美洲、中美洲以及加勒比海地区在文化和语言上关系密切,因此有时还被称为"美洲的首都"。2008年,迈阿密被《福布斯》杂志评为"美国最干净的城市"。2009年,迈阿密还被瑞士联合银行评为"美国最富裕城市"和"全球第五富裕城市"。

迈阿密市以及郊区坐落在佛罗里达大沼泽和比斯坎湾之间广阔的平原上。整个地区的平均海拔约为1 m,最高不超过1.38 m。城市的主要部分位于比斯坎湾的海滨,包括数百个自然的或人工的屏障式的群岛。这些岛屿在地质上被认为是佛罗里达群岛的一部分,但政治上没有任何关系。

迈阿密市和南佛罗里达州的其他城市一样,拥有温暖、湿润的热带气候,只有在冬天才偶尔会遇上寒冷的天气。值得一提的是迈阿密为美国本土冬季最温暖的城市,1月平均气温19.5 ℃,7月28.3 ℃;年平均降水量1 290 mm,大部降于夏季;夏秋之交易受飓风侵袭。这个地区并没有明显的四季之分,取而代之的是一年被分成湿季和干季,湿季六个月。干季是在冬天,湿季通常伴随着夏天飓风季节。据正式记载,迈阿密最热纪录是2004年7月

17 日的 39.4 ℃,而夏天的湿度经常使热指标(heat index)处在 43 ℃ ~48 ℃ 之间。迈阿密最冷的纪录是 1917 年 2 月 3 日的 -2.8 ℃,而这个都市区的最冷纪录是 1977 年 1 月 19 日的 -6.6 ℃。就在那一天,迈阿密经历了 1830 年当地开始有气象记录以来的第一场雪。飓风季节一般从 6 月 1 日开始一直持续到 11 月 30 日,但也有例外的。迈阿密最有可能遭受飓风的时间是 8 月底到 10 月底。据统计,迈阿密是世界上最侥幸能躲过飓风袭击的城市,紧随其后的是巴哈马的拿骚和古巴的哈瓦那。虽然有许多飓风影响过这座城市,包括 1964 年的飓风克利奥(Cleo)、1965 年的飓风贝齐(Betsy)、1992 年的飓风安德鲁(Andrew)、1999 年的飓风艾琳(Irene)和 2005 年的飓风卡特里娜(Katrina)和飓风威尔玛(Wilma),但是幸运的是,迈阿密自从 1950 年飓风金(King)后就没有再受到飓风的直接袭击。

迈阿密被称为"世界邮轮之都",不仅仅是因为这里是世界上最大的邮轮港口,另外还有很多其他原因,适宜的亚热带气候,便利的地理位置,独特的风景和优良的设施等等。迈阿密港目前有 8 个客运码头,23 条邮轮航线,可停泊 55 艘船,而且这个数字每年都在增加。迈阿密港不仅提供最广泛的邮轮目的地选择,它还拥有现代化的专用码头,以确保游客到达和离开都做到高效、便捷。

2. 纽约

纽约是纽约都会区的核心,它是美国最大城市,同时也是世界上的大型城市之一。纽约为了与其所在的纽约州相区分,被称为纽约市。

纽约市位于美国东海岸的东北部,是美国人口最多的城市,也是个多族裔聚居的多元化城市,拥有来自世界将近 100 个国家和地区的移民,使用的语言约为 800 种。截至 2014 年,纽约市大约有 849 万人,而纽约大都市圈人口则高达 2 000 万人。纽约的面积为 1 214 km²(包括海域),它由五个区组成,即布朗克斯区、布鲁克林区、曼哈顿区、皇后区、斯塔滕岛,政府驻地位于百老汇大街。

纽约濒临大西洋,地处美国纽约州东南哈德森河口,大约在华盛顿和波士顿的中间位置。紧邻的哈德逊河让纽约市享有运航之便,使纽约市快速发展成为一个贸易重镇。纽约大都市圈的城区大多在曼哈顿、斯塔滕岛和长岛,因为地形狭窄,所以人口密度很高。

纽约属于北温带,四季分明,雨水充沛,气候宜人。纽约市夏季平均温度为 23 ℃ 左右,冬季平均温度为 1 ℃ 左右。

纽约是一座世界级的国际化大都市,它可以直接影响着全球的经济、金融、媒体、政治、教育、娱乐与时尚界。其 GDP 于 2013 年超越东京,位居世界城市 GDP 排名第一,纽约在商业和金融等方面发挥着巨大的影响力。纽约的金融区,以曼哈顿的华尔街为龙头,被称为世界的金融中心。纽约证券交易所是世界第二大证交所,它曾是最大的交易所,直到 1996 年它的交易量才被纳斯达克超过。纽约时报广场位于百老汇剧院区枢纽,被称作"世界的十字路口",亦是世界娱乐产业的中心之一。纽约曼哈顿的唐人街是西半球华人最为密集的地方。

3. 洛杉矶

洛杉矶位于美国加利福尼亚州西南部,是该州第一大城市,常被称为"天使之城""洛城"和"名流之城"。洛杉矶面积为 1 290.6 km²,2016 年人口约 397.6 万,是美国人口第二大城市,仅次于纽约。洛杉矶—长滩—圣安娜都会区拥有约 1 300 万人口(2013 年),洛杉矶地区所涵盖的范围更大,包括 5 个县,大约 1 800 万人口。洛杉矶是美国西部最大的都会区,2014 年洛杉矶位居世界城市 GDP 排名第三,仅次于纽约和东京。

洛杉矶是全世界的工商业、国际贸易、科教、文化、娱乐和体育中心之一,拥有美国西部最大的海港,也是美国石油化工、海洋、航天工业和电子工业的主要基地之一。除了拥有发达的工业和金融业之外,洛杉矶还是美国的文化、娱乐中心。在文化方面,洛杉矶拥有世界许多知名的高等教育机构,洛杉矶地区的著名高等学府包括加州理工学院、加州大学洛杉矶分校、南加州大学等。在娱乐方面,好莱坞、加州迪士尼乐园、环球影城等都位于洛杉矶,南加州的奢华之城——比弗利山庄也坐落在洛杉矶的中心地带。此外,洛杉矶还曾经主办了 1932 年、1984 年两届夏季奥运会。

大量的移民使洛杉矶成为一个具有多民族、多种文化色彩的国际性城市,外来人口占全市人口的一半左右,并拥有众多移民社区,各色人种聚居的地区形成了各自的"城"。例如,巴西街充满了浓郁的巴西文化,每年 3 月的巴西狂欢节上都能看到巴西裔美国人在跳迷人的桑巴舞。洛杉矶也是美国华人的主要聚集地之一,约有 7 万华人居住于此。

4. 温哥华

温哥华是一座美丽的城市,位于加拿大不列颠哥伦比亚省南端,是加拿大不列颠哥伦比亚省的第一大城市。它三面环山,一面傍海,虽处于和中国黑龙江省相近的纬度,但南面受太平洋季风和暖流影响,东北部有纵贯北美大陆的落基山脉做屏障,终年气候温和湿润,环境宜人,曾多次被评选为全球最宜居城市,是加拿大著名的旅游胜地。

温哥华给人印象最深的是覆盖冰川的山脚下是众岛点缀的海湾,绿树成荫,风景如画,是一个富裕的绿色住宅城市,是世界著名的旅游城市。温哥华也是一个空气新鲜的城市,卓越的生活品质令人赞叹,这里盛行帆船、垂钓、远足运动。温哥华四周尽是自然景致,乘车从大街出发,只需 30 分钟便可看见大平原,踏在草原上,会有心胸广阔、世界真美的感觉。又想置身繁华大街,又想亲近大自然的话,温哥华这座城市便是一个不可不到的好地方。

温哥华的电影制片业十分发达,它是北美洲继洛杉矶、纽约之后的第三大制片中心,素有北方好莱坞之称。温哥华的旅游景点众多,包括斯坦利公园;狮门大桥;加拿大广场,即著名的"五帆"建筑;伊丽莎白女王公园;格罗斯山;卡皮兰诺吊桥;唐人街(千禧门、孙中山花园);惠斯勒滑雪场等。

5. 上海

上海简称"沪"或"申",是中华人民共和国直辖市,国家中心城市,超大型城市,还是中国的经济、交通、科技、工业、金融、贸易、会展和航运中心,首批沿海开放城市。上海地处长江入海口,位于太平洋西岸,亚洲大陆东边,中国南北海岸中心点,长江和黄浦江入海汇合处,隔中国东海与日本九州岛相望。

上海属亚热带湿润季风气候,四季分明,日照充分,雨量充沛。上海气候温和湿润,春秋较短,冬夏较长,全年 60% 以上的雨量集中在 5 月至 9 月的汛期。2015 年,上海 GDP 居中国城市第一位,亚洲城市第二位,仅次于日本东京。上海亦是全球著名的金融中心,世界人口规模和面积较大的都会区之一。上海与江苏、安徽、浙江构成的长三角城市群已成为全球六大世界级城市群之一。上海港货物吞吐量和集装箱吞吐量均居世界前列,是一个良好的滨江、滨海国际性港口。上海也是中国大陆首个自贸区中国(上海)自由贸易试验区所在地。

上海也是一个新兴的旅游目的地,由于它深厚的文化底蕴和众多的历史古迹,如上海的地标——浦西的外滩和新天地。位于浦东的东方明珠广播电视塔与金茂大厦却呈现出另一番繁华景象,它们与上海环球金融中心等建筑共同组成了全球十分壮丽的风景之一。

此外,上海迪士尼乐园于 2015 年对游客开放。

上海有两个邮轮港口,一个是上海吴淞口国际邮轮港,位于宝山区,另一个是在虹口区东大名路的上海港国际客运中心。上海吴淞口国际邮轮港,2011 年 10 月 15 日正式开港。继 2014 年超过新加坡,成为亚洲最大邮轮母港后,2016 年又超越西班牙巴塞罗那,成为全球第四大邮轮母港。

上海港国际客运中心的国际客运码头面积约 20 000 m²,水深 9～13 m ,可以同时停靠 3 艘豪华邮轮,码头年通过能力达到 100 万人次。

6. 香港

香港简称港,全称为中华人民共和国香港特别行政区。香港地处中国华南地区,珠江三角洲东南部、珠江口以东,南海沿岸,北接广东省深圳市,与澳门特别行政区、广东省珠海市及中山市隔着珠江口相望。香港是全球高度繁荣的国际大都会之一,香港由香港岛、九龙半岛、新界三大区域组成,人口密度居全世界前三位。香港是继纽约、伦敦后的世界第三大金融中心,它们并称为“纽伦港”,在世界享有极高声誉。香港是国际和亚太地区重要的航运枢纽和极具竞争力的城市之一,曾经连续多年经济自由度指数位居世界首位。香港著名高等院校有香港大学、香港中文大学等,常用语言为粤语、英语。香港素以优良治安、自由经济和健全的法律制度等而闻名于世,素有“东方之珠”“美食天堂”“购物天堂”等美誉,也是全球较富裕、经济较发达和生活水准较高的地区之一。

香港地理位置优越,拥有天然深水港,是亚太区内一个重要港口,配合香港多样化的旅游设施以及专业的旅游业,香港在亚太区邮轮市场一直占有举足轻重的地位。新邮轮码头第一个泊位在 2013 年启用后,可以停泊现时世界上最大、设备最先进的邮轮。邮轮码头落成后,加上尖沙咀的海运码头,香港将会有四个邮轮泊位,可以停泊不同种类和大小的邮轮,为香港及亚太区邮轮业的长远发展提供有利的基础。

7. 新加坡

新加坡市是新加坡共和国的首都,位于新加坡岛的南端。新加坡市是新加坡政治、经济、文化中心,有“花园城市”之称,是世界上超大港口之一和重要的国际金融中心。新加坡市区也称中央商务区(CBD)位于新加坡岛的南端,南距赤道 136.8 km。这里是新加坡的经济、政治和文化中心。

作为东南亚地区除香港维多利亚港外的豪华邮轮港口,新加坡邮轮中心的地位不可小觑。它拥有绝佳的地理位置,处于全球最有名的大型综合度假村“圣淘沙”的对岸,同时也在全国最大的商业中心旁边。不仅如此,它离国际机场和市中心都非常近,直接联通了交通运输系统,很多游客都从其他国家下飞机后直接前往这里来乘坐国际邮轮去往下一个目的地。目前国际几乎各大知名邮轮公司都有或曾有过新加坡航线,比如皇家加勒比邮轮、公主邮轮、星梦邮轮、歌诗达邮轮、诺唯真邮轮等等。也有很多邮轮会选择在新加坡进行大保养和大修,为即将开始的下一段长途跋涉做好准备工作。

8. 悉尼

位于澳大利亚的东南沿岸,是澳大利亚新南威尔士州的首府,也是澳大利亚面积最大、人口最多的城市。大悉尼都会区面积约 12 368.193 km²,悉尼市区面积约 1687 km²,人口截至 2016 年约为 503 万,大悉尼都会区由悉尼市区和 33 个郊区组成。

2012—2013 年间,悉尼的地区生产总值达到了 3 375 亿美元,被誉为南半球的“纽约”。悉尼已连续多年被联合国人居署评为全球宜居的城市之一,并被评为 2018 年世界一线城市第七位。

悉尼拥有高度发达的金融业、制造业和旅游业。其中,世界顶级跨国企业、国内外金融机构的总部均扎根悉尼。同时,悉尼也是澳大利亚证券交易所、澳大利亚储备银行及美国二十世纪福克斯制片厂的所在地。悉尼还是多项重要国际体育赛事的举办城市,曾举办过1938年英联邦运动会、2000年悉尼奥运会及2003年世界杯橄榄球赛。在南太平洋区域最知名的豪华邮轮港口莫过于悉尼港了,这里不仅是各大国际邮轮争相"走秀"的舞台,本身也是澳洲远近闻名的景点之一,被誉为了"世界最天然的美丽港口",豪华邮轮们将这里作为母港自然是非常明智的选择。国外的游客一登陆就可以直接来到澳洲最有名的景点,很多游客在还没下船时,就迫不及待地想去附近的悉尼歌剧院、悉尼港大桥以及具有罗马风的维多利亚女王大厦等耳熟能详的悉尼地标。

目前停靠悉尼港的国际豪华邮轮主要是皇家加勒比邮轮、公主邮轮、诺唯真邮轮这几家。特别像公主邮轮在这里部署了旗下的五艘邮轮,皇家加勒比邮轮也在这里部署了四艘邮轮,充分说明了悉尼港对于豪华邮轮品牌的战略布局的重要性。

9. 济州岛

济州岛别名奎尔帕特岛,又称耽罗岛、蜜月之岛、浪漫之岛。它是韩国的第一大岛,属于济州特别自治道管辖,面积1 845.5 km^2,岛上最大的城市是济州市。

济州岛位于韩国西南隅,黄海与东海的东端界限处,北面隔济州海峡与韩国本土相距82 km,东面隔朝鲜海峡与日本相望,西面隔黄海与中国相离,南向东海,地扼朝鲜海峡门户,地理位置十分重要。济州岛语言为济州方言,首府位于济州市。

济州岛是由120万年前火山活动而形成,是一座典型的火山岛。济州岛主要是由平原、丘陵、熔岩组成。济州岛的海岸线长256 km,岛上最高山峰为汉拿山。汉拿山也是韩国最高峰。济州火山岛和熔岩洞,2007年被联合国教科文组织定为世界自然遗产,亦是世界新七大自然奇观之一,其海岸拥有奇特的火山柱状节理海岸。

济州岛不仅具有独特的海岛风光,而且还传承了古耽罗王国独特的民俗文化,素有"韩国的夏威夷"之称。该岛的旅游业和水产业在韩国有着举足轻重的地位。

10. 南安普敦

南安普敦市靠近温彻斯特,交通便利,旅游资源丰富。位于南安普敦西南部的新森林国家自然风景区内,景色秀美,可以进行徒步、骑马等各种野外活动。南安普敦有丰富的遗产和深厚的文化底蕴。作为英国历史上通往世界的门户,南安普敦保持着无可取代的国际港口地位,也是许许多多划时代人物的家园,如伊丽莎白二世和奥莉埃纳。它拥有繁华的码头和广阔的大海,英国铁人挑战赛、怀特布莱德环球帆船赛,以及BT环球挑战赛定期在此举行。在南安普敦有几家电影院、两个大剧院、几个音乐厅和美术画廊,以及南部地区较大的购物中心,游客可以欣赏戏剧、歌剧、音乐和电影等丰富的娱乐节目。

目前皇家加勒比邮轮公司派遣了三艘邮轮以南安普敦港为母港,分别是"海洋独立"号"海洋探险者"号和"海洋圣歌"号,此外公主邮轮也有两艘在这里。航线主要是去往北欧或地中海北边。

11. 巴塞罗那

巴塞罗那是加泰罗尼亚的港口城市,是享誉世界的地中海风光旅游目的地和世界著名的历史文化名城,也是西班牙最重要的贸易、工业和金融基地。巴塞罗那港是地中海沿岸最大的港口和最大的集装箱集散码头,也是西班牙最大的综合性港口。巴塞罗那气候宜人、风光旖旎、古迹遍布,素有"伊比利亚半岛的明珠"之称,是西班牙最著名的旅游胜地。

巴塞罗那港位于西班牙的热情之都——巴塞罗那,近些年被大家认为是欧洲及地中海地区最受欢迎的邮轮目的地港口,当然也是西欧的大港口之一。它拥有 7 个专项服务邮轮的码头,高效的邮轮服务质量使得基本上所有来往于西地中海的豪华邮轮都会在此停靠,因而也有更多的邮轮公司以此为母港。它最厉害的地方是其优越的地理位置所带来无与伦比的交通优势,影响范围甚至可以达到北非。

目前地中海邮轮、歌诗达邮轮和皇家加勒比邮轮分别在巴塞罗那港部署了 9 艘、8 艘和 6 艘豪华邮轮。其中刚从亚洲市场返回的歌诗达"幸运"号邮轮就将从巴塞罗那港重新开始欧洲地中海航线。

12. 哥本哈根

丹麦王国的首都,丹麦最大城市及最大港口,北欧最大城市,丹麦政治、经济、文化、交通中心,坐落于丹麦西兰岛东部,与瑞典第三大城市马尔默隔厄勒海峡相望。城市的一小部分位于阿玛格尔岛上。哥本哈根是北欧名城,也是世界上漂亮的首都之一,被称为"最具童话色彩的城市"。哥本哈根曾被联合国人居署评选为"最适合居住的城市",并给予"最佳设计城市"的评价。哥本哈根既是传统的贸易和船运中心,又是新兴制造业城市,全国 1/3 的工厂建在大哥本哈根区。

至于哥本哈根港,作为富有童话色彩的港口,它也是这座城市的象征之一。因为在丹麦文中,"哥本哈根"本身就意味着"贸易港"。从这里出发的主要是北欧航线,邮轮最远可到达俄罗斯。而且航线的时间都还比较长,大都是七八天或者十三四天的行程。目前地中海邮轮在这里出发的邮轮数量会比其他品牌的数量要多一点。

第三节　中国邮轮港口布局和规划

一、发展现状

1. 总体情况

我国现已成为亚洲地区最大的邮轮市场,国际三大知名邮轮公司嘉年华、皇家加勒比、丽星均已进入我国,海航旅业、渤海轮渡等国内企业正在积极拓展邮轮业务,并初步形成了以日韩线、越南线、台湾地区线等始发航线为主,国际挂靠航线为辅的格局。2014 年沿海港口到港邮轮 466 艘次、完成旅客吞吐量 171 万人次,"十二五"期前两年年均增长速度分别达到 23% 和 40%。上海港、天津港、三亚港和厦门港已建成 10 个邮轮泊位,设计年通过能力 420 万人次。青岛港、深圳港和北海港等港口在建邮轮泊位 15 个,设计年通过能力 465 万人次。

在中国邮轮港口发展中,各个沿海城市纷纷建立新型邮轮港口,或是对原有的码头进行改造,目前华北、华东、华南地区均建立了邮轮港口群。中国邮轮港口包含上海吴淞口国际邮轮港、天津国际邮轮母港、青岛邮轮母港、广州港国际邮轮母港(建设中)、深圳招商蛇口国际邮轮母港、厦门邮轮母港等多家具有较大影响力的邮轮母港。

另外还有上海港国际客运中心、三亚凤凰岛国际邮轮港、舟山群岛国际邮轮港、大连国际邮轮港(建设中)、烟台港、海口南海明珠国际邮轮港(建设中,目前是秀英港),另外温州、北海、防城港等地也要建设邮轮港。

2. 发展特点

我国邮轮运输发展呈现以下特点:一是处于起步发展阶段,市场规模快速扩张,2014 年沿海港口邮轮到港数量和邮轮旅客吞吐量分别较 2006 年增长 3 倍和 10 倍;二是邮轮航线由国际挂靠为主转变为始发为主,2014 年始发航线邮轮到港数量和邮轮旅客吞吐量比重分别达到 79%和 86%,分别较 2006 年提高了 57%和 69%;三是邮轮运输主要集中在上海港、天津港、三亚港和厦门港 4 港,2014 年上述港口邮轮到港数量和邮轮旅客吞吐量分别占全国的 90%和 97%,其中上海港比重则分别达 58%和 72%;四是船舶大型化趋势明显,在我国运营的最大邮轮船型已由 3 万吨级(载客量 1 000 人)发展到 15 万吨级(载客量 3 800人);五是邮轮运输呈现较为明显的季节性特征,天津港等北方港口主要集中在夏季,三亚港等南方港口主要集中在冬季,旺季到港邮轮数量占比超过 80%。

二、发展趋势

1. 市场发展趋势

我国和周边国家及地区邮轮旅游资源丰富,具备形成东北亚、东南亚、台湾海峡及南海等邮轮航区的资源条件。随着我国居民收入水平逐步提高和消费结构快速升级,我国邮轮旅游消费群体规模将不断扩大。邮轮旅游作为新兴休闲度假方式,发展前景广阔,市场需求在较长时期内仍将保持快速增长。预计 2030 年沿海邮轮旅客吞吐量将达到 3000 万人次左右,年均增速约 20%。

2. 船型发展趋势

近年来,国际邮轮呈现大型化发展趋势,近五年新交付的邮轮中 10 万吨级以上船舶比重达 63%,邮轮手持订单中 10 万吨级以上船舶比重达 75%,最大船型已经达到 22.5 万总吨(载客量 5 400 人)。预计未来我国始发航线邮轮船型以 8 万~15 万吨级船型为主,国际挂靠航线以 8 万吨级以下船型为主,沿海航线以 5 万吨级以下船型为主。

三、布局规划

1. 市场主导,政府引导

港口布局应充分考虑市场需求、旅游资源和港口条件,发挥企业主导作用,各级政府做好服务工作,为邮轮港口健康发展营造良好氛围。

2. 分类指导,合理定位

根据我国邮轮港口现状特点和发展前景,合理确定邮轮港口分类和功能定位,促进合理分工,避免"贪大求洋"和重复建设。

3. 统筹协调,有序推进

统筹港口与所在城市的协调发展,统筹区域内港口协调发展,统筹近远期发展需求,合理确定近期建设规模与标准。

四、中国邮轮港口的布局

2030 年前,全国沿海预计形成以 2～3 个邮轮母港为引领、始发港为主体、访问港为补充的港口布局,构建能力充分、功能健全、服务优质、安全便捷的邮轮港口体系,打造一批适合我国居民旅游消费特点、国际知名的精品邮轮航线,以成为全球三大邮轮运输市场之一、邮轮旅客吞吐量位居世界前列为目标。

根据《全国沿海邮轮港口布局规划方案》的规划,未来一段时期,我国邮轮港口发展将以始发港为主体,重点对始发港提出布局方案。其他沿海港口根据旅游资源和邮轮市场需求,均可作为邮轮访问港,满足邮轮挂靠需要。始发港布局方案如下:

——辽宁沿海,重点发展大连港,服务东北地区,开辟东北亚航线。

——津冀沿海,以天津港为始发港,服务华北及其他地区,积极拓展东北亚等始发航线和国际挂靠航线,提升综合服务水平,吸引邮轮要素集聚。

——山东沿海,以青岛港和烟台港为始发港,服务山东省,开辟东北亚航线。

——长江三角洲,以上海港为始发港,服务长江三角洲及其他地区,大力拓展东北亚、台湾海峡等始发航线和国际挂靠航线,开辟环球航线,逐步构建完善的航线网络体系,健全邮轮服务功能,提升综合服务水平和邮轮要素集聚程度。相应发展舟山港。

——东南沿海,以厦门港为始发港,服务海峡西岸经济区及其他地区,加快发展台湾海峡航线,拓展东北亚始发航线和国际挂靠航线,提升综合服务水平,吸引邮轮要素集聚。

——珠江三角洲,近期重点发展深圳港,服务珠江三角洲地区,开辟南海诸岛、东南亚等航线。相应发展广州港。

——西南沿海,以三亚港为始发港,服务西南及其他地区,拓展东南亚始发航线及国际挂靠航线,加快开辟南海诸岛航线,扩大市场辐射范围,提升综合服务水平。相应发展海口港和北海港,拓展东南亚等始发航线。

五、要求与措施

1. 完善港口规划

各省(自治区、直辖市)港口行政管理部门应根据本布局规划方案,结合市场需求和城市总体规划,开展邮轮码头选址方案论证工作,完善港口总体规划。

2. 有序推进码头设施建设

邮轮始发港可根据发展需要推进专业化邮轮码头建设,应注重经济性、实用性和便利性,合理论证建设规模与标准,把握建设节奏。邮轮访问港尽可能利用既有设施,通过改造和配备必要设施满足邮轮安全靠泊和旅客上下船要求。

3. 促进旅客服务便利化

合理配置邮轮码头集疏运通道、停车场、口岸查验及相关配套设施。完善旅客、行李等运输组织与管理。优化口岸服务流程,提升综合服务效率,满足邮轮旅客便捷、安全进出港要求。

第四节　中国邮轮港口发展现状

一、中国邮轮港口建设现状

自2006年邮轮母港市场开始,我国邮轮旅游业开始呈现井喷式增长,至2016年已经成为全球第二大邮轮市场。邮轮港口作为邮轮旅游产业发展重要的基础设施,在区域邮轮经济的发展中起着举足轻重的作用。邮轮旅游业带动邮轮港口市场快速发展,根据中国交通运输协会邮轮游艇分会数据,从 2010 年至 2017 年,我国邮轮港口接待邮轮总量达 4 533 艘次。其中,共接待母港邮轮 3 623 艘次,访问港邮轮 910 艘次;2017 年全年接待邮轮 1 181 艘次,较 2016 年增加 171 艘次,其中接待母港邮轮 1 098 艘次,接待访问港邮轮 83 艘次。2010—2017 年,我国邮轮港口累计接待出入境游客达 1 654.22 万人次。其中,接待母港邮轮出入境游客量达 1 461.82 万人次,接待访问港邮轮游客 192.4 万人次。2017 年全年接待邮轮游客量为 495.42 万人次,较 2016 年增加 38.76 万人次。整体市场规模扩张速度较快。

目前我国正在使用的国际邮轮港口共 15 家(见表 7.2),其中邮轮专用码头有 8 家。上海吴淞口国际邮轮港、上海港国际客运中心、天津国际邮轮母港、青岛邮轮母港、深圳招商蛇口国际邮轮母港、三亚凤凰岛国际邮轮港、舟山群岛国际邮轮港、厦门国际邮轮中心等 8 家为邮轮专用码头;大连港国际邮轮中心、广州港国际邮轮母港、烟台港、秀英港、温州国际邮轮港、防城港、北海港等 7 家是通过货运码头改造而成的港口。

根据《2018 年中国邮轮港口评价蓝皮书》结果显示,中国邮轮市场正由过去的快速成长期转入平稳发展和高质量发展的新阶段。在基础设施领域,中国的邮轮港已走在世界前列。但是,在邮轮港的运营服务和口岸服务等领域,距国际上成熟港口还有很大差距。

按体系维度划分,从各港口机场和高铁班次综合密度看,前四位分别是上海吴淞口国际邮轮港、广州国际邮轮母港、深圳蛇口邮轮母港、天津国际邮轮母港。从各港口与机场、高铁站和城市商业区(重要景点)的距离来看,前三位分别是上海港国际客运中心、大连邮轮港、厦门国际邮轮中心。从邮轮港口适应度来看,天津、上海吴淞口适应度具有较大优势。从邮轮港口绿色指标来看,上海吴淞口、深圳蛇口、天津、厦门在绿色发展方面具有优势。从邮轮港口服务指标来看,上海吴淞口国际邮轮港、上海港国际客运中心的口岸服务、引航服务遥遥领先。

表 7.2　我国正在使用的国际邮轮港口

序号	邮轮港口	企业名称
1	上海吴淞口国际邮轮港	上海吴淞国际邮轮港发展有限公司
2	上海港国际客运中心	上海港国际客运中心开发有限公司
3	天津国际邮轮母港	天津国际邮轮母港有限公司
4	青岛邮轮母港	青岛国际邮轮有限公司
5	大连港国际邮轮中心	大连港客运总公司
6	广州港国际邮轮母港	广州港国际邮轮母港有限公司
7	深圳招商蛇口国际邮轮母港	深圳招商蛇口国际邮轮母港有限公司
8	厦门国际邮轮中心	厦门国际邮轮母港集团有限公司
9	三亚凤凰岛国际邮轮港	三亚凤凰岛国际邮轮港有限公司
10	舟山群岛国际邮轮港	舟山群岛国际邮轮港有限公司
11	烟台港	烟台客运总公司
12	海口秀英港	海南港控股有限公司
13	温州国际邮轮港	温州状元岙码头有限公司
14	防城港	广西防城港港务集团有限公司
15	北海港	广西北部湾邮轮码头有限公司

二、国家规划方案

未来我国邮轮港口发展以母港为主体，访问港为补充。根据2015年国家交通运输部发布的《全国沿海邮轮港口布局规划方案》提出的要求，2030年前，全国沿海形成以2~3个邮轮母港为引领、始发港为主体、访问港为补充的港口布局。我国邮轮港口建设工作也在如火如荼地进行中。目前我国正在规划建设的邮轮港口有大连国际邮轮母港、广州南沙邮轮母港、北海国际邮轮港、海口南海明珠国际邮轮港、厦门国际邮轮母港等多家新型专业邮轮港口，宁波、秦皇岛计划兴建国际邮轮港，大多以母港为发展定位。

从2012年9月经原国家旅游局批准在上海市宝山区以吴淞口、虹口区以北外滩为中心，设立首个"中国邮轮旅游发展实验区"开始，我国邮轮旅游发展实验区就逐步建立起来。随后天津、深圳、青岛、福州以及大连的邮轮旅游发展实验区也相继获得批准。

目前，我国已经形成了以三大邮轮母港为中心的邮轮市场格局：以上海为邮轮母港，辐射长三角地区的邮轮经济区；以厦门、广州为邮轮母港，辐射东南部沿海地区的邮轮经济区；以天津、大连为邮轮母港，辐射环渤海湾的邮轮经济区。根据交通运输部的规划，未来邮轮港口发展以母港为主体。虽然越来越多的沿海区域开始兴建邮轮港口，且大多为母港，但也存在很多的冲动投资或是为了地标性建筑，拉动房地产业的发展。

三、未来邮轮港口发展路径

1. 基于邮轮港口优势建设国际邮轮港城

各地充分利用邮轮旅游的客源优势和资源优势，打造国际邮轮城，推动国际邮轮经济的发展。当前，我国邮轮港口在港口靠泊能力方面较为领先，邮轮港口的地位与国外著名邮轮港口的功能性方面已经十分接近，邮轮接待能力方面已经有良好的基础。国际邮轮城的规划要从完善邮轮旅游设施向城市基础设施完善转变；国际邮轮城的建设要因地制宜，不可千篇一律。

2. 国际邮轮港口的集团化运营逐渐成为潮流

随着中国邮轮港口群的形成，未来中国将产生邮轮港口运营管理集团，进行资本输出与管理，提升中国邮轮港口的集团化运营能力。

3. 国际邮轮港口将更加注重可持续发展和绿色发展

随着全球邮轮市场的快速发展，邮轮港口的环境保护问题日益得到关注，在邮轮港口的发展运营中更加注重绿色发展成为国际邮轮业界的共识和未来趋势。我国各个沿海城市都在积极地推进，在邮轮港口的发展规划中将绿色发展作为一个重要指标，推动国际邮轮港口的绿色化发展。

四、我国主要港口现状

1. 上海吴淞口国际邮轮港

上海吴淞口国际邮轮港位于上海吴淞口长江岸线的炮台湾水域，即长江、黄浦江、蕴藻浜三江交汇处，目前已是亚太地区最为繁忙的国际邮轮母港。上海吴淞口国际邮轮港发展有限公司，是由上海市宝山区政府与中外运长航上海长江轮船公司联合成立，主要负责吴淞口国际邮轮港的建设、运营、管理及配套服务，涉及客运旅游及相关旅游服务、船舶运输、滚装运输、锚泊服务、船舶代理、邮轮及其他船舶物资原料供应、船舶检修、交船服务等。

上海吴淞口国际邮轮港码头水域规划岸线总长 1 500 m，一期岸线长度 774 m，建有 2 个大型邮轮泊位，同时可靠泊 1 艘 10 万吨级邮轮和 1 艘 20 万吨级邮轮。邮轮港于 2008 年 12 月 20 日开工建设，于 2010 年 4 月 27 日成功试靠 11.6 万吨级"钻石公主"号，2011 年 10 月正式开港试运营。2012 年接靠大型邮轮 62 艘次、2013 年接靠 127 艘次、2014 年接靠 217 艘次，2015 年接靠 283 艘次，2016 年已经达到 500 艘次。现已成为亚太地区最为繁忙的国际邮轮母港，并已超越纽约成为世界第八大邮轮母港。吴淞口国际邮轮港是上海重要的城市基础功能，弥补了上海港无大型邮轮专用码头的缺陷，与北外滩国际客运中心实现功能互补、错位发展，共同形成我国规模最大、功能最全的国际邮轮母港，成为我国邮轮产业中心。

吴淞口国际邮轮码头具有天然的水深优势、独特的自然和人文资源、比较完善的市政、服务等配套设施。港口前沿航道水深常年保持在 9～13 m，距离长江主航道 1～2 km。同时，具有优越的交通优势，A20、A30、逸仙路高架等快速干道、轨道交通和四通八达的公交系统，共同形成了完善的综合交通网络，快速公路网、铁路、航空更可以迅速、舒适、便捷地将客人送往长三角及国内各个区域。今后，将逐渐形成以吴淞口为母港的上海邮轮、游船观光旅游圈，同长江沿线城市合作，共建长江水上旅游黄金水道；与沿海著名港口城市合作，共同打造沿海水上旅游黄金岸线；同时，吴淞口将致力于成为世界邮轮旅游航线的重要轴心。

2. 广州国际邮轮母港

广州南沙国际邮轮母港位于广东自贸区南沙湾区块，粤港澳大湾区的地理几何中心，规划岸线 1 600 m，建设 10 万总吨和 22.5 万总吨邮轮泊位各 2 个。目前建设的一期工程岸线总长 770 m，建成 22.5 万总吨和 10 万总吨邮轮泊位各 1 个，以及建筑面积约 6 万 m² 的航站楼，可停靠目前世界上最大的邮轮，年设计通过能力达 75 万人次。一期工程于 2017 年 7 月正式开工，2019 年 11 月 17 日开港运营。广州南沙国际邮轮母港一期、二期工程全部建成后，将拥有 4 个邮轮泊位、2 座航站楼，年通过能力不低于 150 万人次。广州南沙国际邮轮母港将成为全国规模最大的邮轮母港综合体之一，可停靠目前在建的全球最大豪华邮轮，同时也是集邮轮旅游、港澳客运、珠江内河观光客运等多种业务于一体的广州水上旅游客运枢纽。南沙国际邮轮母港是华南地区最重要的邮轮港口之一，可以停靠世界上最大吨位的邮轮，它的办票柜台和口岸查验通道数量位于国内前列。

数据统计显示，2016—2018 年，南沙运营出入境邮轮 320 航次，接待出入境旅客 121.07 万人次，连续三年保持内地第三的位置。2019 年 1—7 月，南沙接待出入境旅客 26.47 万人次，邮轮 52 艘次。现开通了出发中国香港、日本、越南、菲律宾等地航线 9 条，邮轮目的地 12 个，是国内东南亚航线较多的邮轮港口之一。与国内正在营运的邮轮母港相比，广州南沙国际邮轮母港在交通疏导、航站楼设计、商业配套和岸电系统方面都进行了极大优化升级，集便利、美观和亲民为一体，设计上紧扣以"绿色出行、便捷服务"为中心的宗旨，实现了与公交、地铁、港澳水上客运等交通方式无缝连接，为旅客集散提供多重便利。项目距离地铁四号线南沙客运港站仅约 500 m，是国内第一家实现与地铁无缝对接的邮轮母港。同时，口岸查验通道数量位居国内前列，配合多种目前国内和国际上先进的智能化、科技化的查验设备，可大大提高旅客的通关效率。

在运营管理方面,将充分利用南沙邮轮母港在区位、市场、资源、政策、产业等方面的优势,以优质运营、高效管理为抓手,努力提升业务规模,邮轮靠泊艘次、邮轮航线数量、旅客吞吐量等重要指标均保持在内地母港前列,在运营规模提升的同时增加就业,推动区域经济发展,促进邮轮产业发展与城市文化融合交流,践行国家"一带一路"的重要倡议,深度融入粤港澳大湾区,实现产业与文化的双输出。

广州是我国重要的中心城市、国际商贸中心和综合交通枢纽及千年商都,也是中国历史上唯一一个从未间断的开埠城市,世界上名列前茅的枢纽港,但在邮轮母港的规划建设方面却相对滞后。在此背景下,中交集团于2015年8月投资建设广州南沙国际邮轮母港,致力打造华南地区最大的邮轮母港项目,这无疑将大力提升广州国际航运中心地位,也将补齐广州邮轮产业发展短板。特别是在2017年粤港澳大湾区建设提升到国家发展战略层面后,广州发展邮轮旅游产业出现了前所未有的战略机遇。在大湾区经济发展的有力推动下,广州南沙国际邮轮母港的建成运营,将进一步推动广州邮轮旅游产业的蓬勃发展,也将为中国邮轮产业的发展注入新动能。

3. 深圳蛇口邮轮母港

蛇口邮轮中心,又名太子湾邮轮母港,2016年10月31日正式启用。太子湾项目位于蛇口核心位置,是蛇口工业区充分利用现有的海域、岸线和土地资源条件,强化港口功能,建立水上客运中心,发展国际邮轮母港,提升深圳现代化国际化滨海城市形象,完善城市功能的重要项目。建成后将形成客运枢纽、历史文化博览、文化艺术表演、会议展览、宾馆、酒店配套、商务办公、商务公寓、餐饮、商业、娱乐配套以及欢乐岛海上活动庆典为一体的现代化海滨休闲、游览及商务活动的综合国际社区。该工程水域建设内容包括22万总吨邮轮泊位1个,5万总吨邮轮泊1个,1万总吨客货滚装泊位1个,客运码头3座,生活岸线约600 m,港池航道疏浚;陆域建设内容包括填海造地,工程量约500万 m^3,形成陆域面积约29万 m^2。

4. 天津国际邮轮母港

新建的天津国际邮轮母港位于天津港东疆港区南端,与我国目前较大保税港区之一的东疆保税港区毗邻,天津国际邮轮母港2010年6月26日正式开港,随着意大利歌诗达"浪漫"号、美国皇家加勒比"海洋神话"号以天津作为母港首航,预计将有40余艘次国际邮轮来港,接待进出境旅客8万人次。诸多国际豪华邮轮为天津国际邮轮母港带来了巨大的商机,滨海新区邮轮经济即将起航。

随着滨海新区的开发开放及腹地外向型经济的快速发展,天津市在国际上的知名度不断提高,来津进行商贸、经济洽谈、旅游、会展的人员将日益增多,发展邮轮经济有着巨大的潜力。天津港国际邮轮母港总建筑面积160万 m^2,岸线长2 000 m,6个泊位,初期开发面积70万 m^2,计划建设2个大型国际邮轮泊位及配套客运站房,码头岸线长625 m,可停靠目前世界上最大邮轮,设计年旅客通过能力50万人次。同时,依托国际邮轮泊位与客运站房,邮轮母港区域内拟布置包含邮轮码头管理、港务口岸服务、出入境管理、邮轮公司办事机构、船舶代理、旅游服务和金融保险等在内的综合性写字楼,以及餐饮、宾馆和商业设施,配合东疆保税港区拟后续建设国际商务采购中心、五星级酒店、大型商业设施,以及特色型旅游会展温泉度假设施,从而逐步形成与北方最大邮轮母港目标定位相适应的完善的邮轮母港复合产业体系。

5. 上海港国际客运中心

上海港国际客运中心位于黄浦江西岸,靠近外滩,拥有 880 m 长的黄金沿江岸线,毗邻两条上海地铁线并与东方明珠电视塔隔江相望。上海港国际客运中心是一个集邮轮码头和商业办公为一体的综合商务开发项目,包括国际客运码头、港务大楼、写字楼以及艺术画廊、音乐文化中心等相关建筑和设施。

上海港国际客运中心的国际客运码头面积约 20 000 m²,水深 9~13 m,可以同时停靠 3 艘豪华游轮,码头年通过能力达到 100 万人次,其主要设施布置在一个近 50 000 m² 的绿地下面,而地上部分则为一个飘浮在绿化带上的不规则玻璃球体,在提供客运服务的同时,也成为黄浦江边又一道靓丽的风景线。根据上海市委、市政府对黄浦江两岸开发提出的"百年大计、世纪精品"的规划建设要求,将在有着 160 年装卸历史的高阳码头区域内,打造以国际客运为中心的现代建筑群,形成新世纪上海市标志性的水上门户。

6. 大连港国际邮轮中心

大连港国际邮轮中心地处大连市核心区域,周边历史建筑繁多、商业区密集、交通便利。中心西邻大连造船厂,东靠大连港东部商务区人民东路,北至客运码头海岸线,南近长江路,占地 23 万 m²。目前,中心已接待过"诺唯真宝石"号、"维京精神"号、"威士特丹"号等多艘邮轮。

7. 厦门国际邮轮中心

厦门国际邮轮中心占地面积达 47 万 m²,定位海峡邮轮经济圈的核心港,利用地理位置的优势,突出"海峡"特色,其中 2015 年 9 月投入运营的"厦门—澎湖—厦门"航线是两岸间首条固定航线,深受游客欢迎。2019 年 4 月初厦门国际邮轮母港泊位改造工程全面完成,已具备迎接世界最大 22.5 万总吨邮轮的硬件水平。据统计,2019 年第一季度,厦门母港起航母港邮轮 32 艘次,旅客吞吐量达 89 278 人次,两项数据分别同比增长 433.33%、283.38%,分别位列同期全国邮轮母港的第二、第三位。厦门国际邮轮中心定位于海峡邮轮经济圈的核心港,与业界形成的以天津、上海邮轮母港为中心的东北亚邮轮经济圈,有助于形成南北呼应的邮轮经济圈格局。

厦门积极发展邮轮旅游产业,在"邮轮 + 目的地"模式基础上,依托鼓浪屿核心品牌、厦门临海旅游资源,进一步深化"邮轮 + 全域旅游",通过"港航旅"强强联手开展常态化合作。厦门邮轮港口致力于打造"邮轮大交通"体系,以邮轮为主导的海铁联运、海空联运快速发展,进一步提升母港辐射力。"船、港、城"一体化发展模式正在形成。目前,厦门邮轮港口拥有接待 22.5 万总吨级邮轮的能力,同时满足市民游客在母港吃、住、游、购、娱等各种需求,推动新一轮港城融合、产城融合。

8. 三亚凤凰岛国际邮轮港

三亚凤凰岛国际邮轮港 2002 年开始兴建,2006 年 11 月试航,建成了中国第一座可停靠 8 万吨级邮轮的专用码头,可一次性接待 3 000 多名国内外游客出入境。三亚凤凰岛国际邮轮港 2007 年正式建成通航,嘉年华、皇家加勒比以及丽星等世界知名的大邮轮公司纷纷选择三亚凤凰岛国际邮轮港,曾经开通过数条经停三亚的航线。截至目前共接待 380 多条航次的国际邮轮。

三亚凤凰岛国际邮轮港现有 8 万吨邮轮泊位 1 个,已运营;二期工程规划建设 4 个邮轮泊位,其中:已建设 2 个 15 万总吨泊位;2 个 22.5 万吨泊位正在建设中。二期工程邮轮旅客吞吐能力 160 万人次(客运量 80 万人次),加上一期现有 2 个泊位,凤凰岛本港年吞吐量为 200 万人次。凤凰岛专注客运邮轮旅游服务,建设具有国际标准的品牌邮轮港,并延伸邮轮产业链,为邮轮游客提供全方位服务。三亚凤凰岛国际邮轮港二期码头建成后,三亚凤凰岛国际邮轮港将能同时停靠 6 艘 3 万~25 万总吨的国际邮轮,建设规模和建设水平将使其成为亚洲又大又好的邮轮母港之一。

9. 舟山国际邮轮港

舟山国际邮轮港是舟山群岛新区目前唯一的国际客流口岸。地处位于朱家尖西岙,2014 年 10 月 13 日正式开港。舟山群岛国际邮轮港定位为国际邮轮挂靠及访问港,兼具始发港和母港的功能。码头建成后将成为舟山群岛新区目前唯一的对外开放国际客流口岸。一期工程于 2011 年 9 月 26 日正式开工,计划于 2014 年 7 月初完工,10 月 13 日正式开港运营。围海 4 000 m²,建设内容主要包括一座 10 万吨级(兼靠 15 万吨级)邮轮码头(含引桥)、隔堤和岸线、口岸联检和办公场所、陆域围填和通道建设等四项工程。二期工程围海约 11.6 万 m²,充分利用对外开放、口岸服务这一门户平台,在后方陆域建设包括港务管理、口岸服务、邮轮公司办事机构、船舶代理、旅游服务等在内的综合性多元化国际邮轮相关配套服务设施,以及餐饮、宾馆、采购中心等商业设施,打造完善的邮轮复合产业体系。邮轮码头西侧预留了邮轮港后续发展的充裕岸线和陆域。

舟山群岛国际邮轮港已建成的 10 万总吨(兼靠 15 万总吨)码头一座,全长 356 m,宽 32 m,平均高程 3.85 m,前沿水深 12 m,航道最窄处为 500 m,航道最浅处为 18 m,可满足 15 万总吨国际邮轮全潮通航。引桥长 188 m,设计年客运量 46 万人次(2015 年),年客运通过能力 57 万人次。用于旅客候船及出入境查验的综合联检大厅,占地 6 200 m²,设有 10 个双向出入境查验通道,具备快速便捷的通关能力。大厅内部布局为通关查验区、办公区域、游客休闲服务区、候船大厅、换票区、免税商店等区域。港区集国际邮轮、对台直航、市外海上客运、群岛游船、普陀南侧岛际交通车客渡等功能。舟山国际邮轮港跻身国内六大邮轮母港,标志着舟山成为继上海、天津、厦门、三亚后第五个拥有邮轮码头的城市。作为国家旅游局规划确定的全国七大邮轮母港之一,舟山国际邮轮港将有效推进舟山建设"东部地区重要的海上开放门户",促进海岛旅游产业升级换代。

邮轮专业术语

邮轮母港 cruise home port　　　　邮轮始发港 cruise departure port
邮轮访问港 cruise visit port

热点透析:

2019 年,蛇口邮轮母港往返深圳宝安国际机场、深圳北站的直通巴士正式运营。

据介绍,蛇口邮轮母港——深圳北站直通巴士每日往返 20 个班次、蛇口邮轮母港—深圳宝安机场直通巴士每日往返 10 个班次。

蛇口邮轮母港作为华南地区唯一集"海、路、空、铁"于一体的现代化国际邮轮母港,是深圳联通港澳、走向世界的"海上门户"。自 2016 年 11 月 12 日,蛇口邮轮母港正式开港以来,共吸引了 9 大邮轮品牌、14 艘国际著名邮轮的靠泊,为深圳市民带来了覆盖全球九大国家及地区的不同航线行程。蛇口邮轮母港还运营着蛇口往返珠海、香港国际机场、香港中环、澳门(外港、氹仔)的渡轮定期航班;同时开通蛇口往返外伶仃岛、东澳岛、桂山岛的周边海岛游航线。

此次直通巴士的开通,标志着蛇口邮轮母港打通"海陆空铁"立体大交通,将为旅客提供更加便捷的出行服务。实现"空—铁—港"联运的一体化无缝衔接,不仅能够大大增加旅客出游体验度,提升"从深圳出发,看世界"便捷度与吸引力,同时有利于粤港澳大湾区域协同推进全域旅游,助力内地游客及高铁沿线游客感受珠三角世界级城市群旅游目的地的闪耀魅力。

讨论:

请结合热点资讯讨论深圳邮轮港口建设对全国邮轮港口建设有何启示作用?

思考与练习:

1. 国际邮轮港口可以分哪几种类型?
2. 国际著名邮轮母港的发展特征是什么?
3. 根据中国邮轮港口布局和规划,试探讨中国未来邮轮市场发展趋势。

第八章　岸上观光

【教学目的】

了解邮轮岸上旅游活动的概念和分类；

熟悉邮轮岸上观光活动策划和要求；

熟悉岸上观光服务流程；

掌握邮轮岸上旅游项目发展及策略。

【教学重点】

邮轮岸上观光活动策划和要求；岸上观光服务流程；邮轮岸上旅游项目发展及策略。

【教学难点】

邮轮岸上观光活动策划和要求；邮轮岸上旅游项目发展及策略。

【教学内容】

邮轮岸上旅游活动的概念和分类；邮轮岸上观光活动策划和要求；岸上观光服务流程；邮轮岸上旅游项目发展及策略。

导入阅读：
中国已成为世界第二大邮轮市场,但还"欠"世界一个成功的邮轮旅游目的地

2016 年美国依旧为全球最大的邮轮客源地市场,邮轮游客年总量达 1 152 万人次,中国以邮轮出境游客年总量达 210 万人超越德国成为全球第二大邮轮市场,位列第三的德国邮轮游客年总量达到 202 万人。2016 年亚洲地区邮轮载客量占全球邮轮市场份额 9.2%,即达到 227.24 万人次,比 2015 年增长 38%,比 2012 年增长 193.5%。近年来的增长速度,2013 年比 2012 年增长 55.6%,2014 年比 2013 年增长 16.6%,2015 年比 2014 年增长 17.7%,是全球增长最快的邮轮市场。从客源分布来看,中国占比 47.4%,成为亚洲第一,新加坡占比 8.8%,日本占 8.6%,香港占 6.1%,印度占 6.0%,马来西亚占 3.0%,印度尼西亚占 1.9%,韩国占 1.7%,菲律宾占 1.6%,泰国占 1.2%,越南占 0.9%。其中 40% 的游客是 40 岁以下。从中可看出,中国是亚洲最大的邮轮客源市场,亚洲最大的旅游目的地日本、韩国占到的客源比例较小,两者加起来不足 10% 的份额。

虽然中国邮轮市场发展迅速,取得了傲人的成绩,但中国邮轮市场也存在非常明显的短板。首先,缺少真正意义上的本土邮轮。值得注意的是,在大热的邮轮市场上,海上游弋的大都是外籍邮轮,在国际邮轮上很少有我国本土邮轮。我国本土邮轮,面临着和外籍邮轮抢市场的局面,而且具有不少短板,缺少优势。据分析,本土邮轮吨位小,二手邮轮较多,

品牌价值低,资金实力弱,运营管理能力弱,这些问题短时间都难以解决。

此前的"价格战""包船模式"对外籍邮轮公司形成了一定的冲击,然而对于我国本土邮轮的冲击则更加强烈,使得本土邮轮公司和旅行社分销商的收入急剧下降。这种情况下,外籍邮轮可以在国外其他市场获得优异弥补,这使得本土邮轮公司与外籍邮轮公司的竞争力差距不断加大。

目前,中国市场的"天海世纪"号、"中华泰山"号、"钻石邮轮辉煌"号等仅仅是中资邮轮,"天海世纪"号注册地在马耳他,"中华泰山"号注册地在巴拿马,"钻石邮轮辉煌"号注册地在巴哈马,这些都不是中国制造,不是真正意义上的本土邮轮。在这些国家注册是因为这些国家的邮轮购置税较低,而我国的邮轮进口关税和增值税的合计税率接近30%。这在一定程度上妨碍了本土邮轮发展的步伐,也从侧面说明,本土邮轮则亟须借助建造的本土化来破局。

其次,中国缺少成功的邮轮旅游目的地。值得注意的是,在游轮市场发展上,我国还是一个邮轮目的地缺乏的市场。目前我国的邮轮产业依然是港口停靠与船供等服务,缺乏对沿海旅游资源与邮轮旅游的对接,港口经济依然需要创新。我国的邮轮旅游发展模式都是外籍邮轮将中国的游客带到国外去旅游购物,中国虽然具有丰富的港口资源和独具特色的旅游资源,拥有许多世界著名的旅游目的地,但却没有成功的旅游目的地。因此,虽然中国已成为世界第一大客源国、第二大邮轮市场,但是中国还"欠"世界一个成功的邮轮旅游目的地。

第一节　邮轮岸上旅游活动

一、岸上观光的概念

邮轮岸上观光(shore excursion)指邮轮停靠港口时游客到岸上进行旅游观光活动,是邮轮旅游重要的组成部分。岸上观光也叫陆上观光,是邮轮停靠目的地港后,游客可以在限定的时间内参与岸上活动,参观游览当地最著名的旅游景点、地标性建筑、博物馆等,也可以到购物场所购买当地特产,饱眼福和口服。

为了让岸上观光活动别出心裁,一些邮轮公司还专门购买私人岛屿供游客嬉戏游玩。1986年,皇家加勒比邮轮公司率先在海地租用了一块沿海土地——拉巴底,作为皇家加勒比邮轮游客的私人旅游景点。1990年皇家加勒比邮轮公司购买了第二个私人旅游景点——巴哈马岛屿,并为它起了一个新名字:可可岛(Coco Cay)。这次购买为皇家加勒比国际邮轮又增加了一份筹码。岸上观光项目能给邮轮公司带来一定的收入,对邮轮公司的盈亏平衡产生重要影响,这也是邮轮公司提供岸上观光项目的原因之一。通常,邮轮公司会与旅行社协商,由旅行社来组织岸上观光活动。有时邮轮公司会把岸上观光产品打包在船票中出售给邮轮游客,为游客带来物超所值的享受。

二、岸上观光活动类型

岸上观光活动在形式、规模、主题和时间等方面各不相同,根据岸上活动形式可以划分观光及游览活动、体育活动、其他活动;根据岸上活动主题可以划分探险之旅、海滨和水上活动之旅、美食之旅、高尔夫之旅、演出娱乐之旅、潜水之旅、空中观光之旅、荒野之旅、体验之旅、远足之旅等等。根据活动内容大致可以分为以下几种。

1. 参观游览

许多邮轮港口附近拥有非常吸引人的旅游景点,且交通十分便捷,因此,游客可在港口附近进行岸上观光活动。游客可以选择在码头乘坐大巴到达岸上各风景名胜,游览当地自然景观、历史文化遗迹等;可以乘坐水上交通工具去海岛观光,乘坐水上飞机从空中游览;还可以步行游览城市市容、遗迹历史保护区等。例如,从斯卡格维坐火车穿过怀特通道和玉康窄轨铁路,乘坐大西洋潜水艇去看巴巴多斯的珊瑚礁,乘坐水上飞机俯瞰新西兰的峡湾和冰川,甚至步行游览新奥尔良福克区。

2. 餐饮购物

不同的社会历史条件成就了世界各地别样的美食,邮轮所到地区的岸上餐饮为喜好美食的邮轮游客提供了难得的品尝异地风味佳肴的机会。港口城市的商业街、夜店、手工艺品店也成为游客流连忘返的岸上观光目的地。以意大利罗马为例,当地独特的美食文化享誉全球,世界顶级的奢侈品牌云集于此,美食和购物都为游客的观光活动带来了双重的快乐。

3. 运动娱乐

有些港口城市设置有高尔夫、网球、帆船、潜水、博彩等运动娱乐项目供游客选择。游客可以享受一场热带海滨高尔夫球使得身心愉悦,也可以体验骑越野自行车、四轮驱动车的乐趣;有兴趣的游客还可以组成两支队伍进行沙滩足球或排球比赛。一些正举办重大体育赛事的港口城市还会吸引邮轮乘客享受观赛之旅,如足球世界杯、网球大满贯、奥运会等都为举办地带来大批的邮轮游客。

4. 亲水类活动

参加潜水游,欣赏充满奇趣的美丽海底世界。

5. 文化类活动

走访博物馆、观看歌剧或者欣赏歌手、乐队的精彩演出。

6. 探险类活动

体验旷野与野生历险,感受神秘丛林以及星空帐篷的鲜活之旅。探险类活动由于其独特的个性化以及重度参与感吸引了一部分爱冒险、爱新鲜的人群;其探险元素的加入也是让一众爱好者不能自拔,曾经有西方学者说过探险旅行是"绿色的毒品",一旦参与难以自拔,主要原因还是在探险旅行过程中所获得的成就感与征服感是平日无可比拟的,也因此吸引了大量的邮轮游客前去体验。

7. 混合型岸上观光

有些港口城市得天独厚的旅游资源可同时满足游客多样化的岸上观光需求。各种类型岸上观光产品的"混搭"为邮轮游客提供了更为丰富的旅游行程。

三、岸上观光活动的选择

岸上观光活动可以给游客带来当地景点观光、购物以及感受当地文化等多种旅游体验,是不同文化背景下相对安全、便于组织管理的旅游活动。由于有导游的服务,这种旅游体验也很受散客欢迎。对于岸上观光,游客有以下四种选择。

1. 通过邮轮公司购买岸上观光产品

这是游客比较喜欢且容易选择的一种购买方式,这类购买方式有以下几点优势:首先,邮轮公司评估过岸上观光的供应商,质量较为可靠。其次,游客可以在邮轮抵达目的地之前在船上或者到港后购买岸上观光服务,非常便利。第三,行程安排合理,邮轮公司会把岸上观光活动与船上的餐饮和离开时间考虑在内。另外,岸上观光产品服务中,通常会有邮轮公司的员工陪同游览。最后,如果出现了错误或延迟,船只会等待旅游团返回登船后再离港。

2. 通过旅行社购买岸上观光产品

游客通过旅行社购买岸上观光产品,通常需要游客提前预订,通过旅行社集团签订合同,在价格上有一定的优势。

3. 直接向当地供应商购买单项旅游产品

当地的旅游供应商通常在码头或者靠近码头的地方等待着游客。使用公共汽车大巴、出租车,甚至是私人汽车作为运载乘客的交通工具。通过公共汽车进行私人岸上观光价格通常便宜一些,但是游客可能会遇到两个问题:可能享受不到预期的服务质量;可能会承担由于岸上堵车等原因造成观光结束时邮轮已经离开的风险。

4. 自行游览港口或市郊风光

游客们可以在如画的街上散步、购物、品尝美食、欣赏歌剧演出、观看体育比赛等等,并沉浸在任何让他们快乐的事物中。邮轮公司或旅行社可能会给他们提供港口的地图。游客甚至可以选择回到船上吃午饭,然后下午再到港口参观。

四、邮轮岸上观光活动策划和要求

(一)邮轮岸上观光活动基础

游客选择停靠港或目的地的原因是多种多样的,其中最重要的原因是目的地对游客的吸引力。邮轮公司提供游览活动从而吸引游客,并根据游客类型设计旅游活动可以划分为家庭、老年游客、新婚夫妇、年轻人、单身男女以及其他可识别的细分市场,使得全部游客都会获得满足。

邮轮公司应开发能提升邮轮旅游和邮轮品牌形象的产品。游览活动必须提供一份符合邮轮时间表的行程。港口的旅行经营商确定的后勤服务必须与邮轮和乘客的要求相协调。同时,旅游经营商也必须保证游客的健康和安全。邮轮公司的专业知识或丰富的经历很可能产生影响。先前的经验对于与旅行经营商建立关系、了解游览结束时游客期望从码头周边得到的东西、识别哪种游览为游客所喜欢且能得到游客最好的评价,是很重要的。

(二)游览活动策划具体要求

邮轮公司及其代理商与港口的旅游经营商之间的沟通效果是极为重要的。尽管很多邮轮公司和旅游经营商之间保持着直接的和频繁的沟通,旅游经营商与岸上旅游部门合作,设计岸上观光计划,编制旅游手册,规划资源。

制订计划时要考虑的因素包括:邮轮乘客的数量和类型,在港口的停留时间,长途汽车、海船或河船、火车或直升机及轻型飞机等交通方式的便利性和安全性,训练有素的导游也是很重要的。在很多港口,邮轮旅游这种度假形式的发展导致交通拥堵,数艘邮轮在同一天到达港口,因此,削弱了岸上观光资源的可利用性,加大了拥挤程度。到达港口的时间是合理利用资源、避免拥挤的重要因素。但是,如果存在过度拥挤和安全隐患等问题,邮轮公司不太可能将这样的港口列入行程之中。大多数旅游宣传册都包含可靠的、为游客所喜好的选择,既有为期半天的,也有为期一天的。在为游客所喜好的选择中应包括极具吸引力的景点。很难想象,如果邮轮停靠在亚历山大港,游客不去上岸参观开罗的金字塔。

　　总的来说,上午游览比下午游览更受欢迎,因为预订上午游览的游客通常喜欢在下午自由活动。一些邮轮公司还提供轿车或小型巴士,以满足那些喜欢与其他游客分开活动的个人、夫妇或小团体。在岛屿目的地,"宴会"旅游非常受年轻人欢迎,包括音乐、跳舞和饮食。文化旅游很受那些喜欢探索和学习的游客欢迎。还应指出,主题类的邮轮旅游能引起特定旅游类型的游客的兴趣,比如,去新西兰参观葡萄园可能适合于那些对美食主题巡游感兴趣的人,去意大利看歌剧比较适合音乐爱好者。

　　1. 到达之前

　　要控制游览的最少人数和最多人数。在离开港口时,岸上观光办公室将会了解实际销售量和剩余的可供销售的数量。岸上观光团队将听取游览内容以及适合特定类型乘客(如行走困难的乘客)的旅游等方面的简介。许多游客喜欢与岸上观光团队成员交谈,以此获得旅游感受,正因为如此,团队成员体验尽可能多的旅游活动对他们是有帮助的,这样他们就可以与其他游客分享他们的经历。正如前面提到的,港口讲解员在销售环节应发挥重要作用。许多港口讲解员与岸上观光团队协调工作,帮助岸上观光团队把游览内容告知游客,帮助游客做出最好的娱乐选择。港口讲解员也作为伴游陪同游览。他们在作为伴游的同时,还是一个附加的质量控制点,将自己和游客的印象反馈给岸上观光管理者。大约在到达前一天,岸上观光经理将联系旅游经销商,确认最终人数。旅游经销商在邮轮起航之前就应该知道人数,并大概估计出实际的资源需求。岸上观光导游会决定是否接待接近最低人数的旅游团,旅游经销商是否也应得到相应补偿,这个决定常常涉及成本收益分析。例如,为满足游客需求,接待这个团失去的收益是否会比取消这个团并引起游客不满的成本更高。如果不是,尽管并没有达到最低数量,岸上游览也不会取消。

　　2. 到达

　　船舶快要到达港口之前有一系列的行动,这些行动包括正式清洗船舶,按照港口当局的要求执行各种程序,完成规定的所有行政工作。港口当局清理到港邮轮时,邮轮要泊在码头边,或者停靠在指定的位置。通常,岸上观光负责人是第一批上岸的人,他们与旅游经销商见面,检查安排是否有序,确保游客能够参加各自的游览活动。上岸流程需要仔细计划,以确保游客在正确的时间到达正确的游览集合地点。下船前,游客要领取带有彩色编码的徽章,船上工作人员通过无线电进行沟通,协调游客下船进程并指引游客到相关旅游集合点集合。许多邮轮公司鼓励员工陪同伴游,在必要时,他们可以代表邮轮公司采取行动,并在游客返回船上后对旅游质量进行评价。

　　观光负责人负责登记返回邮轮的游客,迎接回来的团队。旅游经销商和岸上观光经理共同确认参加旅游的游客数,达成一致后,邮轮公司就可以向旅游经销商支付费用。

　　3. 导游

　　好的游览要靠好的导游。导游和游客之间的互相联系是岸上观光或游览成功的基本因素。导游根据游客的需求通知、安排接待、游客。随着邮轮业规模的不断扩大,对高质量旅游和高素质导游的需求也在增加。一般来说,好的导游要拥有较深入的专业知识,并且有较强的沟通能力。沟通能力包括流利的语言表达能力、适当灵活的幽默感以及与广大乘客建立良好关系的交际能力。通常,导游还要具有一定的急救知识以及必要时维护自己权利的能力。

五、岸上观光活动宣传途径

邮轮公司因多种原因提供岸上观光或旅游服务。很明显,这些活动能给邮轮公司带来收入,对公司的赢利做出重要的贡献。对于很多游客来说,这种旅游持续提供一种安全且无质量问题的度假模式。这种旅游是不同文化背景下的相对安全、便于组织和管理的旅游活动,或者说,这是体验一项活动的机会。由于有陪同或指导,这种旅游体验很受散客欢迎。岸上观光是任选项目,因此,销售和营销是增加收入的重要手段。甚至在乘客登船之前就开始销售。大多数情况下,消费者或潜在消费者是通过邮轮宣传册来了解岸上观光的,宣传册上有很多主要旅游景点的简介。岸上观光是打发岸上时间的最好选择,而且登岸游览也是连接邮轮和目的地之间的一个重要桥梁,对于邮轮公司来说,销售旅游能获得最佳的经济利益,然而,和一般意义上对邮轮乘客的营销一样,销售旅游需要特别关注情境的敏感性。高压销售技巧在这种背景下是不能达到预期目的的,因为在这种环境下,游客彼此之间形成了一个和谐的团体,会分享各自的经历。通过巧妙的销售方式,岸上观光销售更有可能获得成功。

岸上观光活动是邮轮和目的地之间的一个重要连接,各类岸上参观、购物和娱乐等活动能丰富邮轮乘客的邮轮旅游内容,拓展邮轮旅游空间和视野,是邮轮体验的一种延伸。愉快的岸上观光活动会给邮轮乘客带来物超所值的美好感受。为吸引乘客参与岸上观光活动,方便岸上活动有效、有序地展开,邮轮公司会采取多种形式的观光产品宣传介绍。

1. 宣传册是介绍岸上观光理念的最初营销方式

通常,岸上体验是特色旅游的重要组成部分。有些邮轮宣传册向谨慎小心的邮轮旅行者传递这样的信息,即岸上观光是离到访港一定距离内最好的探险方式。在所有岸上活动中,岸上观光的开支是最主要的,在登船之前就要有清晰的预订指南。通常,预订指南信息中包含一些引人注目的促销,能满足尽可能早的预订需求。岸上观光宣传册等信息资料会连同船票一起分发给乘客,这是出发前的主要促销方式或离港之后船上促销的主要手段。为了与乘客保持联系,建立合适的沟通方式,体现真实性,避免与相关法律抵触,销售宣传手册所使用的语言须仔细斟酌。

2. 公司的网站是介绍岸上观光产品的极好工具

各邮轮公司通过精心制作的网页向所有访问者在线展示他们的邮轮旅游产品。潜在的和现实的顾客可通过访问网站找到公司船队阵容、航线行程、目的地介绍、特价促销、查询预订邮轮旅行指南等详细信息,并从容与邮轮公司沟通以及(在某些情况下)与其他乘客沟通,继而比较、选择、预订心仪的订单,开启邮轮旅程。

3. 其他媒介起到辅助宣传作用

例如:邮轮上报纸、电视节目上的广告,岸上观光办公室附近的各种海报,港口讲解员的宣传等都会吸引邮轮乘客的关注,以及有过成功岸上观光活动体验的邮轮乘客的宣传,也会成为无形的却极具成效的观光产品的宣传推广渠道。

第二节　岸上观光服务流程

一、岸上观光部的职责及人员设置

主要为游客设计停靠港的岸上观光游览行程;与当地旅行社、中间商联系确定游览行程的交通、观光、购物、用餐、住宿、导游等问题;向游客介绍和推荐岸上观光行程安排并接受游客的岸上观光预订;组织游客下船参观游览。

1.岸上观光部门职责

设计岸上观光行程;与旅行社、中间商合作;游客岸上观光咨询游客岸上观光预订、打印岸上观光游览票;将参加岸上观光游客人数通知相关部门为游客做好后勤工作;为游客订制个性化岸上观光线路。

2.岸上观光部门人员设置

岸上观光经理、岸上观光副经理、导游、预订专员、私人行程专家、潜水教练等。

二、岸上观光服务流程

在中国母港运营的邮轮,岸上旅游基本上全部由包船旅行社主导,邮轮上的旅游部主要起配合作用。通常情况下,船方都会提前一日通过广播或者每天的日志通知客人第二天下船观光的集合时间和集合地点。包船旅行社会每天晚上召开领队会议,由总领队通知第二天的工作流程和注意事项。会议结束后,各个领队会在睡觉前通知自己的客人第二天的集合时间和地点,领队也会在第二天提前十五分钟到达集合点等候客人。

由于一条船上有几千名客人,下船时一般只有两个通道可以开放,因此船方会将客人分散为不同时间不同地点集合。待船方与目的地港口所在的国家移民官交接完手续后,每个团队会根据指令由领队带领按照顺序下船通关。但是,由于最近偷渡事件增多,日本、韩国为了加大巡查力度,会时不时安排船上面签(手持护照原件进行面试)。当客人下船后,地接社安排的相应导游手持团队号码在码头等候,与领队进行行程确认和客人信息对接后,再带领客人上车进行岸上行程游览。在整个半天或一天的岸上观光行程中,地接导游都会跟领队一起配合完成接待任务。

岸上旅游行程结束后,地接导游会将客人和领队送回至码头,再依次排队上船。在岸上旅游过程中,游客购买免税商品都须出示护照复印件,而在整个上下船的过程中,客人都必须出示船卡,所以客人有义务保证船卡不能遗失,一旦丢失,要赶紧通知船方进行补办。

岸上观光服务流程:

1.领队提前通知客人,确认集合的时间地点,通报天气预报;介绍行程安排、参观景点,再次提醒回船时间。如遇恶劣天气可能调整观光计划,及时解释、沟通。

2.提醒客人下船携带所需材料及船卡。

3.领队提前到达集合地点,并清点人数,带领游客按顺序下船、通关。

4.领队须提前帮助客人填写入境卡、海关申报单,或者客人自己填写。

5.通关后根据团号寻找旅游巴士。

三、组织引导游客及注意事项

1. 组织引导游客

邮轮到港前,岸上观光办公室要统计上岸观光人数,汇总活动项目,确定工作人员调度安排,对不同行程的乘客做出不同的归类,制订相应的上岸流程。对团体和散客分别指定等候离船区域,安排不同的离船时间和下船通道大约在到达前一天,岸上观光经理要联系岸上合作旅游经营者,通知其实际需要的旅游资源,如游览车、导游员、参观景点门票等,并告知邮轮预计到港和离港时间。询问了解游览车队编号、识别以及在码头上的停放位置等信息。

通常,上岸游客会安排在不同楼层,但离他们登陆地点很近的地方集合,并领取带有彩色编码的徽章方便识别。船上广播会通知游客集合批次、时间、地点,船上工作人员通过无线电进行沟通,协调游客下船进程并指引游客到相关旅游集合点集合。许多邮轮公司鼓励员工陪同伴游。这样,邮轮就有一个代表与乘客一起游览,在必要时他可以代表公司采取行动,并在乘客返回船上后对旅游质量进行评价。陪同人员一般要听取岸上观光团队的全面介绍,并填写核对表。公司一般用简单编码标识旅游团,这个编码和游客佩戴的徽章是一致的。观光负责人负责登记返回邮轮的乘客,迎接观光归来的团队。观光经理与岸上合作旅游经营者共同确认参加旅游的游客数,达成一致后,邮轮公司就可以向旅行商支付费用。

2. 注意事项提醒

(1)受恶劣天气、目的地灾情或疫情等因素影响,岸上观光行程和价格(即使是已经报名的旅游行程)可能根据情况有所变动,邮轮公司或旅行社保留最终更改权,参与观光活动的乘客应配合邮轮公司合理地更改安排。

(2)大多数旅游活动会产生一定程度的体力消耗,许多短途旅行均包括步行和远足,而欧洲的鹅卵石街道或北极冰冷的阿拉斯加地形都会使步行和爬山难上加难。因此,游客要根据自己的身体状况选择岸上观光产品。

(3)选择体力消耗水平较高的岸上观光活动时,游客需穿着舒适、低跟的步行鞋;在参观寺庙等较为庄严的景点时,游客需着装适宜、注意言行。

(4)计算好船舶的停靠、驶离时间以及登、离船手续办理时间,以免因岸上观光时间过长而延误登船时间。

3. 突发情况处理

(1)岸上观光活动计划变更的处理

夏秋两季,太平洋航线常遇到台风,加勒比海航线常遇飓风,遇此情况,为了安全起见,较小的邮轮可能延迟或者取消、改变航行的目的地。而较大的邮轮,如果不是特别大的台风,航次会继续,不过可能会更改港口,或者更改到港顺序。若出行前遇到台风,邮轮公司会提前通知包船方或切舱方,给出一套或两套解决方案,由旅行社或游客做出选择并确认,如果在行程中遇到台风,邮轮公司会在船上做出安排,邮轮观光服务部会根据实际情况和船方的信息及时通知、安抚游客,配合航行部门完成航行任务。

(2)误船

游客迷路、走错码头、岸上观光时间未控制好、记错上船时间等原因造成误船时,岸上旅游服务商应及时通知船方。邮轮观光服务部收到误船游客的求助电话,或是在登记返回邮轮的乘客,核对人数时得知有乘客误船,应及时报告船长和航行部门,或者推迟起航时间,或者安排乘客搭乘其他航班,或者安排乘客到下一个港口乘船,费用应由其自理。

（3）岸上观光时间缩短的处理

由于船晚到码头,离港的时间又不变,则岸上观光时间会相对缩短。对此,邮轮观光服务部和团体领队应采取以下应变措施:

①与船方商量好应急预案,要达成一致意见;

②及时向游客说明困难,诚恳道歉;

③分别请领队做好每个团员的工作;

④抓紧时间将计划内的游览点让游客观赏到;

⑤若确有困难应做出应变计划,突出本地最具代表性的游览点;

⑥与船方沟通是否给予一些补偿(如给一些小礼品)。

（4）游客遗失船卡的处理

邮轮为每一名登船乘客制作发放一张船卡(seapass card),船卡包含游客姓名、房号、用膳餐厅名称、用餐时间及桌号、乘船日期等信息。船卡为乘客的登船识别证、签账卡及船舱钥匙,当乘客每次登船以及在船上消费时,邮轮工作人员将要求其出示此卡。船卡需随身携带,妥善保管。游客上船后,护照统一交由船方保管,上岸观光或其他活动后返回登船只需出示船卡即可。如果乘客在岸上发现船卡遗失,观光导游和陪同人员首先应该请失主冷静回忆,详细了解船卡遗失情况,找到线索,协助寻找;如确已丢失,应立即报告船上观光服务部或游客服务中心,由船方尽快重新补制船卡。

（5）游客在岸上突发意外事故的处理

游客如果在岸上发生重大意外或出现重大病情,岸上旅游服务商要负责联系当地医院并及时送医抢救,并将患者情况及时通报船方。若病情不重,可返回船上后就医。国际邮轮都配有专门的医务室,有若干名全科医生或护士,医生将及时对病人进行诊断处理。如果游客购买了个人旅游意外险,请及时联系保险公司,说明保险事宜,以便事后返回国内进行理赔。

（6）游客脱逃事件的处理

在码头集合时,邮轮观光服务部人员、团体领队、岸上旅游服务商都应仔细观察游客情况,如有异常情况请边检人员协助询问,发现问题边防部门会通知船方或当地移民局,不得让游客下船。如果在旅游途中有人脱逃,团体领队和当地导游应及时通知船方和旅行社,及时采取解决方案。

第三节　邮轮岸上旅游项目发展及策略

一、邮轮旅游发展特征

随着旅游产品向休闲度假型、商务会展型、文化型、生态型等新兴旅游产品转型,邮轮旅游产品越来越深受人们的喜爱。邮轮旅游产品涉及游客全程旅行中对全部有形产品和服务的体验,既包括邮轮船上体验,也包括不同挂靠港的岸上旅游体验。目前,中国邮轮业正处于以游客输出为主要业务的发展阶段,邮轮旅游出入境逆差明显。沿海港口往往重视母港航线布局而忽略了作为邮轮目的地的使命,未能向游客提供优良的岸上旅游产品与活动,使得我国邮轮港口作为挂靠港的吸引力严重不足。而岸上产品是否具有独特吸引力、岸上活动类型是否多样是国际邮轮公司选择挂靠港时需要考虑的核心问题。

探险之旅主要依托海滩、岛屿、公园、海豚、森林、洞穴、瀑布等自然资源来开发和设计浮潜、游泳、驾驶、漫步、攀登等产品或项目。

家庭之旅类岸上活动相对比较丰富,能够满足家庭出游群体的多种需求。在产品开发与设计时,同时依托人文资源与自然资源,包括海滩、岛屿、公园、丛林、城市、博物馆、花园、文化、遗迹等,而提供的活动既有购物、漫步、SPA 等休闲项目,又有跳舞、潜水等较为刺激的体验性项目。

挑战之旅的产品则是更具冒险性和刺激性的户外运动项目,包括游泳、滑翔、冒险、打猎、高空滑索及赛车等,主要依托的资源包括公园、丛林、游艇、海滩、瀑布、露营地、城堡、博物馆等活动项目。

人文之旅主要是依托当地的人文景观资源来开发旅游产品,包括博物馆、公园、文化、宫殿、村庄、教堂、城堡、寺庙等;可开发与设计的活动包括观光、驾驶、游泳、购物、跳舞、钓鱼、漫步等项目。

美食之旅充分反映了接待业中的餐饮特征,岸上活动主要包括参观、品尝、品酒、漫步等项目,依托的资源主要是当地的特色美食及其生产作业场所,包括酒厂、啤酒、红酒、酒吧、咖啡吧、农场、山谷、景观、岛屿、海滩、村庄、花园等资源。

关爱之旅主要依托目的地的动植物以及自然资源来设计动植物观赏、自然资源保护以及其他体验类的岸上活动。其中,动植物资源包括鲸鱼、长须鲸、鼠海豚、鸟类(鹰)、海豹等,而自然资源包括自然景观、海湾、公园、营地、山脉、雨林、岛屿、草原、火山、山谷等。

多日之旅则主要依托目的地独特的人文自然景观来向欧美游客提供住宿、观光、餐饮、娱乐、购物、运动等体验项目,依托的资源主要包括寺庙、宫殿、遗址、博物馆、教堂、王宫等人文景观以及山岳、风景、瀑布、丛林、城市、村庄、河流等自然资源。

二、中国邮轮港口岸上产品开发的总体思路

目前,我国邮轮旅游产业还处于重视母港航线开发阶段,忽视了作为邮轮目的地的岸上旅游产品开发工作。港口城市并未依据自身特征来打造优秀的邮轮目的地,同时也没有考虑到不同主题邮轮产品对岸上旅游活动的要求。未来岸上产品设计可以从以下思路进行探索。

1.设计多样化的岸上产品

目前国内的港口城市岸上旅游产品多以观光游为主,产品的文化性与体验性不足。而随着国内游客从观光游向注重体验游的转变,港口城市应针对自身的特色人文自然资源来设计多样化的岸上产品,比如增加探险类、家庭类等旅游项目,从而提升游客体验度。

2.定位不同类型的目标市场

邮轮港口需针对不同类型游客的特征来细分目标市场,比如商务奖励型旅游市场、新婚旅游市场、学生旅游市场、老年旅游市场等。针对不同类型的游客提供适合的邮轮岸上产品,比如向老年群体提供观光类和美食类旅游产品,向学生群体提供动植物观赏类、探险类产品,向新婚旅游市场提供多日之旅的浪漫岸上游、教堂参观、旅拍项目等。

3.整合特色的旅游资源

经研究发现,不同类型岸上产品具有自身的特色,而且资源配置也具有一定的规律性。比如,探险与挑战类产品会包含高空滑索、跳舞、露营地等项目,观光类产品则与博物馆、宫殿、艺术、教堂等资源对应。美食类活动则涉及酒厂、啤酒、朗姆酒、烹饪、食物、葡萄园、农场等项目。家庭旅行类产品的资源包括海滩、公园、风景、海豚、花园等。因此,在设计产品时应结合当地特色资源,开发设计与国际邮轮相匹配的产品。此外,不同类型岸上产品之间的项目各有侧重但并非完全分离,比如人文之旅也会涉及冒险性的体验项目,而挑战类岸上活动也包含温和的观光游产品。家庭之旅和多日之旅的产品则更具复合型特点。因此,产品配备的关键是因地制宜地整合当地特色的人文自然资源。

三、中国不同港口岸上产品开发的具体策略

1.大连

大连海域辽阔,海岸线绵长,港湾和岛屿众多,大小港湾达30多处。大连可依托大连湾、大窑湾、普兰店湾、长山岛、广鹿岛、獐子岛、长兴岛等岛屿资源开发设计浮潜、海底探险、游艇、日光浴、沙滩排球、沙雕等项目;依托金石滩国家旅游度假区、棒棰岛、东海公园、老虎滩海洋公园等海滨旅游度假景点开发休闲度假产品;依托白云山、骆驼山等森林公园开发海滨泳浴、垂钓、渔业观光、风俗节事等旅游项目。

2.天津

天津是一座历史文化名城,资源丰富,内涵深厚。天津可依托大沽口炮台、天后宫、独乐寺、石趣园、霍元甲故居、石家大院、古式教堂等历史人文资源开发文化观光游;依托盘山国家级风景名胜区、黄崖关长城、九龙山国家级森林公园、八仙山国家级自然保护区、翠屏湖风景区等景点开发自然观光类项目。

3.青岛

青岛海洋旅游资源丰富。青岛可依托得天独厚的海滨资源、海滨步行道开发城市观光游;依托康有为故居、老舍故居及具有哥特建筑风格的圣弥爱尔大教堂等历史人文资源开发名胜古迹观光游;依托青岛啤酒旧厂开发青岛啤酒工业旅游观光,依托海尔工业园开发海尔工业旅游观光;依托石老人国家旅游度假区、琅琊台旅游度假区、田横岛旅游度假区等资源开发中高端休闲度假游。

4.上海

上海是一座历史悠久的文化城市和经济城市。上海可依托佘山、天马山、凤凰山、横云山等山地类旅游资源开发登山、户外探险、高空滑索等探险型旅游项目;依托上海博物馆、上海自然博物馆、上海市历史博物馆、外滩、人民广场、南京西路建筑群等资源开发文化观光类旅游项目;依托崇明岛、长兴岛、佘山岛等岛沙类旅游资源开发浮潜、游泳、钓鱼、日光浴等旅游项目;依托中共一大会址、中共二大会址、孙中山故居、鲁迅故居、周公馆、毛泽东故居等革命遗址开发红色旅游产品;依托老城隍庙、吴江路、云南路、黄河路、乍浦路、仙霞路等饮食文化区及陆家嘴、徐家汇、新虹桥等商业街区开发美食、购物项目;依托上海迪士尼、欢乐谷、野生动物园等资源开发家庭之旅项目。

5.舟山

舟山是我国唯一以群岛著称的海上城市。舟山可依托蓝天、碧海、绿岛、金沙、白浪等资源开发生态休闲游;依托普陀山、嵊泗列岛、岱山岛、桃花岛等岛屿类旅游资源开发游艇

出海、沙滩戏沙、日光浴等旅游项目;依托古朴清幽的庙宇老天福寺、化成禅寺、普陀山普济寺、观音山广济寺开发宗教文化游。

6. 厦门

厦门是一座具有深厚文化底蕴的滨海城市。厦门可依托日月谷温泉主题公园、翠丰温泉、盛之乡温泉等资源开发 SPA 类旅游项目;依托凯歌高尔夫球场、观音山游艇中心、五缘湾游艇帆船集散中心等开发高尔夫、游艇等高端娱乐项目;依托战地观光园内的英雄三岛军民史迹馆、国防教育馆等开发科普文化游。

7. 深圳

深圳作为现代滨海城市,常年阳光普照、繁花似锦。可依托良好的自然条件优势及小梅沙海洋世界、仙湖植物园、市野生动物园等景点开发家庭之旅及动植物关爱之旅。深圳是个移民城市,中西文化融汇交流,从而形成了独具特色的文化氛围。因此可依托世界之窗、锦绣中华民俗村等资源开发人文之旅,使游客进一步感受深圳文化。此外,还可依托欢乐谷开发探险之旅,满足小众群体的冒险需求。

8. 广州

广州旅游资源丰富,文物古迹众多,人文底蕴浓厚,可依托南越王墓、光孝寺、怀圣寺、广州起义烈士陵园、黄花岗七十二烈士墓、黄埔军校旧址、洪秀全故居等景点资源开发人文之旅;依托广州花卉博览园、花都香草世界、王子山森林公园、华南植物园等开发轻松休闲的家庭之旅;依托上下九路商业步行街、北京路商业步行街等开发美食、购物项目。

9. 海口

海口作为海南省的政治、经济、文化中心,有着独特的自然、人文资源。海口可依托琼山府城传统民居、海口骑楼建筑历史文化街区等开发文化观光游;依托荣堂村、儒道村、玉库玉墩村、美社等传统村落开发乡村民宿旅游,亲近乡土生活;依托长堤路、海甸岛、新埠岛、盈滨半岛、金沙湾等资源开发沙滩排球、日光浴、垂钓等休闲游憩项目。

10. 三亚

三亚不仅具备现代国际旅游 5 大要素——阳光、海水、沙滩、绿色植被、洁净空气,而且还拥有河流、港口、温泉、岩洞、田园、热带动植物、民族风情等各具特色的旅游资源。三亚可依托亚龙湾、大东海、三亚湾等众多海湾开发水上娱乐活动,潜水、游艇、沙滩戏沙、日光浴等项目;依托南山佛教文化旅游区开发宗教文化观光游;依托亚龙湾天堂森林公园开发生态休闲游。

11. 北海

北海位于广西壮族自治区的北部湾海岸,旅游资源十分丰富,兼具海、滩、岛、山、湖、林、湾等自然景色和汉韵、欧风、南珠情等人文景观。北海邮轮码头可依托具有"天下第一滩"美誉的北海银滩开发亚热带海滨风情体验、休闲观光、沙滩排球、日光浴等项目;国家地质公园涠洲岛为火山喷发堆积凝结而成,浅海生长的珊瑚礁,是中国大陆架最大的活珊瑚群,因此可依托此景点开发海岛探险、海边垂钓、沙滩拾贝、潜水探奇等项目;此外,依托国家级山口红树林保护区开发动植物探索之旅,领略天然红树林的自然奥秘。

邮轮专业术语:

邮轮岸上观光 shore excursion	可可岛 coco cay
船卡 sea pass card	

热点透析：皇家加勒比"海洋光谱"号启航，打造全新旅游体验

2019年6月3日，上海吴淞口国际邮轮港迎来了第2 000艘次母港邮轮——皇家加勒比邮轮"海洋光谱"号，从西班牙巴塞罗那起航，经过为期47天的奥德赛环球之旅抵达上海。"海洋光谱"号全长348 m，宽41 m，总质量达到16.8万t，拥有多达2 124间客房，是目前亚洲最大、最昂贵、最豪华的邮轮。上海作为离南京最近的启程港口，"海洋光谱"号的到来也是南京邮轮旅游爱好者的福利。

作为刚刚加入上海邮轮母港运营的"新面孔"，超量子系列首艘邮轮"海洋光谱"号凝聚了皇家加勒比多年在亚洲市场通过产品优化实践积累的经验和知识，对邮轮新船设计与建造的国际水准发起了又一次冲击，将成为中国邮轮市场发展新的里程碑。

"海洋光谱"号在量子邮轮的基础上对客房、餐饮、娱乐、科技等设施进行了升级和突破，不仅开创了全新客房类别，推出了创新餐饮理念，还设计了一系列海上首创的娱乐项目、活动设施及高科技互动体验。位于船尾的标志性设施南极球，含有4个蹦极床，为宾客模拟穿越地心之旅，以VR科技创造全新体感历险体验；量子系列最受欢迎的"北极星"，通过透明玻璃舱将游客送往距离海面90 m以上的高空，享受360°的壮观景象；甲板跳伞，则用风洞模拟令人心跳加速的跳伞体验；甲板冲浪，以长达12 m的造浪器，让游客在甲板上便可纵情享受冲浪乐趣。更值得一提的是，"海洋光谱"号创新突破，设计了拥有巨型落地玻璃窗的270°景观厅，宾客置身其中便可感受令人叹为观止的270°全视野海景。

皇家加勒比发布了针对中国市场的2020年航线部署及目的地观光计划，包含奥运主题航线、长航线及特色航线、过夜深度游航线，与岸上观光服务的全方位部署，旨在为消费者提供更丰富的邮轮度假选择。

"海洋光谱"号7月25日和8月2日的上海出发航次将在夏季奥运会期间造访东京并停靠过夜。宾客将有机会随"海洋光谱"号一起感受热烈气氛。

皇家加勒比2020全年部署的长航线数量较2019年将提升40%，继续为游客带来选择丰富的6晚及以上长航线。此外，广受消费者好评的特色航线，暖冬航线、周末航线及假日航线也将延续，为不同需求的消费者提供多样化度假体验。

2020年，皇家加勒比在中国母港提供的过夜航线的数量较19年增长达1.5倍，为消费者深度探索目的地，体验更多样化的岸上游览提供了更多可能性。

皇家加勒比船队将提供覆盖27个目的地港口的约130个岸上观光精品游线路。秉承省心、多元、优先的三大原则和严格的质量监控体系，专注于美食游、亲子游、探索游三大特色产品。

讨论：

请结合热点资讯讨论中国邮轮市场的潜力在哪里？为何世界邮轮巨头会把中国作为亚洲邮轮发展的重中之重？

思考与练习：

1. 邮轮岸上旅游活动有哪些类型？
2. 邮轮旅游的岸上观光服务流程是什么？
3. 邮轮岸上观光活动策划时的注意事项和要求有哪些？
4. 根据本章内容的学习，探讨中国邮轮港口岸上产品开发应该如何创新？

第九章　邮轮相关政策与法律适用

【教学目标】

总体把握国家层面发展邮轮旅游的相关政策与立法；

了解地方支持邮轮发展的相关文件；

了解我国邮轮建造的基本情况及相关政策文件；

掌握旅行社、邮轮公司与旅客的法律关系认定；

掌握旅行社、邮轮公司与旅客合同适用情况；

在发生纠纷时，理解邮轮法律的适用情况。

【教学重点】

旅行社、邮轮公司与旅客的法律关系认定；旅行社、邮轮公司与旅客合同适用情况。

【教学难点】

在发生纠纷时，邮轮法律的适用情况。

【教学内容】

中国发展邮轮旅游的相关政策与地方法规；邮轮旅游的法律适用。

导入阅读：《粤港澳大湾区发展规划纲要》

2019 年 3 月 7 日，"粤港澳大湾区邮轮合作与发展研讨会"在南沙开幕。该研讨会由广州市港务局与市商务局、南沙区政府主办，广州港集团、广州中交邮轮母港投资发展有限公司和云顶邮轮集团协办支持，主题为"创新大湾区，邮轮新起航"，本次研讨会吸引近百名来自广东省、广州、深圳、香港政府部门代表、著名邮轮行业专家学者、业内人士出席，探讨如何深入落实《粤港澳大湾区发展规划纲要》，创新发展大湾区邮轮旅游休闲产业及服务产品，促进大湾区邮轮产业的融合与发展、共同提升湾区邮轮产业国际竞争力。

中交协邮轮游艇分会（CCYIA）常务副会长兼秘书长郑炜航应邀出席研讨会并发表演讲。郑会长指出，粤港澳大湾区邮轮发展已提到国家邮轮产业战略的高度，规划纲要的发布，可否视为相当长时间内促进湾区内邮轮经济大发展的又一股"东风"？建议邮轮业界研究和探讨如何借势借力有序推进。他认为至少有四方面的机遇。

一、大湾区经济发展水平全国领先，旅游理念、旅游消费超前又理性，规划的工作重点、努力方向更是十分明确，政策红利独特，证件简化，借势推动繁忙航道邮轮优先、广州母港邮轮借道深圳航道往返香港。特别要强调，香港、广州、深圳 3 个国际邮轮港如何明确差异化发展定位，如何建立竞争合作、知行合一的关系，合为贵，不要面合心不合，更不要貌合神离,是建设粤港澳大湾区世界级旅游目的地邮轮版图的基础和前提。

二、大力推进制造业。发展先进制造业是产业走向中高端的必由之路,提升大湾区制造业核心竞争力被列为该地区的发展目标之一。目前,我国的邮轮制造已经起步,而大湾区制造产业集群优势明显。建议充分融合珠海、佛山、中山、惠州、东莞等地的产业链条,和香港、广州、深圳的科技研发能力强等优势因素,以广船国际为核心将大湾区打造成为具有国际竞争力的邮轮制造、修造基地。

三、规划中着重提及促进生产性服务向专业化和价值链高端延伸发展。生产性服务主要包括为生产活动提供的研发设计服务、仓储物流服务、信息服务、金融服务、节能与环保服务等。建议广州南沙牵头成立大湾区邮轮产业园,细化其中的金融服务、信息服务、物流服务等环节,促进湾区内邮轮租赁、邮轮管理、邮轮融资、邮轮海事保险、邮轮免税、邮轮船舶供应等高端航运服务业,无疑将为国内外邮轮公司特别是本土邮轮船队的建立、运营提供有力保障。

四、以粤剧、龙舟、武术、醒狮等为代表的岭南文化,具有独特的文化魅力,坚定文化自信,对保护、宣传大湾区的文物古迹,推动中外文化交流互鉴等具有重要意义。多年来,我国邮轮文化传播有限,教育资源不平衡,人才缺口巨大。特别是入境游发展持续低迷,其形成原因自然是多方面的,但其中我国各旅游城市文旅产品缺乏规划、缺少创意、低质重复、对国际游客吸引力不足也是不争的事实。建议香港相关大学牵头,成立大湾区邮轮学院,培养打造全湾区邮轮人才队伍;建议大湾区内的香港、广州和深圳3个核心城市以及全湾区城市携手合作制定《大湾区邮轮旅游发展规划》,共同打造大湾区休闲、人文、康养等品牌形象和产品,不仅对促进对邮轮入境游有积极作用,更可以吸引更多内陆地区游客来此乘邮轮＋旅游度假,有效扩大邮轮旅游的辐射范围。

第一节　中国发展邮轮旅游的相关政策

由于邮轮母港比停靠港给当地经济带来的贡献更大,各港口城市都在争相建设能停靠超大豪华型邮轮的邮轮码头。仅上海就有两个邮轮码头,分别可停靠7万吨以上和以下的邮轮,吴淞口国际邮轮港一期建成运营后能同时停靠两艘10万吨的邮轮,2012年已靠泊62艘,其中母港邮轮为49艘,而2013年靠泊160艘左右。根据邮轮大型化发展趋势,两船同靠,上万邮轮游客同时抵达上海的壮观景象将频繁出现。但是能否真正分享世界邮轮产业的大蛋糕,能否成为国际邮轮枢纽港不仅取决于硬件设施和游客数量,还取决于良好的政策与法律环境。

一、国家层面的政策与立法

在各级政府及相关部门的支持下,中国邮轮产业的发展获得强劲的推动力。从2008年开始,国家就颁布了一系列政策,支持我国邮轮业的发展。如2008年6月,国家发展和改革委员会下发了《关于促进我国邮轮经济发展的指导意见》,2009年3月,国务院常务会议首次提出促进和规范邮轮产业发展。中央各部委及各港口城市相继出台发展邮轮经济的政策和措施。教育部已把邮轮专业纳入全国高等院校的招生目录;国家旅游局将邮轮旅游纳入滨水旅游的规划体系;国家质量监督检验检疫总局出台了《国际航行邮轮群体性疾病突发事件应急处置技术方案》;交通运输部委托中国交通运输协会邮轮游艇分会完成的《世界邮轮业发展现状与国际邮轮我国境内多港挂靠研究》已通过专家评审;2009 年 7 月工业和信息化部已将豪华邮轮等船舶列为中国造船业未来几年的研发重点;2009 年 11 月,交通运输部宣布,经特案批准,外籍邮轮在中国境内可以实现多港挂靠;公安部已发布了方便中外邮轮旅客出入境边防检查的 4 条措施;海关总署已明确海关对邮轮监管的具体模式和操作程序和要求,简化通关手续。

2009 年 12 月国务院颁布《关于加快发展旅游业的意见》(国发〔2009〕41 号)指出:支持有条件的地区发展生态旅游、森林旅游、商务旅游、体育旅游、工业旅游、医疗健康旅游、邮轮游艇旅游。把旅游房车、邮轮游艇、景区索道、游乐设备和数字导览设施等旅游装备制造业纳入国家鼓励类产业目录。

2015 年 4 月,交通运输部发布了《全国沿海邮轮港口布局规划方案》(以下简称方案),方案指出我国具有丰富的邮轮旅游资源及游客资源,在港口规划发展中,坚持市场主导,政府引导原则,合理定位各邮轮港口,争取在 2030 年前,形成两到三个邮轮母港引领,邮轮始发港为主,访问港为辅的发展局面。

表 9.1　2016—2019 年国家层面发布的相关政策

时间	发布部门	政策文件	内容
2016	国务院	《"十三五"旅游业发展规划》	鼓励多元资本进入邮轮旅游产业,加强与外资邮轮企业合作,支持本土邮轮企业发展
2017	国务院	《"十三五"现代综合交通运输体系发展规划》	有序推进邮轮码头建设,拓展国际国内邮轮航线,发展近海内河游艇业务,促进邮轮游艇产业发展
2017	国务院	《中国(浙江)自由贸易试验区总体方案》	以制度创新为核心,以可复制可推广为基本要求,将自贸试验区建设成为东部地区重要海上开放门户示范区、国际大宗商品贸易自由化先导区和具有国际影响力的资源配置基地
2017	国务院	《中国(辽宁)自由贸易试验区总体方案》	自贸试验区内的海关特殊监管区域实施"一线放开""二线安全高效管住"的通关监管服务模式
2018	国务院	《关于促进全域旅游发展的指导意见》	推动旅游与交通、环保、国土、海洋、气象融合发展。积极发展邮轮艇旅游、低空旅游
2018	国务院	《关于支持海南全面深化改革开放的指导意见》	支持海南开通跨国邮轮旅游航线;支持三亚等邮轮港口开展公海游航线试点;加快三亚向邮轮母港方向发展;放宽游艇旅游管制;有序推进西沙旅游资源开发,稳步开放海岛游
2018	国务院	《进一步深化中国(广东)自由贸易试验区改革开放方案》	建设国际航运枢纽;扩大对 21 世纪海上丝绸之路沿线国家和地区港口的投资,打造全球港口链;完善集疏运体系,推动广州南沙港铁路建设,优化公路、铁路、海运、内河航运多种运输方式的衔接,构建公铁海河多式联运网络
2018	国务院	《进一步深化中国(天津)自由贸易试验区改革开放方案》	增强国际航运和口岸服务功能
2018	国务院	《进一步深化中国(福建)自由贸易试验区改革开放方案》	建立通关合作新模式

表 9.1（续）

2018	国务院	《完善促进消费体制机制实施方案（2018—2020 年）》	逐步放开中外合资旅行社从事旅游业务范围,加强与国际旅游组织的合作;制定出台邮轮旅游发展规划、游艇旅游发展指导意见
2018	国务院	《中国（海南）自由贸易试验区总体方案》	实行更加积极主动的开放战略,加快构建开放型经济新体制,推动形成全面开放新格局,把海南打造成为我国面向太平洋和印度洋的重要对外开放门户
2018	国务院	《关于完善促进消费体制机制 进一步激发居民消费潜力的若干意见》	支持邮轮、游艇、自驾车、旅居车、通用航空等消费向大众化发展,加强相关公共配套基础设施建设
2019	国务院	《粤港澳大湾区发展规划纲要》	有序推动香港、广州、深圳国际邮轮港建设,进一步增加国际班轮航线,探索研究简化邮轮、游艇及旅客出入境手续。逐步简化及放宽内地邮轮旅客的证件安排,研究探索内地邮轮旅客以过境方式赴港参与全部邮轮航程
2017	交通运输部	《关于促进交通运输与旅游融合发展的若干意见》	鼓励发展旅游客运码头、游艇停靠点等,提升旅游服务功能;加强邮轮港口与城市旅游体系的衔接,引导有条件城市建设邮轮旅游集散枢纽
2017	交通运输部	《深入推进水运供给侧结构性改革行动方案（2017—2020 年）》	调结构方面,加快邮轮游艇运输发展,大力发展现代航运服务业,推进"互联网＋"水运应用
2017	交通运输部	《港口岸电布局方案》	方案提出了 2020 年全国主要港口和船舶排放控制区内港口岸电泊位布局数量。保障措施包括科学组织实施、加大政策扶持、建立供售电机制和完善法规标准四个方面
2017	交通运输部	《智慧交通让出行更便捷行动方案（2017—2020 年）》	提升邮轮信息化智能化水平;构建集邮轮航线、船票销售咨询服务等于一体的邮轮信息网络,实现信息共享
2017	交通运输部	《加快推进津冀港口协同发展工作方案（2017—2020 年）》	提出优化津冀港口布局和功能分工、加快港口资源整合、完善港口集疏运体系、促进现代航运服务业发展、加快建设绿色平安港口、提升津冀港口治理能力等 6 大重点任务,进一步增强港口的辐射和带动作用,为京津冀协同发展提供有力支撑
2017	交通运输部	《关于加快推进旅客联程运输发展的指导意见》	建立邮轮客票制度,鼓励邮轮等相关企业构建集航线、票务、旅游、咨询等服务于一体的邮轮综合信息网络
2018	交通运输部	《交通运输部贯彻落实〈中共中央国务院关于支持海南全面深化改革开放的指导意见〉实施方案》	创新邮轮、游艇管理政策,促进国际旅游消费中心建设
2018	交通运输部	《关于促进我国邮轮经济发展的若干意见》	以推进供给侧结构性改革为主线,围绕延伸壮大我国邮轮经济产业链,加强邮轮自主设计建造及配套能力建设、培育本土邮轮及市场发展、提升邮轮服务水平,增加有效供给,为培育经济发展新动能、加快建设交通强国和制造强国、建设美丽中国提供有力支撑

表 9.1（续）

2016	国家发展改革委	《关于促进消费带动转型升级行动方案》	加快发展邮轮游艇等消费;将上海实施的国际邮轮入境外国旅游团 15 天免签政策逐步扩大至其他邮轮口岸;规范并简化邮轮通关手续,拓展国内邮轮航线;培育本土邮轮发展,支持国内造船企业与国外造船企业联合生产制造大型邮轮项目
2016	国家发展改革委	《关于实施旅游休闲重大工程的通知》	引导建设自驾车房车旅游、邮轮游艇旅游带等休闲度假产品配套设施建设项目
2017	国家发展改革委	《北部湾城市群发展规划》	打造环湾特色旅游线路;整合沿海岸线旅游资源及南海岛屿旅游资源,发展精品邮轮游艇线路;推进在重点城市实行针对特定国家和地区的免签、落地签政策
2017	国家发展改革委	《服务业创新发展大纲(2017—2025 年)》	发展自驾车旅游、邮轮游艇旅游;支持旅游衍生品开发,深化国际旅游合作;推进旅游签证便利化
2017	国家发展改革委	《全国海洋经济发展"十三五"规划》	统筹规划邮轮码头建设,对国际海员、国际邮轮游客实行免签或落地签证;推进上海、天津、深圳、青岛建设"中国邮轮旅游发展试验区";发展邮轮经济,拓展邮轮航线
2017	国家发展改革委	《增强制造业核心竞争力三年行动计划(2018—2020 年)》	加强邮轮研制国际合作,逐步掌握设计和总包建造等技术,提升工程组织、供应链管理等能力
2018	国家发展改革委	《海南省建设国际旅游消费中心的实施方案》	鼓励吸引国际邮轮注册,发展国际邮轮和外国游客入境旅游业务;对外国旅游团乘坐邮轮入境实行 15 天免签;研究扩大邮轮航线至更多国家和地区
2016	文化和旅游部(国家旅游局)	《中国邮轮旅游发展总体规划》	将天津、上海、福建、海南作为我国邮轮运输试点地,鼓励四省市在培育邮轮运输市场、拓展港口服务功能、打造邮轮产业链等方面进行研究和探索
2018	文化和旅游部(国家旅游局)	《关于在旅游领域推广政府和社会资本合作模式的指导意见》	支持地方政府将交通项目和旅游资源的利用融合建设、一体发展,鼓励社会资本参与旅游风景道、邮轮港口、游船码头、公共游艇码头、旅游集散中心、通景公路及相关配套服务设施的建设
2017	工业和信息化部	《船舶工业深化结构调整加快转型升级行动计划(2016—2020 年)》	适应国内邮轮游艇等传统高端消费潜力加速释放的趋势,加快实现邮轮自主设计和建造,大力发展中小型游艇和新型游艇设计制造

二、地方立法

2006 年,把三亚打造成"东南亚邮轮母港"的设想正式写入三亚第"十五"发展规划中;深圳 2009 年 4 月出台了《加快邮轮游艇产业发展的若干政策措施》;青岛制定了全国首个邮轮旅游发展规划;2013 年,三亚市实施了邮轮停靠奖励政策,海南省出台邮轮边境游异地办证政策,办证手续更为简单;天津市委市政府在《加快北方国际航运中心建设若干意见》中提出推进国际邮轮母港及配套设施意见,适时启动邮轮主题商业广场项目建设,建设免税购物中心,制定吸引国际邮轮公司挂靠的税收优惠和便利通关政策;2010 年 4 月,央行上海总部发布《2010 年上海市信贷投向指引》,提出利用当前邮轮母港发展的机遇,支持邮轮经济发展;2013 年 9 月,《交通运输部和上海市人民政府关于落实〈中国(上海)自由贸易试验区总体方案〉加快推进上海国际航运中心建设的实施意见》出台,提出加强上海邮轮港口基础设施建设,培养航运人才,支持上海邮轮母港建设,鼓励成立合资邮轮公司在华拓展邮轮业务;2017 年 11 月,上海市工商行政管理局出台《支持宝山区邮轮产业发展的若干意见》,提出支持上海邮轮产业相关区域重点建设,探索借鉴自贸区。

表 9.2　2016—2019 年地方政府发布的相关法规

省市	年份	法规
上海	2016	《上海市邮轮旅游经营规范》
	2016	《上海市推进国际航运中心建设条例》
	2016	《试点实施上海口岸邮轮免签政策管控方案》
	2016	《上海市旅游业改革发展"十三五"规划》
	2017	《支持宝山区邮轮产业发展的若干意见》
	2017	《关于上海试点邮轮船票制度的通知》
	2018	《关于加快宝山邮轮经济发展的实施意见》
	2018	《关于促进本市邮轮经济深化发展的若干意见》
	2018	《上海市深化服务贸易创新发展试点实施方案》
	2018	《关于促进上海入境旅游发展的若干意见》
	2018	《关于促进上海旅游高品质发展加快建成世界著名旅游城市的若干意见》
	2018	《上海国际航运中心建设三年行动计划(2018—2020)》
广东	2016	《广东省进一步促进旅游投资和消费的实施方案》
	2016	《深圳市旅游业发展"十三五"规划》
	2017	《实施〈粤港合作框架协议〉2017 年重点工作》
	2017	《广州市人民政府关于进一步加快旅游业发展的意见》
	2017	《深圳市邮轮旅游突发事件应急预案》
	2018	《广州南沙新区(自贸片区)促进邮轮产业发展扶持办法实施细则(征求意见稿)》
	2018	《建设广州国际航运中心三年行动计划(2018—2020 年)》
海南	2017	《海南省旅游发展总体规划(2017—2030)》
	2017	《海南省鼓励邮轮旅游产业发展财政奖励实施办法(试行))》
	2017	《三亚市人民政府关于印发争取国家层面协调重大政策的实施方案的通知》
	2017	《三亚市鼓励邮轮旅游产业发展财政奖励实施办法》
	2018	《海口市鼓励邮轮产业发展财政补贴实施办法》
天津	2017	《天津市口岸发展"十三五"规划》
	2017	《天津市人民政府办公厅关于贯彻落实"十三五"现代综合交通运输体系发展规划的实施意见》
	2018	《天津市邮轮旅游发展三年行动方案(2018—2020 年)》
	2018	《天津市人民政府办公厅关于促进全域旅游发展的实施意见》
	2018	《天津市人民政府办公厅关于印发天津市深化服务贸易创新发展试点实施方案的通知》
山东	2017	《服务邮轮和海上旅游休闲产业八项举措》
	2017	《青岛市建设中国邮轮旅游发展实验区实施方案》
	2017	《威海市发展国际邮轮旅游产业财政奖励意见》
	2018	《山东海洋强省建设行动方案》
	2018	《青岛市扶持邮轮旅游发展政策实施细则》

表 9.2（续）

	2017	《福州市邮轮产业发展规划》
福建	2017	《福建省人民政府办公厅关于进一步扩大旅游文化体育健康养老教育培训等领域消费的实施意见》
	2018	《关于进一步促进邮轮旅游业发展的扶持意见》
	2018	《关于促进厦门自贸试验区邮轮船供服务业发展的暂行办法》
辽宁	2017	《大连市旅游发展专项资金管理办法》
	2018	《大连市人民政府办公厅关于加快邮轮旅游发展实验区建设的实施意见》

三、其他相关政策

交通运输部已经制定外籍邮轮在华多点挂靠政策并对外公布。《中华人民共和国海商法》第4条规定："中华人民共和国港口之间的海上运输和拖航，由悬挂中华人民共和国国旗的船舶经营。但是，法律、行政法规另有规定的除外。非经国务院交通主管部门批准，外国籍船舶不得经营中华人民共和国港口之间的海上运输和拖航。"所以，外国籍邮轮在国际航线运营中，只能在中国一个港口挂靠，而后必须离境。新政策出台后，依法向交通运输部提出特别申请并获得批准的外国籍邮轮，在国际航线运营中，可连续挂靠中国两个以上沿海港口，承载的游客可分别在这些港口下船观光，而后回船继续旅行，最终完成整个国际航程的运输安排。

公安部出入境管理局也发布了方便中外邮轮旅客出入境边防检查的四条新措施：一是允许随邮轮入境后在国内停靠港口均不登陆的旅客免办入出境手续；二是随邮轮入出境的外国籍旅客凭船方提供的旅客名单免填入出境登记卡；三是邮轮多港挂靠时，随船出境的旅客（包括中国籍旅客），可在邮轮停靠的国内港口登陆观光（但必须随船出境），随船入境的旅客在入境港办妥入境手续后，可在国内的任一停靠港离船；四是简化多港挂靠时的旅客检查手续，邮轮在国内港口停靠期间，允许旅客持加盖了边检机关有效印章的本人出入境证件资料页复印件及邮轮电子身份卡多次上下船舶。

国家旅游局将积极发展近海邮轮旅游、有序发展入境邮轮旅游，努力开发适合中国旅客的邮轮旅游产品，推进中国邮轮旅游的发展。交通运输部正在修订《外商独资船务公司审批管理暂行办法》，交通运输部拟允许经批准外国邮轮公司在华独资设立经营性机构，为该外国邮轮公司所有或经营的船舶提供包括揽客、签发客票在内的辅助性经营服务。交通运输部还出台了促进和规范中国邮轮运输发展的5项政策措施：特许允许外国邮轮在华多点挂靠；完善中国邮轮码头建设管理；在华独资设立经营性机构和完善客运码头收费管理机制。有关部门正在协商促进海峡两岸邮轮经济发展的新管理政策。

《关于推进上海加快发展现代服务业和先进制造业建设国际金融中心和国际航运中心的意见》已将发展邮轮经济作为上海国际航运中心建设的重要组成部分，同意在上海探索建立国际航运发展综合试验区，促进邮轮业发展。因此，设立上海国际邮轮发展综合试验区，试点邮轮发展政策是深化、落实该文件的具体举措。2011年宝山区发改委申报的"上海国际邮轮综合改革试点区"已获批成为邮轮现代服务业集聚区。2012年9月，在中央领导的关心和支持下，国家旅游局批准在上海设立中国邮轮旅游发展综合试验区，试验区内将试行一系列政策创新，以推动中国邮轮旅游业的全面快速发展。目前，宝山区正在加快建设国家级旅游标准化示范区。

第二节　邮轮旅游的法律适用

邮轮旅游是近年来在我国快速发展的新兴旅游形式,2016年全国港口共计接待国际邮轮旅客218万人。邮轮旅游与传统旅客运输存在明显差异:传统海上旅客运输许多时候具有公共运输的性质,即以向不特定的社会公众提供运输服务为目的,无论是传统邮轮运输业还是以旅游为目的的现代邮轮旅游业,它们都属于社会公共事业,直接涉及国计民生。邮轮旅游的快速发展必然也将带来相应的民事纠纷,邮轮旅游的特殊性也决定了此类民事活动需要相对特殊的法律规则进行调整。

《上海海事法院海事审判情况通报》(2016)明确指出:邮轮旅游纠纷在诉讼中已有所体现,并且涉案法律关系复杂、法律规则尚待明确等诸种因素均为案件妥善处理带来困难。

当前我国邮轮旅游绝大多数是出境旅游,邮轮公司也以外商投资居多,因而邮轮旅游形成的旅游服务、海上旅客运输以及船票销售等法律关系大多属于涉外民事关系。涉外民事关系法律适用的意义在于通过冲突规范的指引,确定特定涉外民事关系应当适用的法律,并且应用于实际案件,从而规范当事人之间的权利义务关系,解决相应争议。因此,法律适用是邮轮旅游民事纠纷解决的基础环节。

一、邮轮旅游基础合同法律适用现状

《旅行社条例》第23条禁止外商投资旅行社经营我国内地居民的出境旅游业务,导致外商投资邮轮公司即使具备旅行社经营资质,也无法经营邮轮旅游的配套岸上旅游业务,直接销售船票的意义大为减弱,从而形成了以旅行社包销为主的船票销售模式。旅行社包销船票模式下邮轮旅游将会形成三个基础合同,即旅客直接与旅行社订立的邮轮旅游服务合同,旅客与邮轮公司之间通过邮轮船票证明的海上旅客运输合同,以及邮轮公司与旅行社订立的邮轮船票销售合同。

(一)邮轮旅游服务合同

邮轮旅游服务合同属于《旅游法》第五章规定的旅游服务合同。可能受到《旅游法》后于《涉外民事关系法律适用法》出台的影响,后者对于旅游服务合同这一特别法上的有名合同的法律适用并无专门规定。但是,由于旅游者在旅游服务合同中实际是消费者,因而旅游服务合同一般被认为具有消费者合同的性质,从而根据《涉外民事关系法律适用法》第42条的规定多数情况下适用消费者经常居所地法律,对于我国内地居民而言即是中国法律。实践中对于一般旅游服务合同的法律适用也大多援引消费者合同的上述规则。邮轮旅游服务合同在实践中往往依据政府部门制定的示范合同订立。以上海地区为例,邮轮旅游服务合同多数均以上海市工商行政管理局、上海市旅游局联合制定的《上海市邮轮旅游合同示范文本》《上海市出境旅游合同示范文本》为基础。此类示范合同虽无专门的法律适用条款,但通常会在引言部分明确说明合同依据中国法律签订。司法审判实践也基本认可邮轮旅游服务合同适用中国法律,例如邵建英、邵忠良、刘章妹诉上海携程国际旅行社有限公司旅游合同纠纷一案,以及邓湘粤诉南京市途牛国际旅行社有限公司佛山分公司、南京市途牛国际旅行社有限公司旅游合同纠纷一案。

（二）邮轮船票证明的海上旅客运输合同

根据《海商法》第 110 条的规定，船票应是海上旅客运输合同的证明。据此虽然在旅行社包销船票模式下，旅客通常并不会与邮轮公司直接签订合同，但邮轮船票可以证明双方之间存在海上旅客运输合同关系，尽管邮轮船票未必是以传统海上旅客运输客票惯用的形式和载体呈现。《海商法》第十四章"涉外关系的法律适用"以及《涉外民事关系法律适用法》对于海上旅客运输合同的法律适用并无专门规定，因而一并适用《海商法》第 269 条关于合同法律适用的规定，遵循意思自治原则以及最密切联系原则。实践中邮轮公司通过船票条款规定适用域外法律的情形非常普遍。例如，公主邮轮《航行合约》第 15 条第 C 款规定："由于本航行合约或您的邮轮旅行产生的、或与之相关的所有索赔均适用英国法律。"皇家加勒比国际邮轮《乘客票据合同》第 19 条也规定："本乘客票据合同应当受美国佛罗里达州法律（包括在适用情况下的相关美国海事法律）管辖并依照其解释。"此类条款是由邮轮公司预先拟订，并且在合同订立时大多未与旅客协商，因而根据《合同法》第 39 条第 2 款的规定具有格式条款的性质。受到旅行社包销船票模式的影响，邮轮船票的功能在我国被明显弱化，导致旅客依据邮轮船票证明的海上旅客运输合同诉至海事法院的情形并不多见，法院也更多倾向于通过调解、和解等形式结案。因此，司法审判实践对于邮轮船票通过格式条款规定适用域外法律的效力持何种态度，目前尚不明朗。

（三）邮轮船票销售合同

邮轮船票销售合同属于较为典型的商事合同，作为合同当事人的邮轮公司、旅行社均为商事主体，是以营利为目的从事商事活动。因此，邮轮船票销售合同的法律适用相对清晰，依据《涉外民事关系法律适用法》第 41 条的规定充分贯彻意思自治原则，同时结合特征性履行原则与最密切联系原则。据此双方当事人既可约定适用中国法律，也可约定适用域外法律。由于外商投资旅行社不得经营出境旅游业务，因而邮轮船票销售合同的法律适用条款通常也以约定适用中国法律居多，例如："本协议依据中华人民共和国法律撰写并受其约束，在适当情况下也遵从并受相关海事法律约束。"

二、邮轮旅游服务合同的法律适用

邮轮旅游服务合同严格而言并不属于海商海事合同，原因在于邮轮旅游服务合同形成的社会关系不属于海商法的调整对象，即不是海上运输关系和船舶关系。但是，受到旅行社包销船票模式的影响，邮轮旅游服务合同对于海上特殊风险同样有所涉及，因而《海商法》修改时有必要将其作为邮轮旅游法律制度的组成部分纳入保护范围。据此考察邮轮旅游服务合同的法律适用，重点在于明确邮轮旅游服务合同的性质是否属于消费者合同，以及《涉外民事关系法律适用法》第 42 条对于邮轮旅游服务合同是否适应。

（一）邮轮旅游服务合同的消费者合同属性

仅就合同法意义而言，消费者合同在我国尚不属于有名合同，也并无直接、明确的定义。消费者合同实际上也不应被视为具体的合同类型，或者至少不能与《合同法》分则以及特别法规定的各类有名合同并列，而是同时涵盖以生活消费为目的订立的买卖合同、服务合同、保险合同等多种合同类型。除《涉外民事关系法律适用法》第 42 条规定了消费者合同的法律适用规则外，我国其他法律并未直接采用"消费者合同"的措辞，即使是《消费者权益保护法》亦不例外。因此，界定消费者合同的概念，须以《消费者权益保护法》为基础，结合相关条文进行解释方能确定。根据《消费者权益保护法》第 2 条前段的规定，只要提供商品或者服务的一方是从事市场经营活动,购买商品或者接受服务的一方是为了个人或者家庭终极消费需要,而不是为了从事生产经营或者职业活动需要,即属于《消费者权益保护法》的保护范围,双方此时订立的合同便也属于消费者合同。因此,界定消费者合同的关键在于双方当事人,一方须为消费者,另一方须为经营者。

邮轮旅游服务合同属于旅游服务合同。《旅游法》对于旅游服务合同采取狭义概念,即主要是指包价旅游合同,而不包括旅店住宿合同等旅游代办合同。根据《旅游法》第111条第3项之规定,旅游服务合同的主要内容是组织、安排旅游活动。旅游者与旅行社订立旅游服务合同的目的是享受旅游服务,符合消费者的内涵;至于旅行社,《旅游法》第111条第1项明确定义旅游经营者包括旅行社。因此,旅游服务合同作为旅游消费权利义务关系的载体,合同双方当事人符合消费者和经营者的身份要求,理应属于消费者合同,学界对此也大多持认可态度。此外,《旅游法》第92条规定旅游者可向消费者协会申请调解作为旅游纠纷的解决途径之一,而消费者协会正是对商品和服务进行社会监督的保护消费者合法权益的社会组织,亦可佐证旅游消费属于生活消费之一。因此,旅游服务合同的法律适用应当依循《涉外民事关系法律适用法》第42条,邮轮旅游服务合同亦然。

(二)《涉外民事关系法律适用法》第42条的不适应性

《涉外民事关系法律适用法》第41条对于合同法律适用规定的首要原则是意思自治原则,同时运用特征性履行方法辅之以最密切联系原则。《海商法》第269条关于海商合同法律适用的规定基本相同,但未明确特征性履行规则。同时,《涉外民事关系法律适用法》第42条设置了消费者合同法律适用的特别规则:"消费者合同,适用消费者经常居所地法律;消费者选择适用商品、服务提供地法律或者经营者在消费者经常居所地没有从事相关经营活动的,适用商品、服务提供地法律。"

上述规定主要涉及三项系属公式,即消费者的属人法、消费者单方选择的法律以及设条件的消费行为地法。据此消费者合同的法律适用以消费者经常居所地法律为原则,而以商品、服务提供地法律为例外。本应作为合同法律适用首要原则的意思自治受到明显限制,仅有消费者可以单方选择适用的法律,并且限于商品、服务提供地法律,经营者并不享有选择适用法律的权利。此外,考虑到经营者如未在消费者经常居所地从事相关经营活动,应当认为经营者不知道也不可能预见其产品或服务将与消费者经常居所地构成联系,因而基于权利义务平衡之考量规定商品、服务提供地法律作为例外。对于消费者合同的法律适用设置特别规则在比较法上存在广泛的立法例,例如日本《关于法律适用的通则法》第11条"消费者合同的特例"即有颇为详尽的规定,此类规范共同之要旨在于贯彻弱者保护原则,给予消费者特殊保护。消费者在消费者合同中较之经营者往往处于弱势地位,双方签订的合同很多时候属于格式合同,其中的法律适用条款多由经营者预先拟订,消费者难有选择的余地,邮轮旅游尤其如此。

由于《涉外民事关系法律适用法》第42条广泛适用于各类消费者合同,难以充分考虑邮轮旅游的特殊性,因而对于邮轮旅游服务合同明显存在不适用。对于我国内地居民参加的出境邮轮旅游而言,中国法律作为消费者经常居所地法律,多数情况下同时又是法院地法律,旅客对此通常最为熟悉,因而作为邮轮旅游服务合同的适用法律较为合适。但是,《涉外民事关系法律适用法》第42条规定的另一系属"商品、服务提供地法律"许多时候并不存在。邮轮在航行期间大部分时间处于公海之上,当前不少邮轮公司甚或提供单纯的公海旅游航线,而无岸上观光的行程安排。公海因此成为旅客接受邮轮旅游服务,尤其是船上服务最为主要的地理位置。作为不包括在国家的专属经济区、领海或内水或群岛国的群岛水域内的海域,公海并无对应的国内法律可供适用,克服公海适用法律的欠缺也成为涉外海事关系法律适用的关注重点。例如,《海商法》第 273 条第 2 款即规定法院地法律作为船舶在公海发生碰撞时的适用法律。

　　弱者保护原则在法律适用中的贯彻,主要通过特别法律选择规范限制当事人的意思自治,进而实现实质正义,要旨之一在于尽量促使有利于弱者的法律得以适用。当前我国尚未设立专门的邮轮旅游法律制度,对于邮轮旅客的保护水平也有待提高。虽然中国法律最为我国居民熟悉,但如果旅客对于与特定邮轮旅游服务存在客观联系的域外法律亦有充分了解,应当允许旅客选择适用此类法律,这也与《涉外民事关系法律适用法》第 42 条允许消费者选择适用商品、服务提供地法律的本意契合。而且,对于船旗国法律、邮轮公司主营业地法律等,消费者单方意思自治的结果实质上包含了经营者对于法律选择的意志以及实际利益,经营者或也乐于接受,更能兼顾邮轮旅客与旅行社、邮轮公司等邮轮旅游经营者之间法律选择利益的平衡。因此,对于邮轮旅游服务合同应当设置专门的法律适用规则,在保留适用消费者经常居所地法律作为一般原则的同时,规定其他系属替代商品、服务提供地法律。

三、邮轮船票证明的海上旅客运输合同的法律适用

　　基于旅行社包销的邮轮船票销售模式,旅客与邮轮公司之间主要通过邮轮船票订立海上旅客运输合同,而船票大多是由旅行社作为包价邮轮旅游产品的组成部分向旅客进行销售。由于海上旅客运输合同与海上货物运输合同存在一定差异,不仅邮轮船票载明的法律适用条款作为格式条款本身的效力确有可资商榷之处,而且适用域外法律对于作为消费者的旅客寻求救济亦有不利,因而需要适当考虑未来我国邮轮旅游法律制度的强行性。

(一)海上旅客运输合同适用域外法律的弊端

　　海上旅客运输合同与海上货物运输合同的性质存在明显差异,决定了相应的法律适用规则也应有所区别。经济学将交易主体分为个人和企业,据此民事交易总体而言可以分为四类:一是企业之间的交易,二是个人之间的交易,三是企业为出卖人而个人为买受人的交易,四是个人为出卖人而企业为买受人的交易。第一类交易涉及的企业又可进一步分为两类,即成熟的市场参与者(sophisticated economic actors)和一般企业。成熟的市场参与者之间订立的合同通常被认为是商事合同,而与一般的民事合同有所区别。基于海上旅客运输合同形成的交易属于第三类,海上货物运输合同形成的交易属于第一类。而且,订立海上货物运输合同的企业大多是成熟的市场参与者,因而属于典型的商事合同。区分商事合同与一般民事合同的基本意义在于:由于交易参与者的性质不同,规范需求自然有所不同。成熟的市场参与者具有较强的谈判能力,缔约双方信息地位相对平等,暂不需要强制性规定的介入保护,并且此类主体订立的合同往往设有适当机制用以分散或者规避风险。因此,对于海上货物运输合同的法律适用,应当给予当事人较为充分的意思自治,当事人往往也会选择适用在航运市场具有广泛影响力的法律,其中尤以英国法为典型。虽然我国既有理论研究大多建议《海商法》修改时规定现行第四章"海上货物运输合同"的强制适用范围,但此种建议更多基于维护国家整体经济利益的考量,而于特定交易当事人的个体利益保护着力不多。而且,学者对于海上货物运输法律的强制适用不无批评。相较而言,我国海事国际私法研究对于海上旅客运输合同的法律适用关注很少,多数著作并不进行专门讨论。

海上旅客运输合同的当事人一方是旅客个人，属于一般的民事合同，因而需要在法律适用方面给予适当的特殊保护，不能放任在交易中居于优势地位的承运人滥用意思自治。

当前我国邮轮旅游市场上邮轮公司通过船票条款规定适用域外法律的情形较为普遍，甚至一般被认为是我国首家本土邮轮公司的天海邮轮，《旅客票据条款》也说明适用香港法律。我国邮轮旅游市场主要邮轮公司船票条款关于法律适用的规定可见表9.3。虽然其中规定适用的域外法律多为航运法律较为发达的法域，尤其是英国法律在航运领域居于无可替代的重要地位。但是，邮轮旅客毕竟有别于货主，对于域外法律多数并无充分的了解，而妥善安排救济策略恰恰要求旅客对于法律赋予的权利应有相对准确的认识。因此，适用域外法律总体而言对于作为消费者的旅客寻求救济明显不利。

表9.3　中国邮轮旅游市场主要邮轮公司船票条款规定的法律适用

邮轮公司	法律适用	邮轮公司	法律适用
歌诗达邮轮	意大利法律	星梦邮轮	香港法律
地中海邮轮	相关法律	诺唯真邮轮	中国法律
公主邮轮	英国法律	皇家加勒比国际邮轮	美国佛罗里达州法律
天海邮轮	香港法律	丽星邮轮	香港法律

邮轮船票一般是包价邮轮旅游产品的组成部分。邮轮旅游服务合同和海上旅客运输合同是旅行社包销邮轮船票模式下同时成立的两个合同，旅客订立两个合同的目的大抵相同，都是为了参与邮轮旅游活动、享受邮轮旅游服务，只是海上旅客运输合同更多侧重于船上服务。虽然邮轮旅游必然涉及海上运输，但人的空间位移并不是邮轮旅游的根本目的。因此，邮轮船票证明的海上旅客运输合同应当同样具有消费者合同的性质。《海商法》第十四章"涉外关系的法律适用"较之《涉外民事关系法律适用法》属于特别法，但《涉外民事关系法律适用法》第42条和《海商法》第269条均属于特别民事规范，前者是消费者合同法律适用的特别规则，后者则是海商合同法律适用的特别规则。二者之间的适用关系如何处理，现行法律并未明确规定。可以肯定的是，《涉外民事关系法律适用法》第42条对于邮轮船票证明的海上旅客运输合同同样存在不适应，即商品、服务提供地法律在邮轮航行于公海期间并不存在；而《海商法》第269条更多基于海上货物运输合同的立场，对于当事人的意思自治未加制约，较易产生邮轮公司滥用优势地位迫使旅客适用域外法律的现象。因此，无论适用《涉外民事关系法律适用法》第42条抑或《海商法》第269条，我国法律关于邮轮船票证明的海上旅客运输合同法律适用的规定均有进一步完善的必要。

（二）船票法律适用条款的效力

考察邮轮船票条款，即通常所称航行合约或者乘客票据合同，基于我国尚未全面实行邮轮船票制度规制船票条款的现状，条款内容是由邮轮公司单方制定并且载于公司网站，旅行社在与旅客订立邮轮旅游服务合同时并不会向旅客提供相应邮轮公司的船票条款。旅客在船期间邮轮公司发放的各类资料大多不会涉及船票条款，即使是作为船上通行凭证的房卡一般也不附有相关条款，主动登录邮轮公司网站几近成为旅客了解船票条款内容的唯一途径。而且，旅客一旦选择了特定的邮轮公司，就必须接受该公司的全部船票条款，不再享有单独另行协商的机会，符合格式条款"要么接受，要么放弃"（take it or leave it）的特征。因此，邮轮船票条款的性质符合《合同法》第39条第2款的规定，理应属于格式条款，包括其中的法律适用条款。

格式条款由于未经合同双方当事人协商,与合同作为双方意思合致的本质相悖,因而格式条款并不能够在双方当事人之间直接形成合同关系。只有消费者对于格式条款表示同意,格式条款方能产生法律效力,邮轮船票条款亦然。对于格式条款之规制,《合同法》第39条至第41条以及《消费者权益保护法》第26条均有规定。虽然适用法律的不同难免影响承担责任的多寡,但法律适用条款本身并不属于免责条款,即不以排除或限制当事人的未来责任为目的,因而此类条款的效力认定主要基于邮轮公司是否妥善履行了《消费者权益保护法》第26条第1款规定的对于重大利害关系内容的提请注意义务。法律适用作为纠纷解决的基础环节之一,应当属于与消费者存在重大利害关系的格式条款内容。对于海上旅客运输合同的法律适用条款,乃至全部邮轮船票条款而言,由于旅行社包销模式下邮轮公司根本不会参与缔约过程,因而邮轮公司显然无法达到《消费者权益保护法》对于经营者提请告知义务的要求。而且,目前邮轮船票条款的主要刊载方式是邮轮公司网站,旅客如果未与邮轮公司或旅行社产生纠纷,很有可能自始至终不会关注船票条款。因此,邮轮旅客不应当然受到自己并不知情的船票条款的约束。如果旅客事后表明不同意船票条款关于法律适用的规定,而邮轮公司又无法证明已尽提请注意义务,应当认定船票法律适用条款无效。

此外,我国较为有限的司法实践对于邮轮船票法律适用条款的效力似乎也并不完全认可。例如,在蒋某萍诉皇家加勒比邮轮(RCL)有限公司、浙江省国际合作旅行社有限公司上海分公司海上人身损害责任纠纷一案中,被告皇家加勒比国际邮轮并未援引船票条款主张适用外国法律,而是与其他当事人在诉讼过程中达成合意选择适用中国法律,上海海事法院在该案一审判决中也予以认可。

(三)海上旅客运输法律的强制适用

冲突法上存在强制性规范的概念,是指一国法律中具有强行性质的规范,此类规范在涉外案件中必须强行适用,而不必考虑冲突规范所指引的准据法是何国法律。《〈涉外民事关系法律适用法〉司法解释(一)》第10条规定了多种强制适用我国法律的情形,但总体上均与海事活动无涉,亦未提及海上旅客运输。考察航运发达国家的海上货物运输立法,不少国家对于国际海上货物运输合同均有强制适用本国法律的规定,不允许合同当事人通过约定选择适用他国法律。例如,美国《1936年海上货物运输法》(carriage of goods by sea act 1936)第12条规定:"本法适用于对外贸易中自美国出口或向美国经海陆运输的一切运输合同。"美国和少数代表货方利益的国家规定本国海上货物运输法律的强制适用范围,目的在于限制缔约能力强于本国货主的承运人利用合同自由选择对其更为有利的他国法律或者国际公约,从而通过保护本国货主的利益实现对于国家整体经济利益的维护。

规定海上旅客运输法律的强制适用范围,理据较之海上货物运输法律更为充分。由于邮轮旅游服务合同的消费者合同性质已经基本明确,因而中国法律在实践中多数均能得到适用。考虑到邮轮旅游服务合同与邮轮船票证明的海上旅客运输合同同为邮轮旅游基础合同的关联性,并且一方当事人均为邮轮旅客,对于后者也应适当规定强制适用我国法律的范围,从而实现对居于弱势地位的邮轮旅客的必要保护。对此《上海市邮轮旅游经营规范》作为我国邮轮旅游行业首个政府性规范,第11条第3款也有明确规定。

基于当前的立法趋势以及理论研究,我国邮轮旅游法律制度的构建最有可能通过《海商法》修改实现,并以该法第五章"海上旅客运输合同"为基础。但是,目前关于《海商法》强制适用的研究主要围绕海上货物展开,而对海上旅客运输鲜有关注。《海商法》修改时如果确将邮轮旅游纳入了调整范围,即应规定邮轮船票证明的海上旅客运输合同的法律适用。尤其对于出发港或目的港为我国港口的邮轮旅客运输,应当继续贯彻对于消费者的弱者保护原则,适当限制意思自治的运用,规定以适用中国法律为主的旅客经常居所地法律为原则,同时辅以若干与邮轮旅游关联较为密切的系属以供邮轮旅客单方选择适用。由于存在旅客单方意思自治的例外,因而此种强制适用一定程度上也有别于冲突法意义的强制性规范。

资料链接:因大雾等天气原因改变航线,旅行社到底需不需要赔钱?

2013 年 1 月,肖某等 4 人(下称"肖某等")通过网络订购了某国际旅行社有限公司(下称"某旅行社")的某外籍邮轮的韩国游产品,并于当日支付了旅游服务费每人约 4 000 元,某旅行社向肖某等发送了《旅游度假产品确认单》及《出行通知书》。几天后,肖某等委托案外人张某与某旅行社签订了书面邮轮旅游合同。

《旅游度假产品确认单》载有如下内容:

(1)因发生不可抗力或其他超过船长或船主控制范围的情况、或为了旅客和邮轮的安全,船长有权自行对航行范围做出修改、变更停靠港口的顺序或省略其中某个或某些停靠港口;

(2)在出发前或航程期间,邮轮公司有权根据天气、战争、罢工等不可抗力因素调整或改变行程,对此邮轮公司将不承担任何赔偿责任。若因不可抗力导致航线取消,邮轮公司将退还全部票款,但不承担赔偿责任。

《出行通知书》上载明:

出发地为上海吴淞口国际邮轮港,行程安排为:4 月 5 日 17 时从上海出发;4 月 6 日到达济州岛,游客可选择付款参加登陆游览,也可在邮轮上活动;4 月 7 日邮轮抵达仁川,游客可选择付款参加登陆游览;4 月 8 日海上巡游;4 月 9 日返回上海。《出行通知书》上同时载明,邮轮行程可能因天气、海况等原因做相应调整,请以邮轮上通知为准。

2013 年 4 月 5 日,肖某等人登上邮轮,但由于天气出现大雾,海事局主管部门发布了航道封闭的通知,故邮轮直到近 24 时才从上海出发。由于起航延误,邮轮未停靠济州岛,而直接驶往仁川,于 4 月 7 日早上抵达仁川,并于当天晚上从仁川返回上海。由于未停靠济州岛,某旅行社退还肖某等人该港停靠费每人约 200 元,另支付他们每人 200 元的补偿款。但肖某等人不同意某旅行社的补偿方案,要求退还一半的旅游服务费。由于双方达不成一致意见,肖某等人将某旅行社告到上海市长宁区人民法院,后该案上诉至上海市第一中级人民法院。

肖某等人的诉讼请求为:某旅行社退还一半的旅游服务费,每人约 2 000 元,理由是某旅行社未经其同意而擅自取消济州岛旅游,属违反邮轮旅游合同的相关约定,造成肖某等人无法在济州岛登岸旅游的损失。

某旅行社不同意肖某的诉请,其抗辩为:

(1)某旅行社不存在违约行为,无须承担赔偿责任;

(2)某旅行社已按邮轮旅游合同的约定将济州岛邮轮停靠费退还肖某等人,并且另外补偿了每人 200 元,故肖某等人的诉讼请求无法律依据;

(3)肖某等未选择付款参加济州岛或仁川岸上观光游,所以邮轮未停靠济州岛并未给他们造成损失。

　　2014 年 3 月,上海市第一中级人民法院做出二(终)审判决,判决结果及判案原理简析如下:

　　一、邮轮旅游合同有效

　　肖某等与某旅行社签订的邮轮旅游合同,是双方当事人真实意思表示,合法有效,双方均应依约履行各自义务,参《合同法》第八条之规定。

　　二、因天气原因"跳港"不是违约

　　关于邮轮未挂靠济州岛是否构成某旅行社违约问题,需从以下方面进行判断。

　　首先,邮轮的出航与否及航线的调整、变更,并非由某旅行社决定,而是由邮轮公司根据实际情况予以决定。根据查明事实,邮轮出发当天,由于天气大雾,海事主管部门发布了航道封闭的通知。在此种情形下,保证游客的人身安全成为首要考虑因素,因此邮轮公司出于对人身安全的考虑,决定延迟邮轮起航、并在之后取消济州岛停靠的行为并无不妥。

　　其次,天气原因属不可抗力。因不可抗力不能履行合同的,根据不可抗力的影响,部分或者全部免除责任,为合同履行的基本原则。不可抗力是不能预见、不能避免、不能克服的情形。根据查明的事实,在邮轮旅游合同履行过程中,在邮轮原定开航时间之前出现大雾。由于天气变化受多种因素影响,现有的技术条件并不能对天气变化进行及时、精确的预测,所以大雾属于不能预见的范围,应归入我国《合同法》所规定的不可抗力情形。由于天气出现大雾,邮轮公司、船长根据海事主管部门的通知,为了旅客和邮轮的安全而做出延后出发的决定、并对航线做出调整和改变(即"跳港"),不构成某旅行社在邮轮旅游合同履行过程中的违约行为,邮轮公司、某旅行社皆无过错。

　　再次,某旅行社发送肖某等人的《出行通知书》及《旅游度假产品确认单》均向他们做出提示:邮轮公司有权根据天气等不可抗力因素在出发前及航程期间调整或改变行程,对此某旅行社不承担赔偿责任。《出行通知书》及《旅游度假产品确认单》是邮轮旅游合同的一部分或内容证明,是有法律效力的。通过它们,某旅行社针对邮轮旅游的特殊性,将天气等不可抗力可能造成的后果提前告知了肖某等人。

　　所以,根据邮轮旅游合同的约定及相关法律的规定:某旅行社并无违约行为,对于肖某等人以"跳港"为由要求某旅行社承担违约赔偿责任的主张,法院不予支持。《最高人民法院关于审理旅游纠纷案件适用法律若干问题的规定》第十三条:因不可抗力等不可归责于旅游经营者、旅游辅助服务者的客观原因导致旅游合同无法履行,旅游经营者、旅游者请求对方承担违约责任的,人民法院不予支持。

　　三、"跳港"需退未发生的旅游费用

　　由于邮轮公司改变行程、取消停靠济州港,某旅行社应当退还肖某等人尚未实际发生的费用。根据查明的事实,某旅行社已将济州港停靠费用退还肖某等人,并另外支付每人200 元的补偿款。因此,对肖某等人要求退还一半旅游服务费的诉讼请求,法院不予支持。

　　四、邮轮旅游与境外岸上游

　　某旅行社向肖某等人提供的是邮轮旅游服务,主要旅游过程是在邮轮上享受相关服务,根据邮轮旅游合同,肖某等人支付的旅游服务费中仅包含邮轮上的服务,不包含境外岸上观光旅游服务。如需享受境外岸上游,他们需另行付费购买相应旅游产品。虽然庭审中,肖某等人称其准备自己包车上岸观光,但并未提供任何证据证明。因此,对他们称邮轮取消济州岛停靠对其旅游行程产生重大影响的主张法院不予采信。合同已履行完毕,肖某等人的邮轮旅游活动(除其所称的济州岛岸上游)外皆已进行,因此他们要求某旅行社退还一半旅游服务费的诉请没有法律依据。

邮轮专业术语

多港挂靠 multi – port affiliation　　　　船旗国法律 flag state law
成熟的市场参与者 sophisticated economic actors　　海商法 maritime law
跳港 port jumping

热点透析：交通运输部：推进海南三亚等邮轮港口海上游航线试点

2019 年 5 月 7 日，交通运输部发布《关于推进海南三亚等邮轮港口海上游航线试点的意见》。意见提出，基于海南海域情况及海南国际邮轮发展状况，在五星红旗邮轮投入运营前，先期在海南三亚、海口邮轮港开展中资方便旗邮轮无目的地航线试点。此次航线试点的实施主体为中资邮轮运输经营人（内地资本出资比例不低于 51%）及其拥有或者光租的方便旗邮轮，邮轮船龄不得超过 30 年。

关于航线运营及管理，意见提出实施邮轮船票制度、完善信息报备和公开制度、落实试点邮轮企业责任、落实监管责任、建立健全安全应急保障机制、鼓励企业开发航线等内容。

讨论：

1.海南发展邮轮旅游的优势和劣势是什么？
2.国家及地方针对海南航线开发方面的优惠政策，对本地邮轮业发展有什么影响？

思考与练习：

1.查阅相关材料，收集整理 2008 年以后国家层面发布的针对邮轮行业的政策与法规。
2.为什么我国邮轮船票的销售以旅行社包销船票模式为主？
3.你所在的省市是否设有邮轮港口？若有，政府有没有出台相关政策支持邮轮业的发展？
4.邮轮船票的格式条款在什么情况下才能产生法律效力？
5.海上旅客运输合同适用域外法律的弊端有哪些？
6.目前，上海邮轮旅客出入境边防检查的措施有哪些？
7.因天气原因引起的"跳港"，邮轮公司是否应该对旅客承担赔偿责任？

第十章　邮轮人力资源管理

【教学目标】

了解邮轮公司人力资源规划的含义与主要内容；

熟悉邮轮公司人力资源规划的重要性；

熟悉国际邮轮公司的组织结构与岗位设置；

掌握邮轮上的主要工作岗位职责；

熟悉邮轮旅行社员工的岗位职责；

掌握国际邮轮港管理结构及岗位设置；

掌握邮轮企业从业人员的招聘条件与程序；

熟悉邮轮乘务员的培训与激励办法；

掌握邮轮乘务员面试技巧。

【教学重点】

掌握邮轮企业从业人员的招聘条件与程序；熟悉邮轮乘务员面试技巧。

【教学难点】

熟悉国际邮轮公司的组织结构与岗位设置；掌握邮轮企业从业人员的招聘条件与程序。

【教学内容】

邮轮公司人力资源规划的内涵与主要内容；国际邮轮公司的组织结构与岗位设置；邮轮上的主要岗位职责；邮轮旅行社员工的岗位职责；邮轮港口人员岗位职责；邮轮企业从业人员招聘条件与程序；邮轮乘务员的培训与激励办法；邮轮乘务员面试技巧。

导入阅读：丽星邮轮和星梦邮轮 2019 年 6 月 17 日青岛面试了

全球第三大邮轮集团——云顶邮轮，在全球 20 多个国家或地区设有办事处；是全球休闲、娱乐和旅游及酒店服务业的领军企业，其海上旅游事业拥有亚太区邮轮领导船队——丽星邮轮、亚洲高端邮轮——星梦邮轮、国际奢华邮轮品牌——水晶邮轮。

亚太区领导船队——丽星邮轮，营运四艘邮轮，包括"宝瓶星"号、"双鱼星"号、"双子星"号及"大班"号，在亚太区提供丰富多彩的邮轮航线。邮轮航线遍及中国、新加坡、日本、韩国、马来西亚、泰国、越南等国家和香港、台湾等地区。丽星邮轮一直致力于为旅客提供一流设施及服务，多年来获得多个国际奖项及认证：曾十度荣获"亚太区最佳邮轮公司"之殊荣，以及连续八年获得殿堂级嘉奖"TTG 旅游大奖荣誉堂"，亦于 2015 年世界旅游大奖中第四度勇夺"亚洲领导船队"殊荣。

亚洲高端邮轮——星梦邮轮,运营三艘高端邮轮"云顶梦"号、"世界梦"号和"探索梦"号,为亚洲高端邮轮市场量身定制的邮轮,致力成为区内业界典范,满足自信、独立思考、追求高品的亚洲旅客的需求。品牌完美融合中西元素,为旅客带来独特的海上旅游享受。万众期待的"探索梦号"也于 2019 年 3 月加入星梦邮轮船队,而首艘 20 万 t 科技含量最高的人工智能邮轮——"环球级"邮轮的建造工程现正于德国进行,预计新成员将于 2021 年加入船队。星梦邮轮品牌将为合作伙伴及旅客提供更多全球航线,逐步从亚洲走向世界。

国际奢华邮轮品牌——水晶邮轮,运营两艘超级豪华邮轮"水晶和谐"号和"水晶尚宁"号,精致的外观设计体现了邮轮界最高品质的设计理念。遍及全球的航行线路,为旅客提供前所未有的游览各大海滨城市的体验。其邮轮设施极尽奢华,员工服务优质温馨,让旅客时刻享受极致贴心服务。成立至今获颁的"全球最佳"奖项超越任何一家邮轮公司、酒店或度假村。

具体招募岗位及要求

一、招聘岗位

(1)前厅服务员、餐饮服务员、客房服务员;

(2)娱乐员、儿童看护员、免税店销售员、摄影师;

(3)主管级(含)以上管理级人员。

二、招聘要求

(1)普通岗位 18~26 周岁,管理级岗位 25~36 周岁;

(2)女性净身高不低于 1.60 m,男性不低于 1.70 m,身体质量指数(BMI)需在 18~25;

(3)无犯罪记录、品貌端庄,身体健康,无心脏病、传染病,外露皮肤无明显疤痕、文身、胎记等;

(4)具备一定的英语沟通能力,兼备粤语、韩语、日语等其他语种者优先考虑;

(5)性格开朗,能适应航海生活及船上工作,有邮轮工作经历及实习经历者优先考虑,普通岗位要求有 6 个月以上与应聘职位相关的工作经验;管理级岗位至少要有一年以上与应聘职位相关的工作经验。

三、员工福利

(1)合同期间为员工免费提供基本医疗和人身意外保险;

(2)雇主支付员工往返登船地机票;

(3)员工享受优良的生活环境,雇主免费提供干净整洁的住宿条件和精致自助餐;

(4)船上设置员工专用电脑、漫游电话卡等设施便于与岸上亲属及时联络沟通;

(5)邮轮特设员工专享网吧、健身房、餐厅、酒吧等娱乐休闲设施;员工定期举办娱乐活动(如 KTV、中秋之夜、主题晚会等);

(6)员工享受优惠价格购买船上免税商品;员工家属享受超低折扣邮轮旅行;

(7)员工享受免费洗衣服务;

(8)员工在邮轮靠岸期间轮流享受假期,在陆地上观光游览,体验多元文化和各地风情;

(9)云顶邮轮聘请资深培训师,为员工提供培训,提升员工的可持续发展力。

四、合同期

合同期一般为 8 个月,期满后可下船休假 1~2 个月。

五、报名资料：

（1）中英文简历各一份，模版不限；

（2）身份证、户籍、学历证明、英语等级证书或其他相关证书扫描件；

（3）证件照及全身照（正装近照）电子版，现场面试时需提供纸质版照片（证件照小 2 寸白底，全身照 5 寸一张）。

部分岗位如下表。

表 10.1　职位薪资表

英文职位	中文职位	月基本薪资	备注
receptionist	前厅部服务员	780～1 000 美元	奖金小费另计
housekeeping attendant	客房部服务员	700－900 美元	奖金小费另计
waiter	餐饮部服务员	700～1 000 美元	奖金小费另计
childcare staff	儿童保育员	700～900 美元	奖金小费另计
retail staff	免税店销售员	700～1 000 美元	奖金、提成、小费另计
photographer	摄影师	630～850 美元	奖金、提成、小费另计
front office manager	前台经理	2 100～2 500 美元	奖金、提成、小费另计
ass. front office manager	前台副经理	1 800～2 100 美元	奖金、提成、小费另计
front office supervisor	前台主管	1 500～1 700 美元	奖金、提成、小费另计
F&B director	餐饮部总监	3 700～4 500 美元	奖金、提成、小费另计
F&B manager	餐饮部经理	3 100～3 700 美元	奖金、提成、小费另计

第一节　邮轮企业人力资源规划

邮轮公司人力资源管理是指恰当地运用现代管理职能，通过合理的招聘、选拔、录用、培训及激励等手段，实现邮轮企业人员配备的优化组合，调动员工的工作积极性。邮轮岗位就业的特殊性对邮轮公司人力资源管理提出了较高的要求。为了将邮轮企业内外部人力资源配置到合适的工作岗位就必须做好人力资源规划。

一、人力资源规划

（一）人力资源规划的概念

人力资源规划（human resource planning）是以企业发展战略为指导，以全面核查企业现有人力资源以及内、外部条件分析为基础，以预测企业对人员的未来供需为切入点，主要包括组织人事规划、制度建设规划、员工开发规划等各项人力资源管理工作。

邮轮公司人力资源规划有利于确保企业发展过程中对人力资源的需求，保障人力资源管理活动的有序进行，合理控制各项人力资源成本，同时调动邮轮员工的工作积极性和创造性，为邮轮企业的经营运作提供强有力的人员保障。

（二）人力资源规划的内容

邮轮公司的人力资源规划必须根据公司总体发展目标进行，一般包括战略规划、组织规划、人员规划以及费用规划五个方面的内容。

1.战略规划

战略规划是根据公司总体发展战略目标,对公司人力资源开发和利用的方针、政策和策略的制定,是各项人员资源具体计划的核心。

2.组织规划

组织规划是对公司整体人力资源框架的设计,主要包括组织信息的采集、处理、应用,组织结构规划图的绘制,组织调查、诊断、评价,以及组织机构的设置等。

3.制度规划

制度规划是公司人力资源总体规划目标实现的重要保证,包括人力资源管理制度体系建设的程序以及制度化管理等内容。

4.人员规划

人员规划是对公司人员总量、构成和流动的总体规划,包括人力资源现状分析、公司定员、人员需求、供给预测、供给平衡等内容。

5.费用规划

费用规划是对公司人工成本、人力资源管理费用的整体规划,包括人力资源费用的预算、核算、结算以及人力资源费用控制。

二、邮轮公司组织与人员规划

(一)邮轮公司组织规划

组织是一个合作系统,一个邮轮公司就是一个组织。通过组织,人们可以完成凭个人之力无法完成的工作或达到个人之力无法达到的目标,还可以实现更高的工作效率。做好邮轮公司的人力资源管理,首先要科学的设计和规划邮轮公司的组织结构(organizational structure),即邮轮公司全体员工为了实现企业的经营目标,在各项工作中进行分工协作,在职责范围、责任、权利等方面所形成的结构体系。

从全球范围来看,各大邮轮公司规模大小不同,组织结构也略有不同。小型邮轮公司内部组织结构分工较为简单,包括市场部、巡航部、财务部、人事部等几大主要职能部门。大型邮轮公司拥有较为庞大的员工体量,内部组织结构分工则更为细化,一般实行董事会之下的总裁负责制。

(二)邮轮公司人员规划

邮轮公司的人员规划主要关注如下几个主要问题:人员数量;员工应具备的素质和技能;如何招聘新员工;如何进行新入职员工的培训上岗;如何对老员工进行培训开发等。概括来讲,主要包括三个方面的内容,即人员结构规划、人员数量规划和人员质量规划。

1.人员结构规划

人员结构规划又称为层级规划,即确定合理的人员分层分级结构,是进行人员数量规划和人员质量规划的基础。要做好人员结构规划,需要对公司的职位进行分类、分层,然后对公司现有人员结构进行诊断分析,并对未来人员结构给出优化建议。(如图10.1)

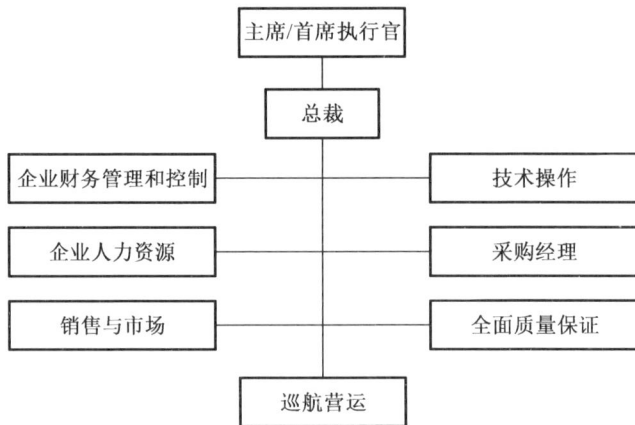

图 10.1　国际邮轮公司组织结构图

按照工作地点的不同,邮轮公司的工作岗位可以分为两种。

(1)船上工作岗位(onboard position)。船上工作岗位主要涉及船舶安全航行以及游客接待服务等领域,即邮轮的航行业务和酒店业务。航行业务又称为邮轮的后台业务,为游客提供安全航行保证的部门,主要包括驾驶部、甲板部、轮机工程部等;酒店业务即为邮轮的前台部门,直接与游客接触,为游客撮供面对面服务的部门,主要包括前厅、客舱、餐厅、酒吧、娱乐、康体、商品等部门。

(2)岸上工作岗位(onshore position)。岸上工作岗位主要涉及管理、预定、市场、销售、客户服务、技术、人力资源等领域。

邮轮公司的人力资源管理部门必须合理进行岸上及船上工作岗位设置,才能实现岗位设置的科学合理,进而推动公司发展战略目标的实现。

2.人员数量规划

邮轮公司科学合理地安排员工,还必须有相应的数量标准。人员数量规划又称为定员编制,是根据邮轮的经营方向、规模、档次、业务等情况,确定邮轮的岗位设置,规定必须配备各类人员的数量。

邮轮公司在进行定员配置时,会受到诸如邮轮公司规模、船队规模以及邮轮设计等级等的影响。公司规模和船队规模越大,所需要的员工数量则越多。对于邮轮企业而言,绝大多数邮轮拥有大规模的娱乐设施与活动场所,这就需要雇用大量的员工以确保为邮轮游客提供高品质的服务。在一艘大型邮轮上,按照员工与游客之比约为 1∶3 的比例计算,通常会有上千名海乘人员。而在一些设施设备和服务水平更为完善的高端邮轮上,员工与游客之比可以高达1∶1,所需海乘人员数量则会增倍。此外,邮轮公司在员工定员配备方面具有很大的灵活性,通常会根据季节以及市场需求模式的变化进行调整。

资料链接:经典邮轮赏析

船名:"世鹏探索"号

船东:世鹏邮轮

吨位:32 000 t

载客量:450 人

员工:330 人

首航时间:2011 年 6 月

"世鹏探索"号(Sea-bourn Quest)邮轮是世鹏邮轮豪华船队中的最新成员。2011 年 6 月 20 日,"世鹏探索"号在巴塞罗那命名。该邮轮沿袭了世鹏邮轮一贯的高端定位,高水准的服务团队为游客环游世界的旅途提供精心周到的服务。

3. 人员质量规划

人员质量规划又称任职要求规划,目的是确定各岗位所需的人员的素质与能力。岸上管理层人员的配备是邮轮公司经营成败的关键,因此管理人员的甄选与使用需要经过严格的测评和考核。船上的工作同样需要高素质的管理人员和服务人员去完成,他们在不同的岗位履行各自的职责,在确保安全航行的同时为游客提供周到又个性化的产品和服务。

邮轮公司人员结构规划、数量规划以及质量规划三者相辅相成、缺一不可,这是一项系统而庞大的工作。公司管理层需要根据邮轮公司的经营目标来设定各个职能部门,同时细分岗位,并对每一岗位进行岗位分析,确定具体岗位的工作目的、工作职责、工作内容、工作环境及所需掌握的知识和技能要求等,同时确定现在及未来对员工数量的需求情况,据此制订详细的计划并实施。

第二节　国际邮轮船上人员招聘与培训

一、邮轮公司船上工作岗位与职责

(一)邮轮公司船上岗位设置

由于邮轮公司的国际化运营,邮轮上的工作人员来自世界各个国家和地区,年龄、学历、社会背景等各不相同。根据邮轮公司运营方式的差异,每个公司船上的部门设置会有所不同,一般邮轮公司船上岗位主要分布在航行业务和酒店业务两个部门。船长(captain)是邮轮上的最高指挥官。有的邮轮上还设有神职人员(chaplain)和环境官员(environmental officer)。邮轮公司船上岗位设置如图10.2所示。

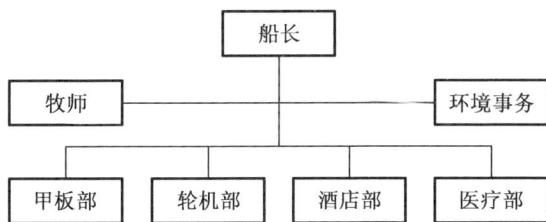

图 10.2　邮轮公司船上事务组织结构

1. 航行业务

(1)航海部(deck department)

航海部门的主要职责是在船长的领导下,负责船舶营运和船舶驾驶、船体保养、船舶停泊安全以及主管救生、消防、堵漏工作及其设备器材的管理。

在我国,船长是指依法取得船员资格以及船员适任证书,受船舶所有人雇用或聘用,主管船上行政和技术事务的人。在欧美国家,邮轮船长是被称为是"聚光灯下的人物"。担任邮轮上的船长至少需要具有 20 年的航海经验,入职时必须通过各项考核和在岗培训,熟悉海洋、航海等相关安全规程。而作为邮轮上的最高指挥官,船长在船上也拥有绝对的权力,有权对船舶、员工、顾客等相关问题采取相应措施。在游客登上邮轮后,船长也会出席船上的社交工作,对游客表示最直接的欢迎。

副船长是船长工作繁忙时航海部的主要负责人,监督邮轮的安全航行以及安全保障系统,监管内外维修、安全和纪律工作。根据邮轮的大小和等级不同,航海部还设有大副、二副、三副等。无线电报务长负责船舶到岸呼叫以及船上所有的通信系统。保安部尽力负责安全疏散、防火以及身份查验等安全工作。以上职位均需要取得相关海事部门颁发的船员适任证书等任职资格证书,属于高级船员的范畴。

（2）轮机部(engine department)

轮机部门的主要职责是监管所有的邮轮机械运行、电力保障、废物处理以及燃料维护和保养工作等。

轮机长是轮机部的最高管理者,此外还设置有大管轮、二管轮、三管轮、首席空调设备工程师、电气工程师、制冷工程师等岗位,其任职条件同航海部门一样,应取得船员适任证书等资质,属于高级船员范畴。

资料链接:中华人民共和国海船船员适任证书

《中华人民共和国海船船员适任证书》简称《船员适任证书》,是在中国籍海船上任职的船长、高级船员和值班水手、值班机工应持有与其所服务的船舶航区、种类、等级或主机类别和担任的职务相符的有效适任证书。它的取得以及使用要遵循《中华人民共和国海船船员适任考试、评估和发证规则》的规定,它是在中国籍海船上任职的海员、在可以任职的职务、可以任职的船舶以及可以任职的航区的重要凭证。

（3）医疗部(medical department)

邮轮上的医疗部门主要职责是为邮轮上的游客和船员提供多种医疗服务。医疗部的首席医生和牙医等职员。如果游客或船员在大海中遇到意外轻微损伤、不便之处或紧急情况,医生会给予帮助。邮轮上的医疗服务不是免费的,账单的处理方式与陆地上的医院和诊所一样。一些邮轮公司也将医疗人员安排在酒店部门以创造收益。首席医务官的工作职责主要是负责照管游客和员工的健康状况。按航行的邮轮规定,所有超过 100 名乘客的邮轮都必须配备 1 名医生。他(她)还负责监管一名护士或护理员。

（4）首席无线电官(通讯官)

首席无线电官的职责较复杂,主要负责监管室内卫星电视节目接收、船舶到岸呼叫,以及所有其他的邮轮通信系统。

2.酒店业务

酒店部门是邮轮上的客服部门,其工作岗位与服务职责和陆地上的酒店、度假村类似,在员工数量上也占据主导地位。各大邮轮公司根据自己的战略需要经营酒店服务,从而满足邮轮游客的各种需求。邮轮是一个庞大而多元化的社区,规模大且情况复杂,要细心管理和协调,因此,酒店经理必须具有专业化的航游知识和酒店管理知识,从而领导其专业团队为邮轮上的游客提供高水平的服务。邮轮酒店部门的岗位设置主要包括:前台经理、餐厅经理、酒吧经理、行政总厨、客舱经理、赌场经理、娱乐经理以及其各自下属的职位等,如

图10.3所示。

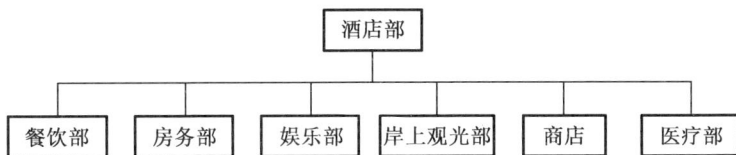

图10.3　酒店部组织结构

（1）前台经理（front deck manager）

前台经理管理前台接待员（Receptionist）为游客办理住宿期间的入住退房手续，核查游客入住客舱期间的账单，同时受理顾客投诉、行李遗失、调换房间以及货币兑换业务。

（2）餐厅经理（restaurant manager）

餐厅经理负责为游客提供各式事物和饮品，同时进行餐厅的收支核算。餐厅经理领导的主要员工有餐厅服务员领班、餐厅服务员、咖啡厅服务员、自助餐服务员、洗碗工、餐厅勤杂工等。这些员工的薪水与高级职员相比比较低，但获得小费的机会却比较多。

（3）酒吧经理（bar manager）

酒店经理带领酒吧服务员、鸡尾酒服务员、调酒师以及侍酒师等为游客提供各类酒水服务。

（4）行政总厨（executive chef）

行政总厨负责所有厨房部门的营运和管理，监督食物的准备过程，确保离开厨房的所有事物的品质。在邮轮上的厨房，行政总厨带领副厨师长、西式糕点主厨、厨房领班、面包师、屠宰员等为游客准备美味可口的食物。

（5）客舱经理（housekeeping manager）

客舱经理同样需要有良好的组织管理能力和沟通能力，从而更好地协调客舱服务员领班、客舱服务员、洗衣房主管、洗衣房员工、行李员以及甲板保洁员等员工的工作。

（6）赌场经理（casino staff）

赌场经理需要有丰富的赌场从业经验，并且掌握至少两种赌博游戏。赌场员工主要有发牌员、收银员、老虎机技师等。赌场在邮轮停靠港口的时候就会关闭，这也给了赌场员工们更多上岸观光的机会。

（7）娱乐经理（cruisc director）

娱乐经理协调邮轮上的所有娱乐活动，乐于社交，负责主持游客登船欢迎会和船长招待会，是邮轮员工和游客之间的沟通纽带。娱乐经理助理是娱乐经理的得力助手。娱乐部的工作在邮轮上也是比较受欢迎的，包括娱乐部职员、活动部会员、潜水教练、音乐主持人、艺人、嘉宾艺人、喜剧演员、歌手、舞蹈演员、乐师、演说家等。

除了这些岗位之外，邮轮酒店部门还设有秘书、库存经理、客户关系经理、排版员、总管事等职位。

邮轮上的工作经常是交叉重叠的。邮轮规模越小，其工作交叉进行的可能性也就越大。此外，按照国际惯例，很多为游客提供的服务项目都是采取服务外包或者特许经营的模式，因此并不是所有邮轮酒店部门的工作人员都是邮轮公司员工。但一般情况下，邮轮酒店员工统称为"邮轮乘务员"或"海乘"。

(二)国际海乘人员的任职资格要求

任职资格是指为了保证工作目标的实现,员工必须具备的知识、经验、技能、素质与行为等方面的要求。

由于邮轮处于在浩瀚的大海上航行的特殊环境中,同时邮轮上的游客又来自世界不同的国家,这些都给邮轮乘务员任职条件提出了更高的要求。对于这些邮轮员工来说,良好的心态、健康的体魄、娴熟的技能以及必备的专业证书是其任职的基本条件。

1. 健康的体魄

邮轮招聘员工时对性别没有严格限制,但是对年龄的要求则很明确。亚洲邮轮一般要求员工年满 18 周岁以上,而欧美邮轮一般要求员工年满 21 周岁以上,掌握熟练的英语口语,大专以上学历。除此之外,还包括性格开朗、气质好、五官端正、品行端正、身体健康、无传染病或家族病史、无色盲色弱;脸部、双手等身体可见部位无明显标志(如文身)和疤痕;无犯罪记录。由于邮轮员工负荷的工作量比较大,求职者应该加强体能训练,保持健康体魄。

2. 良好的心态

良好的心态是在邮轮上工作的首要条件。邮轮员工生活和工作在邮轮这个特殊环境中,对其心理有一定的影响。在船上工作期间,因职务、岗位、分工的固定化,加上工作性质的特殊性,导致员工无论是工作时间还是业余休息期间,所扮演的角色基本一成不变。按照心理学理论,角色的不断变化,是促进一个人身心健康的重要指标之一。而邮轮员工在一段时间里角色的相对固定、长期缺乏与社会进步信息的交流容易造成邮轮员工心理活动的模式化,从而导致其心理疲劳,主要表现为强烈的思亲情绪、有一定的孤独感、情感容易变化且心理宣泄的渠道较少等困难。因此,除了邮轮公司加大对员工的关心和辅导之外,邮轮员工也应该树立良好的心态,具备自我调节能力以及团队合作能力,能够处理好船上的人际关系。

3. 专业素质

邮轮工作场所非常特殊,航海、轮机、医疗等技术部门员工需要掌握相关的专业技能以外,酒店部门的员工也必须要在登船工作之前有相关的酒店或邮轮工作经验,并且能够熟练使用英语或者其他外语进行交流,以便更好地为邮轮上的游客提供服务。

(1)语言表达能力

要求员工具备一定的语言表达能力,用词准确、语句简洁、合乎规范,表述清晰、准确、连贯、得体,无语病。

(2)社会适应能力

要求员工具备参加职业教育学习所必须具备的理解能力、创造性思维能力等。

(3)基本英语能力

要求员工具备基本的英语听说能力,能够按照要求内容用英语简单地介绍自己。

4. 必备的技能

邮轮的工作环境不同于陆地酒店,且航行的范围较为广泛,因此需要取得相应的海上适任证书和其他相关证件。

(1)护照、签证与工作邀请函

通过邮轮公司面试之后,员工会接收到邮轮公司所寄出的工作邀请函。员工持工作邀请函与护照办理相应的签证手续。

（2）健康证、国际预防接种证

近年来，随着国际交流的增多，国际间疫情频发，出入境人员均有卫生检疫要求，需要办理健康证以及国际预防接种证。

（3）海员证、船员服务簿

通过相关海事部门专业考核所获得的海上从业证书。

资料链接：中华人民共和国《海员证》《船员服务簿》

《海员证》是由中华人民共和国海事局统一印制并签发的中国海员出入中国国境和在境外使用的有效身份证件，是海员的专用护照。表明持证人具有中华人民共和国国籍，其职业为船员。《海员证》签发给在中国籍国际航线船舶和在外国籍船舶工作的中国海员。

《船员服务簿》是记录船员本人的资历、有关训练和参加体格检查情况的证件，是船员申请考试、办理职务升级签证和换领船员的服务资历，中华人民共和国海事局于 1985 年 1 月 1 日颁布并实施了《海员服务簿》制度。《海员服务簿》由各海事机关负责签发、监督、管理。邮轮乘务员申请《海员证》与《船员服务簿》，需要经过系统培训并获取相关专业培训合格证书、特殊培训合格证书以及国际航行船舶船员专业英语考核合格证明。

（三）海乘人员的福利待遇

1. 工作时间

邮轮乘务员的劳务合同按船期签订，每个船期 6~8 个月。在邮轮航运期间，每天工作 10 h 左右，每周轮休一天，由所在部门主管安排，轮休期间可随游客登岸观光。合同期满后员工可回国带薪休假 2~3 个月，如需续约要在回国后及时向派遣公司申请，由公司安排再次上船。

2. 生活福利

住宿：免费提供 2~4 人一间客舱（内有独立卫生间、24 h 热水、中央空调等）。

用餐：免费提供丰富的早、中、晚和夜宵，均为自助餐。

康乐：免费提供丰富的休闲娱乐活动场所（包括图书室、游泳池、棋牌室、KTV、篮球场、排球场、乒乓球场、网球场、健身房等）。

旅游：邮轮停泊港口期间，休班员工可以随游客一同登岸游览。

制服：免费提供质地优良的统一制服，并提供免费洗涤。

医保：按照国际海员法免费提供医疗和人身意外保险。

折扣：直系亲属邮轮旅游享受折扣票。

3. 薪资

外籍邮轮乘务员的收入主要包括固定月薪和小费。

固定月薪根据邮轮的等级、航线和职位的不同而有所不同。在同一艘邮轮上相同职位的乘务员固定月薪基本上是相同的。

二、邮轮员工的招聘

现代邮轮经营活动能否正常运营，能否为游客提供高质量的服务，取决于邮轮员工的综合素质、业务能力和服务水平；而员工素质的高低、能力的强弱，又与员工招聘、培训等工作的开展密切相关。恰当地选择并激励员工有助于确保在所有对客接触中保持邮轮的形象和价值。

　　员工招聘是人力资源管理中一个非常重要的环节,是寻找并筛选合适的申请人填补岗位空缺的过程。对招聘环节进行有效的设计和良好的管理是获取优秀员工的前提条件。邮轮公司在制作招聘方案时必须关注如下几个问题:开展招聘工作的目标是什么? 需要招到什么样的员工? 需要工作申请人接收到什么样的信息? 这些信息怎样才能最好地传达给工作申请人?

(一)邮轮员工招聘方式

邮轮员工招聘的方式主要有内部招聘和外部招聘两种。

1. 内部招聘

一般情况下,邮轮上很多工作岗位的空缺是由现有员工补充的,因此,内部员工是很好的招聘来源。内部招聘,既可以节约招聘成本,又可以获得对邮轮比较熟悉且技能已经得到证实的候选人。内部招聘主要分为现有员工的晋升或调动两种类型。

(1)内部晋升

内部晋升是填补邮轮内部岗位空缺的最好办法。除了省事省力之外,晋升员工对邮轮内部情况较为了解,不至于产生"震撼性现实"现象,更为重要的是内部晋升机制可以在很大程度上激励现有员工的进取心和工作积极性。内部晋升,首先要确定晋升候选人,对候选人的个人品德、工作年限、工作表现以及特长等进行考查,从而考虑其是否具备晋升资格;其次,要对晋升候选人进行潜在能力和发展能力测评,如岗位业务能力、分析问题能力、计划决策能力以及沟通协调能力,以考查其综合素质和个人发展潜力;最后,确定晋升人选。

(2)内部调动

邮轮员工的内部调动有诸多原因。首先,邮轮组织结构调整。由于经营环境或经营状况发生改变而对原有部门和岗位的设置进行分离或重组,从而造成部分员工岗位变动。其次,为了加强员工的适应能力或改变长期从事某种工作带来的枯燥感,可以采取不同岗位之间交替培训的方式来发挥员工的潜力。再次,有些员工掌握的技能与工作岗位相适应,可以进行内部调动为其创造新的工作环境,以发挥其才能和工作积极性。

2. 外部招聘

为了满足邮轮公司对人员的大量需求,同时,为公司内部补充新生力量,邮轮公司常常采取外部招聘的方法。常见的外部招聘渠道包括招聘广告、员工推荐与申请人自荐、招聘代理中介等。

(1)招聘广告

邮轮公司直接对外发布招聘广告招募所需人才。招聘广告可以提供有关工作岗位的足够信息以使那些潜在的申请人能够将工作岗位的需要同自己的资格和兴趣进行比较。招聘广告也是邮轮广告的一种形式,阅读招聘广告的不仅有工作申请人,还有邮轮公司潜在客户,所以邮轮公司的招聘广告还代表着公司的形象,提醒公众关注邮轮的产品和服务。

(2)员工推荐与申请人自荐

邮轮公司还可以通过现有员工推荐的方式雇用新员工,这样既可以节约招聘成本,又可以获得忠诚且可靠的员工。另外,对于毛遂自荐的应征者,邮轮公司也应该给予礼貌的及时答复。

(3)招聘代理中介

代理招聘是人才服务机构利用自身资源优势,通过专业化的运作手段,为企业广泛搜寻所需人才,并对人才进行分层筛选,为企业定向推荐最适用专业人才的一种服务模式,是确保企业岗位需求与人才高度匹配的一种高效纳才渠道。

为了提高服务水平,适应来自世界各地旅游者的需要,邮轮公司倾向于从世界各地招聘员工,这就需要从各地选择合适的邮轮招聘代理商或招聘中介进行代理招聘。邮轮公司提供招聘岗位需求和岗位职责,由招聘代理商的专业招聘团队设计专业的招聘方案,并负责整个招聘过程中发布招聘信息、搜索人才、收集和遴选简历、人才评估等各个环节的工作,根据邮轮公司需要提供适合邮轮职位要求的人选供邮轮公司选择。代理招聘简单快捷,不仅更有针对性,而且可以节约招聘成本,降低招聘风险,因此被各大邮轮公司广泛采纳。

(二)邮轮员工招聘程序

根据邮轮公司招聘计划确定的所需员工数量和质量要求,招聘与选拔的规范程序一般包括发布信息、初步筛选、审核资料、面谈与测试、体格检查、正式聘用等程序。

1.发布信息

通过网络,中介公司广泛发布或在指定区域发布邮轮员工招聘职位信息。

2.初步筛选

同应聘者进行初步接触,经过筛选后发给职位申请表。通过简单问话、目测、验证、填表和了解应聘者的身体素质、文化程度、工作经历等情况,挑选基本符合邮轮要求的人员。

3.审核资料

审核职位申请表及有关材料。一般来说,对应聘者的初步评价是通过审阅完整的工作申请表、检查应聘者的求职资料来实现。

4.面谈与测试

面谈是通过与应聘者面对面的交谈,观察应聘者的表情、动作姿态、谈话态度、思维广度、回答速度以及心理素质,评价应聘者是否适宜邮轮职位,是否具有培养潜力等。

邮轮上的很多很多工作岗位会与顾客高度接触。因此,招聘者需要评价应聘者的性格,诸如善于与人相处、灵活、有专业态度、有上进心以及注重外表等。有实际技能、知识和领悟能力的应聘者很可能成为有价值的邮轮员工。

5.体格检查

邮轮是服务性行业,对员工的健康标准有严格的要求。通过体格检查可以了解应聘者是否具有胜任工作的健康体质。

6.正式聘用

签订劳动合同,为录用者办理入职相关手续。

(三)国际海乘人员的面试

对应聘者来说,参加面试的目的是获得自己所希望的工作,又由于在整个面试过程中,始终是处于在主试者的审视之下,因此,应聘者思维、反应的敏捷与举止的得体就显得更为重要。而要做到这一点,就需要应聘者在面试前狠狠下番功夫。

1.初试准备

(1)面试准备须知

俗话说,知己知彼方能百战百胜。所谓面试前的准备,就是要求应聘者在参加面试之前,对招聘的邮轮公司和自己都做一番透彻的了解,以便能够有备而往。这种准备包括以下几个方面:

①资料收集,主要是针对应聘的邮轮公司和主试者做一些概括性的了解。

②熟悉"自己",准备一份详细的自我介绍。

③技能准备,针对所面试岗位的技能要求进行准备,如调酒、客房清扫等。

④模拟演习。

（2）面试礼仪须知

有人说过:"面试时,个人的资历、能力等都不再是最重要的因素,重要的是外表、人格、举止和谈吐。"这样的看法确实有一定的道理。因为个人的资历、能力这些东西,招聘的公司已经从应聘者的简历中有了比较充分的了解,他之所以要求某位应聘者来参加面试,其原因就是他认为该应聘者的资历、能力能够胜任此项职位的工作。面试的目的,一是为了释疑,二是为了直接、全方位地了解应聘者,进一步确证先前的印象。

因此,从应聘者的角度来说,面试不外乎是一场全方位展示自己才华的表演。既然是表演,那么举止、谈吐、神态等显现应聘者修养气质的外在表现就格外重要了。

①举止。举止是指在面试过程中,应聘者的身体姿势、距离等无声的语言符号。就姿势而言,应聘者在整个面试过程中,都必须保持良好、完美。站立时,腰要挺直,双肩自然放松,双手自然下垂,全身重心自然落在左脚或右脚上。坐下时,脊背也应挺直,既不能"瘫"在椅子上,也不能弯腰弓背。头要抬起,平视主试者。双手自然放在双腿上,绝不能有双手交叉抱在胸前或用手肘撑着座椅扶手、身体往后倾,以及跷"二郎腿"的动作,或不断晃动小腿,有了这些动作出现主试者会认为你在藐视"法庭"。并且在整个面试过程中,要避免频繁的身体晃动(如果面试时间太长,偶尔挪动一下身体、变换一下重心是可以的),因为这会使主试者认为你紧张、心虚及缺少自信。中国有句老话,"站如松,坐如钟",它用在面试中保持正确的姿势上是再恰当不过了。

②谈吐。面试主要是通过主试者的提问和应聘者的回答来进行的,因此面试的主要形式就是谈话,甚至主要是应聘者一方说话,而主试者则借此对应聘者进行全方位的了解。因此,面试中应聘者的谈吐极为重要,对此,应聘者必须心中有数。

面试中,谈吐应遵守的基本原则是,自信、口齿清楚、音量适当(以交谈双方能听清楚为准)、节奏平稳(不可太慢或太快),用语准确得体、简洁、条理清楚、避免重复。对拿不准的问题,要坦率承认,不能自以为是,信口开河。

③神态。传播过程中,传播者的神情态度是一种无声的语言,常常会传达出传播者真正的思想感情。面试作为应聘者和主试者之间的"传播",老练的主试者往往会从应聘者的神态了解到应聘者的内心思想及情感变化。因此,应聘者必须注意自己在面试中的神态,尽可能给主试者留下一个好的印象。

（3）面试穿着须知

俗话讲:"佛要金装,人要衣装。"服饰打扮不仅能把一个人装点得漂亮、潇洒,而且按照现代传播理论,服饰还是一种符号,能够传达出着装者的许多个人息。因此,在面试中,应聘者的服饰打扮就成了了解其个人特色的一个"窗口",其所产生的效果有时甚至可能超过语言的表述。

（4）面试禁忌须知

面试中,无论是举止还是谈吐,都有一些应聘者应当避免出现的现象,称为"面试禁忌"。下面把这些禁忌罗列出来,以便大家在面试时可以加以注意。

①不能气喘吁吁、慌慌张张地跨进面试场;

②主试者不伸手，切勿主动表示出要和对方握手的意向；

③没有主试者邀请示意，勿自行坐下；

④主试者示意自己坐下后，要向主试者表示感谢，切勿一言不发、噤若寒蝉；

⑤不要任意挪移椅子的位置；

⑥不要把随身携带的公文包放在桌上，应放在自己的膝盖上；

⑦主试者不开口提问，勿唐突说话；

⑧交谈中，眼神勿闪烁不定，勿轻易咬嘴唇或噘起嘴；

⑨不要打断主试者的讲话或与之争论；

⑩不要把不愉快的心情带入面试场；

⑪应对中如有失言，不要急着纠正；

⑫谈话中应避免口头禅；

⑬不要说模棱两可的话；

⑭不要批评、抱怨自己以前的雇主；

⑮不要涉及他人的隐私；

⑯不要好为人师，乱提建议；

⑰过分奉承主试者的话不能说；

⑱不要在面试结束前显示出浮躁不安。

2. 面试

表面上看来，面试是由主试者提出问题，由应聘者回答提问，因而在面试中，应聘者似乎始终处于被动地位。但实际上，面试是应聘者帮助主试者在有限的时间内增进对自己的了解，即我们要通过回答提问，使主试者在考虑我们时，会有充分的理由、信心，相信我们能够胜任这份工作。因此，在面试中，我们的回答就不仅仅是提供答案，而是要借此表达出看法、个性、才能及进取心，来建立主试者对我们的信心。所以在整个面试过程中，主试者无论以什么方式提出什么问题，其实他（她）所关心的仅是以下三项重点：

①应聘者是否足以胜任这份工作？

②应聘者是否真的愿意接受这份工作？

③应聘者是否适合本公司？

有鉴于此，作为应聘者，在面试中所有的应答及活动也就必须围绕这3个问题。换句话说，应聘者的回答和所有举止如果越能显示出“我有能力做这份工作，我愿意做这份工作，我能适应这个公司”，那么就越能掌握面试的主动权，获得录用的机会也就越大。

资料链接：写给海乘候选人的一封信

亲爱的各位海乘候选人：

作为一名合格的候选人，应该认真准备并按时参加邮轮公司组织的定岗面试。作为一名优秀的候选人，就需要在此基础上做好充分的信息搜集、整理，以最好的姿态展示自己的风采。

一般而言，海乘人员的定岗面试问题主要以“候选人自己”为核心，无限延伸，以考核候选人的态度、团队协作、沟通等各方面的能力。下面主要从五个方面进行详细的解说和展示：

1. 个人情况的了解。主要考核简历的真实性，以及候选人的基本信息。

(1)姓名

What is your Full name/ First name/ Last name?

你的姓名、名、姓是什么?

What is your Family name/ English name? how to spell it?

你的姓、英文名是什么? 如何拼写?

(2)家庭

How many people are there in your family?

你家里有几口人?

Are you the only child in your family?

你是家中的独生子女吗?

Are your parents still working now?

你的父母亲还在工作吗?

(3)家乡

Where is your hometown?

你的家乡在哪里?

Which part of China is your hometown in?

你的家乡在中国的哪个位置?

What is the famous places/special snacks in your hometown?

你家乡有名的景点、美食是什么?

(4)个人信息

What is your height/weight?

你的身高、体重是多少?

Please tell me your date of birth.

告诉我你的生日。

Which year were you born in?

你是哪一年在哪里出生的?

What's your hobby?

你的爱好是什么?

(5)教育经历

When did you graduate? What's your major?

你什么时候毕业的? 你的专业是什么?

How do you practise your English?

你如何练习你的英语?

How many years have you been learning English?

你学习英语多久了?

(6)工作经历

Do you have any working experience?

你有酒店从业经历吗?

Can you tell me a little bit about...

你能告诉我有关……

How many hours do you work in a week?

你一周工作多少小时呢?

How much do they pay you for one hour?

你每小时挣多少钱?

2. 岗位问题,主要考核候选人对企业资讯、企业文化的了解程度,进而测量面试者的态度等指标。

(1)公司

What do you know our company?

你对我们公司有哪些了解呢?

Can you tell me the full name of our company?

你能说出我们公司的全称吗?

(2)岗位

What position do you want to apply for?

你想要申请哪个岗位呢?

Why do you want to be a...

你为什么想要成为一名……

How do you understand for...?

你对……是怎么理解的?

(3)原因

Why do you want to work on board?

你为什么想要在船上工作?

Why do you want to join the cruise ship?

你为什么想要加入邮轮行业呢?

Why do your parents support you to work on cruise ship?

你父母支持你上邮轮工作的初衷是什么呢?

Give me one reason I choose you.

请给我一个录用你的理由。

3. 常识问题,主要考核候选人的知识积累。

(1)数字

What is the number after 342?

数字342后面是什么?

What is the number between 35 and 37?

数字35和37之间是什么?

How much is five plus six?

5加6等于多少?

Can you tell me if I give you one apple, one orange, one banana and two papaya, after that I take away two papaya from you, how many fruits do you have then?

如果我给你一个苹果,一个橘子,一根香蕉和两个木瓜,然后又拿走两个木瓜,请问你还剩下几个水果?

Do you have mobile number?

你有电话号码吗?

(2)天、月、季节

Can you tell me what the month after the Feb is?

请问二月之后是几月份呢?

How many days are there in the month?

请问一个月有多少天?

How many seasons in a year?

请问一年有几个季节?

What day is it today?

请问今天是星期几?

(3)颜色

Can you tell me what the color of the tree is?

请问这棵树是什么颜色?

What color is my shirt?

请问我的衬衫是什么颜色?

4. 指令问题,主要考核候选人的执行力能力。

Can you show me three fingers on your left hand?

你能展示你左手的三根手指给我吗?

Can you tell me OK, use your left hand to point your nose please?

请告诉我好的,并且用你的手指向你的鼻子。

Can you draw a fork on the paper?

你能在纸上画一只叉子吗?

Can you stand up turn one round and sit down?

你能站起来转一圈再坐下吗?

Can you point the window?

你能指一下窗户的位置吗?

Wait for 1 minute and then come back.

请等待一分钟再回来,谢谢。

5. 情景问题,主要考核候选人的随机应变能力。

(1)船上遇到的情况

If the guest say "Thank you" to you, what would you say to the guest?

如果客人跟你说"谢谢",你应该如何回应?

If the guest get anger and shout at you, how do you feel?

如何客人很生气并且冲你大吼,简单描述你的心理状态。

If your guest can't understand you, what will you do?

如果客人不理解你,你会怎么办?

If I am a guest and drop on the floor, what do you do?

如果我是一位客人,不慎摔倒了,你该如何做?

If you are sick, what will you do?

如果你生病了,你会怎么做?

Your guest is not feeling well, what will you do?

客人生病了,你会怎么做?

If the guest say you are so pretty, what would you reply?

如果客人夸你很漂亮,你会怎么回复呢?

Why is so important to smile to guests?

为什么微笑面客如此重要呢?

What do you think of good service?

你是如何理解优质服务的?

(2)当天情况

What is weather in Tianjin right now?

天津现在的天气如何?

Do you eat a lunch just now?

你吃过午饭了吗?

How many hours did you sleep last night?

昨晚你睡了几个小时?

Do you make up today?

你今天化妆了吗?

How long did you wait in the room?

你等了多久?

当然,除此之外,邮轮面试中轻松愉快的气氛也是非常重要的。因此邮轮面试中的问题也包括一些日常的问题加入。

1. 问:How do you do? How are you?

你好。你好吗?

答:How do you do? I'm fine. And you?

你好。我很好,你呢?

2. 问:Could you introduce yourself? Can you say something about yourself in English?

能自我介绍一下吗? 请用英语做一下自我介绍。

答:Yes, I could. My name is _____. I'm _____ years old. I graduated from _____ school. My major is _____.

我叫_____,今年_____岁,毕业于_____学校,学的是_____专业。

3. 问:Could you tell me your name? Do you have English Name? Do you know the meaning of your English name? Who gave you the English name? How to spell your English name?

能告诉我你的名字吗? 你有英文名吗? 谁为你起的英文名? 你知道自己英文名的含义吗? 你的名字怎么拼写?

答:My name is _____. English name is _____. The meaning of my English name is _____. My high school English teacher gave me my English name.

我的名字是_____。英文名是_____。英文名是我的高中英语老师为我起的。我的英文名字的含义是_____。

4. 问：How old are you? When/where were you born? What is your age? Could you tell me your date of birth?

你的年龄是多大？出生日期和地点分别是什么？你的年龄是多少？能否告诉我你的生日？

答：I'm _____ years old. I was born in _____, on _____. My age is _____. My date of birth is _____.

我的年龄是_____岁,出生日期是_____,出生地点是_____,我的生日是_____。

5. 问：How tall are you? What is your weight/height?

你的身高是多少？你的体重、身高是多少？

答：I'm _____ centimeters. My weight/height is _____ kilograms/ centimeters.

我的身高是_____,体重、身高分别是_____。

6. 问：Are you married or single? Have you got married?

已婚还是单身？你结婚了吗？

答：I'm single/ I'm married. Yes, I have/ No, I haven't.

我是单身/我结婚了。是的,我结婚了/不,我还没结婚。

7. 问：What's your nationality?

你的国籍是哪里？

答：My nationality is China.

我的国籍是中国。

8. 问：Where do you live? Where are you from? What's your address? Where is your hometown?

你住在哪？从哪里来？你的地址是哪里？你的家乡是哪里？

答：I live in _____. I'm from _____. My address is _____. My hometown is _____.

我住在_____市。我来自_____。我的地址是_____。我的家乡是_____。

9. 问：How long it takes you from your hometown to here by bus/train? How far away from here to your hometown?

从你家乡到这里坐公车(火车)需要多长时间？离你家乡有多远？

答：It takes about _____ hours by bus/train. It is about _____ kilometers.

从我家乡到这里坐公车(火车)需要_____个小时。这里离我的家乡有_____km。

10. 问：Who will take care of your parents when you are abroad?

你在国外的时候谁来照顾你的父母？

答：I think my brother and my sister will take care of them.

我在国外的时候,我的兄弟姐妹会照顾好我的父母。

一次完美的邮轮面试体验依赖你事前充分的准备,建议所有的候选人都能以"自己"为中心准备一份详细的英文自我介绍。

祝好运!

三、邮轮员工培训与激励

为了符合邮轮对游客服务的标准要求,邮轮员工应该得到适当的培训和学习机会。经过培训,每一位员工都能够树立起服务意识,掌握必备的服务技能。此外,邮轮员工工作的环境和氛围应对邮轮员工产生激励。

(一)邮轮员工培训

培训是一种有组织的管理训诫行为。为了达到统一的科学技术规范、标准化作业、通过目标规划设定、知识和信息传递、技能熟练演练、作业达成评测、结果交流公告等现代信息化的流程,让员工通过一定的培训手段,达到预期的技术水平提高目标。

邮轮员工培训是一个系统的过程,它通过提高员工的技能水平,增强员工对邮轮公司未来规划和理念的理解以及改进员工的工作态度,旨在提高员工特征和工作要求之间的配合过程。常见的邮轮员工培训包括入职培训(induction training)和在岗培训(in-service training)两种类型。

1. 入职培训

入职培训又称岗前培训,是邮轮员工在正式进入邮轮工作之前所接受的培训。

入职培训的目的是让新员工对邮轮工作特性与岗位职责有一个初步的了解和基本认识。对于很多第一次上邮轮工作的员工来说,进入一种陌生的环境,往往会感受到很大的压力,比如环境与人员的陌生、经验与岗位的暂时不适、理想与现实的落差等,从而导致不能全身心或者愉快的工作,既不利于邮轮的经营,又不利于员工的自身发展。入职培训可以缓解员工的焦虑和困惑情绪,帮助员工快速消除陌生感并尽快融入邮轮工作环境,培养员工对邮轮工作的积极态度。因此,不容忽视。

邮轮公司新员工的入职培训时间一般为两周至一个月的时间,采取集中课堂培训的方法,并对每个人的培训效果进行严格评测。主要内容是:公司培训讲师向新入职员工介绍公司创建背景、经营理念、品牌特色、客源状况、组织结构、规章制度等。以此帮助员工融入企业文化,培养员工的归属感。

培训讲师在新员工培训方面具有很多优势,比如:丰富的邮轮实物经验,熟悉邮轮公司文化,熟悉邮轮内部专用沟通语言,擅长与新员工沟通与交流等。各大邮轮公司根据情况的不同可以灵活安排入职培训,以达到预期的效果。

2. 在岗培训

在岗培训是对已经有一定教育背景并且已经在岗位工作的员工进行的在岗培训活动。根据培训目的的不同,在岗培训可以分为转岗晋升培训和改善绩效培训两种类型。

(1)转岗晋升培训

转岗培训是对已经批准转换岗位的员工进行的。旨在使员工达到新的岗位要求,晋升培训主要针对拟晋升人员,旨在使其达到更高一级岗位要求。转岗晋升培训内容主要是新岗位或高一级岗位的任职要求和技能训练。

（2）改善绩效培训

改善绩效培训是希望员工提高工作绩效所进行的在岗培训,培训内容涵盖公司经营理念、邮轮品牌特色、岗位规章制度、对客服务技巧等方面,通过集中授课、操作要领指导等方式进行。歌诗达邮轮公司为员工制作了书面以及视频培训资料,员工在工作之余要进行自学并接受考核。

提升在岗员工操作技能常用的方法是工作指导（job instruction）,即对某项工作需要做什么以及如何进行详细的指导,是一种极为有效的在岗培训方式。工作指导可以从知识、技能等方面进行,主要侧重于工作岗位业务的掌握和具体操作规程的熟练程度进行培训,尽量使员工熟练地掌握必备的服务技巧以及应对突发事件的能力。

培训过程主要包括两个方面:一是展示并告知受训者做什么、怎么做;二是让受训者实际操作并按照正确的做法独立熟悉操作。培训者首先必须解释和示范工作内容,然后让受训者一步一步练习示范操作,及时纠正错误,直到受训者能正确履行岗位职责为止。

岗位工作指导对于员工完成相对单一的工作任务非常有效,其有效性归根于为员工提供了广泛的实践机会并收到针对性很强的反馈。每个员工理解和吸收培训材料的速度不同,遇到的问题也不同。入职培训使邮轮员工具备了基本的岗位任职资格,但并不意味着员工已尽善尽美,也不能确保每个员工都能达到要求。工作指导可以使入职培训的不足得以弥补,使邮轮员工进一步发展和提高自己的工作能力,更好地完成邮轮上的对客服务。

（二）邮轮员工激励

激励一词原是心理学的一个术语,是指激发人的动机的心理过程。从字面含义中可以看出,激励既包括激发、鼓励、以利益诱发之意,也包括约束和规划之意。

1. 邮轮员工激励的重要性

邮轮员工激励是邮轮公司通过创造适当的奖励形式和工作环境,以一定的行为规范和惩罚性措施、激发、引导、保持和规范邮轮员工行为,从而有效地实现邮轮及员工个人目标的系统活动。

现代邮轮是一个庞大、交通密集的社区。在这里,人们都是朋友和同事,在一起工作,相互支持,无论是在社交时间还是工作时间,邮轮员工任何形式的消极沮丧都与邮轮公司的利益相悖,邮轮公司聘用员工采用固定期限的雇用合约形式。一般情况下,合约为期6～10个月。在雇用合约的约束下,员工每天持续重复地干一种工作,很容易产生焦虑、乏味的情绪,这就要求邮轮公司采用科学有效的激励措施,以调动员工的工作积极性,开发员工的潜在能力,促进员工更好地发挥聪明才智与创新精神。

2. 邮轮员工激励的类型

邮轮员工激励可以分为内在激励（intrinsic motivation）和外在激励（extrinsic motivation）两种类型。

（1）内在激励

内在激励源于员工和工作任务之间的直接联系,完成工作本身产生的成就感、挑战感和胜任感,都可以成为某种内在激励因素,对工作本身的兴趣也是一种内在激励因素。

（2）外在激励

外在激励来自外部的工作环境。诸如工资、附加补贴、公司政策和各种形式的监督等。

比如,邮轮公司为船上员工提供的免费自助餐、免费工作服、免费洗衣服务,免费饮料啤酒、免费娱乐设施、免费生活日常用品,以及亲属邮轮旅游折扣等服务都可以成为外在激励因素。休假期间,有的邮轮公司还会为员工免费提供往返机票。此外,安全的工作环境也为邮轮公司所注重。

某些因素既可以是外在激励因素,同时又有内在激励因素性质,绝大多数邮轮公司注重对邮轮员工的激励。歌诗达邮轮公司为员工颁发跨越赤道证书,为员工留下环游世界的印证,也是一种独特的员工激励方式。

第三节　其他邮轮从业人员的招聘与培训

一、岸上人员

有些邮轮公司规模相对较小,岸上的员工人数也相对较少;而有些邮轮公司规模庞大,员工成千上万,因此,邮轮公司的岸上组织结构不尽相同,设置的岗位也有较大的差异。但是,邮轮公司不论规模的大小,管理层设置基本都是相似的。

我们以歌诗达邮轮公司为例,如图 10.4 所示,整个公司的最高负责人是董事会主席或称作首席执行官(有时 CEO 指的是总裁),董事会主席一般是邮轮公司的主要或唯一所有人,并对股东负责。

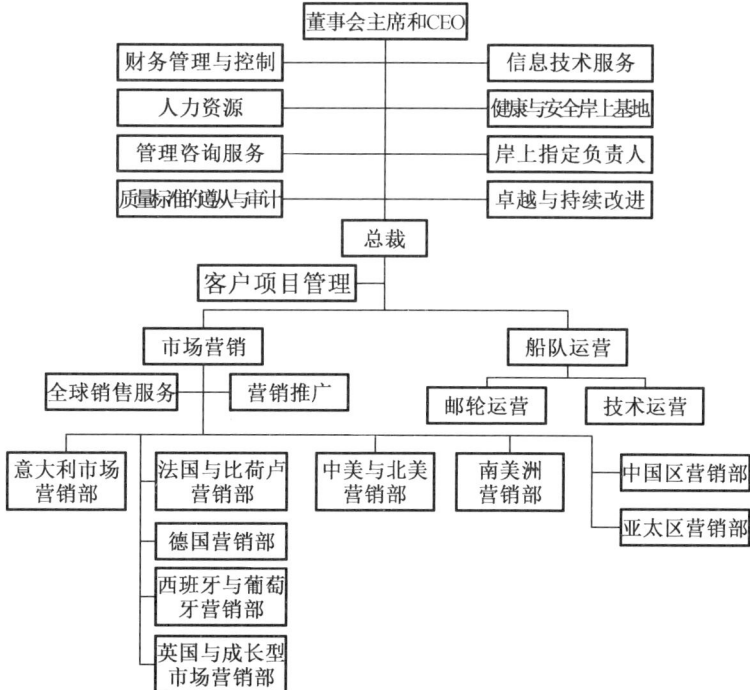

图 10.4　歌诗达邮轮公司组织管理结构

向董事会和董事会主席汇报的则是公司的总裁,总裁负责公司销售、运营、财务、人力资源等方面的事务。通常,总裁会配备 1~2 名执行副总裁或高级副总裁。具体到每项业务时也都会有相应的负责人,负责人根据公司的不同而相应地被称为某某副总裁,每个人都在公司的一个具体的业务部门承担一整套职责,如市场副总裁、财务副总裁、销售副总裁、业务或乘客服务副总裁、全国客户副总裁、团队游与奖励旅游副总裁等,如图 10.5 所示。以下就各项业务副总裁的职责进行介绍。

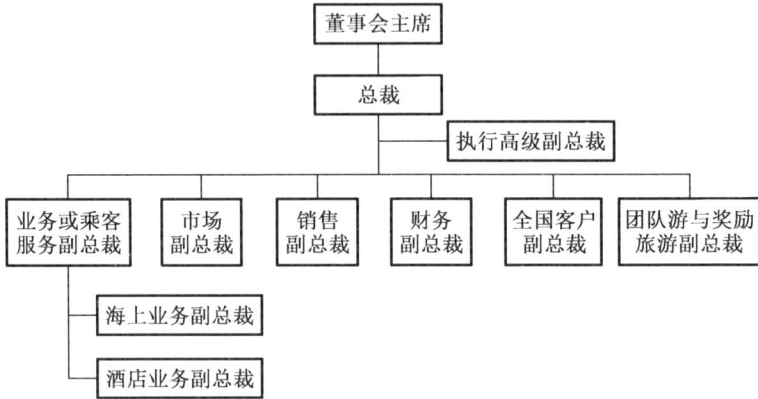

图 10.5　邮轮公司高级管理层组织结构

市场副总裁:组织协调邮轮公司的产品调研、开发、宣传和后续事务。

财务副总裁:掌管并处理一切财务问题。

销售副总裁:监督邮轮旅游产品的实际销售(通过旅游代理商或直销给游客)。通常而言,销售副总裁下属有地区销售经理或销售代表,如歌诗达的意大利市场销售代表、中国区销售代表、北美洲销售代表等。他们是邮轮公司在行业展会上的代言人,并在各自分管的地理区域内与旅游代理商进行沟通。同时,销售副总裁还管理那些接听顾客或代理商电话的人员及其主管。

业务或乘客服务副总裁:负责船上及岸上的所有活动。这项工作有时被分为两部分,管理船上酒店业务副总裁以及管理邮轮航行中和停泊靠岸时的海上业务副总裁。

全国客户副总裁:以公司的名义与主要的旅行社,通常是与其有供应关系的旅行社联系业务。

团队游与奖励旅游副总裁:组织所有团队游的销售、营销及业务活动。

当然,只有大型的邮轮公司才会设如此多的副总裁。在较小的公司里的某些职位是几位副总裁职责合并的。还有一些公司根据业务发展情况,某些业务不安排副总裁的职位,可能用稍微低的职位代替,如团队游的负责人可能会设置一个主管的职位就可以了。

与其他公司一样,副总裁之下的管理层一般依次有总监、经理以及主管等职位。一位总裁可能会配有一两名总监做监管工作,总监也会有经理来协助其完成工作,经理之下又会有经理,经理之下是主管,主管之下有员工,从而形成一套员工等级体系。一些规模较大的邮轮公司的地区销售代表通常只为一家邮轮公司工作。对于小邮轮公司来说,地区销售代表可能是独立的,不仅为邮轮公司工作,还可能为其他非竞争性的旅行社或旅游局工作,这些独立的销售代表被称作为多公司代表。

二、港口员工

港口直接服务于邮轮和邮轮游客的工作人员,主要包括通关、边检工作人员,船舶引航员港口客运员以及解系缆工等。

船舶引航员:主要为邮轮提供到港泊靠服务,协调港口船只的停靠时间和泊位,运用当地风力、气候、潮汐、浅滩、暗礁及其他特殊知识和技术,借助灯塔、浮标指示邮轮驾驶人员按指定的航速航行。

港口客运员:主要在邮轮游客进、出港口时为游客提供相关的服务。主要职责有辨别、处理游客携带的危险品,识别禁运品、行包包装标志及目测自带行李的超标情况;使用、保管客运服务设施;处理游客运输中发生的争议和事故;为游客引路、搬运行李等服务工作;处理、保管行包逾期、无主、错运、错发、丢失等业务;其他相关工作。

解系缆工:负责邮轮靠泊(离港)管理、码头设施维护检查管理等相关工作。

三、旅行社员工

旅行社与邮轮旅游的销售是密不可分的,对于邮轮公司来讲,随着市场的扩大,很多情况下,邮轮公司没有足够的精力销售自己的产品。因此,他们需要把部分业务甚至绝大多数业务承包给旅行社。根据国际邮轮协会(CLIA)的调查显示,北美地区邮轮产品80%的预定来自邮轮旅行社。

对于邮轮游客来讲,他们希望能够选择适合自己的航线、目的地、食物、娱乐活动和生活环境,尽情地享受邮轮旅游的过程。但是购买邮轮船票旅游远比购买机票复杂。邮轮旅游并不仅仅是一种交通方式,它更侧重于整个旅游过程的体验,购买邮轮旅游产品不是像买张船票那么简单。每个邮轮旅游产品都不尽相同,对于游客,特别是初次乘坐邮轮或经验不是很丰富的游客来说,选择邮轮旅游产品是一项复杂的任务,毕竟人们在一种不是特别熟悉的旅游方式上花费几千元甚至几万元并不太放心,因此需要一位专业的旅游代理商为其提供针对性的分析、忠告和经验介绍。游客可以自己与邮轮公司或除旅行社以外的销售实体店联系,直接预订邮轮产品,但是通过旅行社购买往往会更加方便、快捷、安全,通常也更便宜。

以北美市场为例,2011年CLIA拥有15 000多家邮轮旅行社成员。大多数旅行社提供的都是全面的服务,包括邮轮旅游、交通工具、住宿、观光以及其他旅游产品。有些旅行社则专门做邮轮业务,与邮轮公司结成联盟,专门销售某一个或某几个邮轮公司的产品,在这种情况下,邮轮公司会给予旅行社大力支持,或者给予更多的佣金回扣,或者给旅行社更优惠的销售价格,或者为旅行社提供专门的销售活动和培训以及定制市场材料等支持。

旅行社的核心目的是通过销售旅游产品赚取佣金。旅行社是如何赚钱的呢?当旅行社售出一个邮轮旅游产品时,会因其所付出的努力而获得一笔佣金,收益一般是售价的10%。所以,如果旅行社售出了价格为6 000元的邮轮产品,旅行社将从邮轮公司得到600元的佣金,附加费用则不包括在内,如港口收费和税都不产生佣金。

与一般的邮轮公司一样,旅行社也有从董事长、经理到一般员工的人员设置。旅行社负责邮轮业务的员工主要有导游、销售人员和售后服务人员。

1. 导游

好的游览要靠好的导游,导游与游客之间的互动是岸上观光和游览成功的基本因素。

导游根据游客的需求接待、通知和安排游客的游览行程。

一般来说,导游需要拥有很多很深入的专业知识,并且沟通能力要很强。此外,导游还要具备急救能力以及必要时维护自己权利的能力。

2. 销售人员

销售人员主要负责宣传和销售邮轮产品,接听电话,回复电子邮件,处理顾客的订单和问题、意见。他们的工资是不固定的,大多情况下,销售人员的工资构成是底薪加提成。根据旅行社的具体情况,有些旅行社专门做邮轮业务,如地中海邮轮旅行社;有些旅行社设立了专门的邮轮业务部;有些旅行社的邮轮业务可能设在出境旅游部,或者是某个地区业务部的下面销售人员也会有相应的上级一部门主管或部门经理。

3. 售后服务人员

主要负责对游客的疑难问题进行解答,处理游客的投诉和办理退票手续等工作。

邮轮专业术语

人力资源规划 human resource planning

组织结构 organizational structure　　　岸上工作岗位 onshore position

船上工作岗位 onboard position　　　环境官员 environmental officer

航海部 deck department　　　轮机部 engine department

医疗部 medical department　　　餐厅经理 restaurant manager

酒吧经理 bar manager　　　行政总厨 executive chef

客舱经理 housekeeping manager　　　赌场经理 casino staff

娱乐经理 cruise director　　　入职培训 induction training

在岗培训 in-service training　　　工作指导 job instruction

内在激励 intrinsic motivation　　　外在激励 extrinsic motivation

热点透析:邮轮专业人才需求旺盛

日前,一份由国内第三方数据机构——比达咨询发布的报告显示,2016 上半年中国邮轮市场(出境邮轮)总出游人次达180.3 万人次,同比增长79.76%,市场总收入(交易额)达34.2 亿元。国内邮轮旅游市场呈现出的巨大潜力,让世界邮轮巨头纷纷瞄准中国。而面对越来越多的中国游客,各大国际邮轮公司又不得不面对另一个现实,那就是急需从中国招聘大量邮轮专业型人才。

目前国际邮轮公司在国内人才招聘的渠道和现状如何? 赴国际邮轮工作要具备哪些素质? 国际邮轮从业者回国后的就业方向又是什么? 带着一系列问题,笔者走访了目前国内最大的国际邮轮中国招聘总代理——威海国际经济技术合作股份有限公司(以下简称威海国际)。

国际邮轮人才供不应求。"目前国际邮轮公司每年在中国市场招聘需求量非常大,但符合所有招聘条件的人才并不多,这主要由于国内与国际服务标准体系的差异以及语言方面的原因。早期,国际邮轮公司给中国人的岗位大多比较低端,只能从事保洁等薪资较低的岗位。近年来随着国际邮轮企业对中国市场的重视,中国人在邮轮上不仅可以从事各类服务岗位,还可以从事部分管理岗位和技术岗位,并享受公平的薪资制度和福利制度及晋升渠道。"威海国际邮轮业务部经理林楠楠表示。

"随着以中国为母港的国际邮轮越来越多,他们对国内邮轮服务型专业人才的需求也必然逐年增长。"林楠楠说。

据介绍,北美邮轮业知名品牌挪威邮轮发布的一则最新招聘信息显示,其招聘的"助理餐厅主管"月薪最低 3 703.25 美元,"助理客房经理"基本月薪达到 4 530.39 美元,该邮轮其他招聘岗位的薪酬也着实比国内酒店行业的同类岗位高出不少。

高薪资是国际邮轮对许多应聘者最大的吸引力。但高薪资也伴随着高标准,想要成为一名正式的国际邮轮服务人员,除了要具备熟练的英语听说能力,还要具备较好的身体和心理素质及独立能力,也要熟练掌握国际邮轮服务标准以及相关国际邮轮品牌企业文化、管理理念、服务风格等。

威海国际邮轮部王经理说,目前应聘人员有两个群体占比较大,一类是有工作经验的酒店行业从业者,另一类主要是来自各个高校的毕业生。据介绍,国际邮轮乘务专业、管理专业,以及英语、旅游管理、酒店管理等外语和经管类毕业生,都是招聘的重点对象。

"首先,我们会根据船东的需求,对学员进行针对性岗前培训。其次,不断强化师资力量,在培训计划制订上不断调整,满足客户需求。国际邮轮通用语言是英语,比起菲律宾、印度等以英语为官方语言的国家,我们没有语言的天然优势,所以我们会着重加强语言方面的培训。对定向培养的高校人才,在校期间学生应该进行国际邮轮相关基本知识的学习,包括船东的企业文化、管理理念、人才标准、服务标准、礼仪文化。"林楠楠说。

由于目前邮轮服务从业者在国内旅游服务从业人员中占较小比例,许多想要尝试去国际邮轮工作的应聘者心中常常有些顾虑,这个职业会不会是吃青春饭的?怎么鉴别这个招聘信息是否真实?在国际邮轮工作后回国就业形势怎样?

对于这些问题,目前在威海国际就职的王经理和阮经理颇有体会,他们曾分别在全球第二大邮轮集团皇家加勒比邮轮旗下的邮轮餐厅部和客房部工作多年,他们回国后就进入威海国际,从事邮轮服务生外派工作。

阮经理说:"从中西方观念看,在邮轮工作对许多西方国家大众来说,已经常态化,认可度比较高,国外的邮轮服务从业者,很多一直在邮轮工作到退休。国内也有在邮轮上工作十几年的人,也有一些在邮轮工作几年后,选择回国进入相近领域工作。因为在国际邮轮工作过的人员综合能力比较强,回国就业选择非常多。"

王经理表示:"回国后一般有几个就业方向,一是进入星级酒店担任管理层,他们拥有的专业能力、先进管理理念以及开阔的眼界和思路,是许多高星级酒店所需要的;二是可以从事国际邮轮的人才招聘和培训工作,他们丰富的实践经验,可以带动这个行业的专业性提升;三是目前国内邮轮旅游市场越来越火,尤其是大型旅游电商网站,都需要对邮轮产品熟悉的专业型人才,他们对邮轮旅游的特点、市场趋势、受众心理极其了解,从事邮轮旅游营销和推广工作也是一个不错的选择;四是熟练掌握了英语听说,可以在外贸、翻译等领域有更好的发展。"

面对国内邮轮招聘代理公司资质参差不齐、招聘信息虚假宣传等现状,林楠楠表示,想要鉴别该公司是否正规,可关注几个方面:"一个是看它是否具有海事局授予的海员外派机构资质证书,二是看此公司是否具有和船东签订的正规招募派遣合同,这两点尤为重要。"总体来看,从业人员回国就业前景良好。

讨论：

1. 邮轮企业提供了哪些工作岗位?

2. 简单分析邮轮人才供需现状及存在的问题。

3. 中介在邮轮招聘过程起到了什么作用?

4. 结合邮轮招聘流程相关知识,模拟邮轮招聘全过程。

思考与练习：

1. 什么是邮轮企业人力资源规划? 简述其重要性。

2. 简述船上岗位设置及工作职责。

3. 简述邮轮陆地上岗位设置及工作职责。

4. 试论述国际海乘人员的素质要求。

5. 简述邮轮公司的招聘流程。

6. 分组讨论邮轮面试前需要准备哪些工作? 撰写一份详细的英文自我介绍。

7. 撰写一份邮轮旅行社员工的岗位说明书。

8. 邮轮港口工作人员的工作职责是什么?

参 考 文 献

[1] 李华. 邮轮旅游地理[M]. 北京:旅游教育出版社,2016.

[2] 甘胜军. 邮轮港口规划与管理[M]. 北京:旅游教育出版社,2016.

[3] 龙京红,刘利娜. 邮轮娱乐服务与管理[M]. 北京:中国旅游出版社,2015.

[4] 林增学,胡顺利. 邮轮客舱服务管理[M]. 大连:大连海事大学出版社,2015.

[5] 叶欣梁,梅俊青. 中国邮轮经济运行分析与发展预测[M]. 上海:上海交通大学出版社,2018.

[6] 汪泓. 2019 中国邮轮产业发展报告[M]. 北京:社会科学文献出版社,2019.

[7] 王诺. 邮轮经济 邮轮管理·邮轮码头·邮轮产业[M]. 北京:化学工业出版社,2008.

[8] 程丛喜. 国际邮轮旅游地理[M]. 武汉:华中科技大学出版社,2018.

[9] 苏枫. 邮轮概论[M]. 上海:上海交通大学出版社,2014.

[10] 马魁君. 邮轮旅游地理[M]. 大连:大连海事大学出版社,2016.

[11] 柴勤芳. 邮轮休闲娱乐服务管理[M]. 大连:大连海事大学出版社,2016.

[12] 倪望清,胡志国. 国际邮轮服务与管理[M]. 天津:天津大学出版社,2014.

[13] 杨杰. 邮轮运营实务[M]. 北京:对外经贸大学出版社,2012.

[14] 程爵浩. 国际邮轮旅游销售实务[M]. 北京:中国旅游出版社,2014.

[15] 李肖楠,徐文苑. 邮轮前厅服务与管理[M]. 北京:化学工业出版社,2017.

[16] 吉布森. 邮轮经营管理[M]. 天津:南开大学出版社,2014.

[17] 孙晓东. 邮轮产业与邮轮经济[M]. 上海:上海交通大学出版社,2014.

[18] 郭萍. 对邮轮合同法律性质的探究及思考[J]. 中国海商法研究,2016,27(1):58 - 62.

[19] 孙思琪.《海商法》修改视角下邮轮旅游法律制度构建[J]. 大连海事大学学报(社会科学版),2017,16(6):7 - 18.

[20] 孙思琪. 邮轮旅游法律适用论要[J]. 武大国际法评论,2018,2(2):116 - 135.

[21] 祁风志,王涛. 客船安全管理与操作实务[M]. 大连:大连海事大学出版社,2011.

[22] 司玉琢. 海商法[M]. 北京:法律出版社,2003.

[23] 李小年,颜晨广. 中国发展邮轮产业的若干政策与法律问题[J]. 中国海商法研究,2013,24(3):48 - 53.

[24] 梅俊青,叶欣梁. "包船模式":中国邮轮旅游市场独特分销模式研究[J]. 四川旅游学院学报,2018(1):45 - 48.

[25] 董观志. 邮轮经济的空间系统研究[D]. 广州:中山大学,2006.

[26] 刘军. 规制视角的中国邮轮(旅游)母港发展研究[D]. 上海:复旦大学,2011.

[27] 孙晓东,倪荣鑫. 国际邮轮港口岸上产品配备与资源配置:基于产品类型的实证分析[J]. 旅游学刊,2018,33(7):63 - 78.

[28]　孙晓东,武晓荣,冯学钢.邮轮航线设置的基本特征与规划要素研究[J].旅游学刊, 2015,30(11):111-121.

[29]　孙晓东,武晓荣,冯学钢.邮轮旅游季节性特征:基于北美市场的实证分析[J].旅游 学刊,2015,30(5):117-126.

[30]　王淑敏.邮轮南海航线优化设计[J].水运管理,2018,40(9):20-24.

[31]　潘勤奋,范小玫.邮轮母港航线规划设计与运营模式对策研究:以厦门邮轮母港为例 [J].综合运输,2018,40(5):5-10.

[32]　梅俊青,叶欣梁.我国本土邮轮旅游的发展路径研究[J].现代商贸工业,2017,38 (23):28-30.

[33]　焦芳芳,谢燮.邮轮航线设计及我国母港邮轮航线拓展建议[J].水运管理,2014,36 (11):26-29.

[34]　王迪,张璟.邮轮旅游航线设定[J].水运管理,2012,34(12):10-12.

[35]　郑诗晴.以我国港口为母港的东南亚邮轮航线规划研究[D].大连:大连交通大 学,2017.

[36]　徐彦明.国际邮轮海乘情景英语[M].武汉:武汉出版社,2014.